Ärger mit der Religion?

Religiosität, Aggressionshemmung und
experimentelle Ärgerinduktion -
eine explorative Studie

von

Marco Thomas

Tectum Verlag
Marburg 2000

Die Deutsche Bibliothek - CIP-Einheitsaufnahme

Thomas, Marco:
Ärger mit der Religion?.
Religiosität, Aggressionshemmung und experimentelle Ärgerinduktion - eine explorative Studie.
/ von Marco Thomas
- Marburg : Tectum Verlag, 2000
ISBN 978-3-8288-8092-4

© Tectum Verlag

Tectum Verlag
Marburg 2000

Den Zugang zu einem guten und glückseligen Leben eröffnet allein die wahre Religion, welche nur einen Gott verehrt und mit geläuterter Frömmigkeit als Ursprung aller Wesen erkennt, als den, der das Weltall anfänglich setzt, es vollendet und umfaßt.
(Augustinus, De vera religione, Liber unus)

Sei nicht schnell, Dich zu ärgern;
denn Ärger ruht im Herzen des Toren. (Prediger 7,9)

Inhaltsverzeichnis

EINLEITUNG 7

I THEORETISCHE GRUNDLAGEN 11

<u>1 RELIGIOSITÄT, WAS IST DAS FÜR EIN KONSTRUKT? .... 11</u>

1.1 Definition von Religiosität 11
1.2 Konzepte der Religion oder Religiosität 14
    1.2.1 Freuds Sichtweise der Religion 14
    1.2.2 Fromm zur Religion 15
    1.2.3 Spranger: Der religiöse Mensch 16
    1.2.4 Das Konzept von Allport 18
1.3 Entwicklung einer religiösen Lebenseinstellung 21
1.4 Messung der Religiosität 21
    1.4.1 Verhaltensmaße 22
    1.4.2 Verbale oder Fragebogen-Verfahren zur Messung der Religiosität 22
1.5 Dimensionen der Religiosität 27
1.6 Religion und deren Zusammenhang mit der Psychologie 29
1.7 Untersuchungen zum Bereich der Religion 31

<u>2 ÄRGER .... 35</u>

2.1 Definition von Ärger 35
2.2 Ärger und Aggression 38
2.3 Konzepte des Ärgers 39
    2.3.1 Selg: Ärger ein aggressions-affines Gefühl 39
    2.3.2 Das Ärgerkonzept von Ulrich Mees 41
    2.3.3 Berkowitz: Ärger als Begleiterscheinung emotionaler Aggressivität 43
    2.3.4 Averill: Ärger und seine sozialen Komponenten 45
    2.3.5 Das Ärger- und Ärgerausdruckskonzept von Hodapp und Schwenkmezger 46
2.4 Die Messung von Ärger 49
    2.4.1 Physiologische Maße 49
    2.4.2 Verhaltensmaße 53
    2.4.3 Verbale Maße 54
2.5 Induktion von Ärger 58
    2.5.1 Faktoren der Ärgerauslösung im alltäglichen Umfeld 58
    2.5.2 Induktion von Ärger in der experimentellen Situation 59
2.6 Herleitung des Ärgers unter Einbeziehung der christlichen Religion 61

3 AGGRESSIONSTHEORIEN UND AGGRESSIONSHEMMUNG 67

3.1 Aggressionstheorien 67
3.1.1 Überblick zu den Aggressionstheorien 67
3.1.2 Frustrations-Aggressions-Hypothese von Dollard, Doob, Miller, Mowrer & Sears (1939) 68
3.1.3 Katharsis-Hypothese 71
3.2 Aggressionshemmung 72
3.2.1 Beschreibungen der Aggressionshemmung 72
3.2.2 Modelle zur Aggressionshemmung 74
3.2.3 Messung der Aggressionshemmung 80
3.2.4 Aggressionshemmung, Religiosität und Hemmung 85

4 FRAGESTELLUNGEN UND HYPOTHESEN 89

4.1 Fragestellungen 89
4.1.1 Zusammenhänge zwischen Religiosität, Aggression und Ärgerausdruck 89
4.1.2 Der Zusammenhang zwischen Religiosität, Aggressionshemmung und allgemeiner Gehemmtheit 90
4.1.3 Ärgerreaktionen in einer experimentell induzierten Ärgersituation 91
4.2 Hypothesen 92

5 METHODEN 93

5.1 Untersuchungszeitraum 93
5.2 Versuchspersonencharakteristik 93
5.2.1 Gesamtstichprobe 93
5.2.2 Experimentalgruppen mit Ärgerinduktion 95
5.2.3 Kontrollgruppe 96
5.3 Unabhängige Variablen 97
5.4 Versuchsplan 98
5.5 Abhängige Variablen 99
5.6 Erhebungsverfahren 100
5.6.1 Die ROS (Religious Orientation Scale) (I-E) von Allport und Ross (1967) 111
5.6.2 Der FAF (Freiburger Aggressions Fragebogen) von Hampel und Selg (1974) 104
5.6.3 Die kardiovaskulären Maße 105
5.6.4 Der BSKE-Fragebogen (Befindenskalierung nach Kategorien und Eigenschaftswörtern) 106
5.6.5 Das STAXI (State-Trait-Anger-Expression-Inventar) Spielberger (1988) Schwenkmezger, Hodapp und Spielberger (1992) 107
5.6.6 Das BDHI (Buss und Durkee Hostility Inventar) Buss und Durkee (1957) 109
5.6.7 Der FPI-R (Freiburger Persönlichkeits Inventar) von Fahrenberg, Selg und Hampel (1984) 110
5.6.8 Der EPQ-Rk (Eysenck Personality Questionaire) von Eysenck (1985) 111
5.6.9 Der AggR retr. (Aggressions-Reaktionen retrospektiv) 112
5.7 Versuchsdurchführung 113
5.8 Statistische Auswertung 119

6 DARSTELLUNG DER ERGEBNISSE 121

6.1 Ergebnisse hinsichtlich der Hypothesen über die Zusammenhänge
von Religiosität mit Aggression und mit Ärgerausdruck 121
6.2 Ergebnisse zu den Hypothesen über den Zusammenhang zwischen
Religiosität und Aggressionshemmung/allgemeiner Gehemmtheit 123
6.3 Ergebnisse zu den Hypothesen hinsichtlich der Ärgerreaktionen
in einer experimentell induzierten Ärgersituation 127

7 DISKUSSION 151

7.1 Diskussion der Ergebnisse zu dem Zusammenhang von Religiosität
mit Aggression und mit Ärgerausdruck 151
7.2 Diskussion der Ergebnisse zu dem Zusammenhang von Religiosität
mit Aggressionshemmung und allgemeiner Gehemmtheit 153
7.3 Diskussion der Ergebnisse zu den Ärgerreaktionen in einer
experimentell induzierten Ärgersituation 155
7.4 Ausblick 160

8 LITERATURVERZEICHNIS 167

9 ANHANG 177

Einleitung

Die christliche Religion und der Glaube an Gott hat mein Leben sehr beeinflußt und ist immer noch ein Thema, mit dem ich mich beschäftige und zu dem ich noch sehr viele Fragen habe. Eine der Fragen ist „Wie unterscheiden sich die Religiösen von den nicht Religiösen?".

Dabei interessiert mich besonders die Annahme, daß man einen christlich religiösen Menschen, so wie man sich ihn aufgrund von Bibelzitaten vorstellen kann, anhand seiner Verhaltensweisen, Einstellungen und insbesondere deren Auswirkungen von anderen Personen unterscheiden kann. Diese Vermutung gründet sich auf Aussagen der Bibel in denen beschrieben wird, in welcher Art und Weise sich der Glaube auf die Lebensweise und verschiedene Einstellungen auswirkt.

„*Die Frucht des Geistes aber ist Liebe, Freude, Friede, Geduld, Freundlichkeit, Güte, Treue, Sanftmut, Selbstbeherrschung.*" Galater 5, 22

Ich gehe davon aus, daß die meisten Personen in unserem Kulturkreis mit den Lehren der christlichen Religion in Kontakt kommen. Einige bezeichnen sich als Anhänger dieser Religion und sind Angehörige einer Religionsgemeinschaft, der die christlichen Regeln als Maßstab dienen. Somit ist davon auszugehen, daß die Religion im privaten Leben einiger Menschen eine wichtige Komponente ist.

Im Bereich der psychologischen Forschung stellt sich die Frage, ob es sinnvoll sein kann, den religiösen Lebenshintergrund und die persönliche Religiosität zu untersuchen, oder ob man den Bereich des persönlichen Glaubens nicht aus den Betrachtungen zur Persönlichkeit eines Menschen ausschließen sollte. Sicher wird es schwer möglich sein, die innersten religiösen Gefühle, Glaubens- oder Gotteserfahrungen mit den empirischen Mittel zu untersuchen, die der Forschung in der Psychologie zur Verfügung stehen. Es besteht aber durchaus die Möglichkeit, die Auswirkungen von Religion auf das Denken, Fühlen oder Handeln des Einzelnen zu untersuchen. Diese Möglichkeit sollte auch meiner Ansicht nach genutzt werden und wurde auch schon von vielen Autoren genutzt.

So wurden zahlreiche Untersuchungen mit dem Konstrukt Religiosität durchgeführt, auf das auch in dieser Studie eingegangen wird. Es wurde der Zusammenhang von Religiosität und Angst (Sturgeon, R.S. & Hamley, R.W. 1979), rationalem Denken (Baither, R.C. & Saltzberg, L. 1978), Lebenszufriedenheit (Zwingmann, Ch. 1991) oder Verbrechen (Ellis, L. & Peterson, J. 1996) untersucht, um nur einige Untersuchungen zu nennen.

Die eben genannten Beispiele sind nur ein kurzer Ausschnitt aus dem Bereich der empirischen Forschung zu religionspsychologischen Themen. Es ist aber nicht zufällig, daß sich darunter nur eine deutsche Untersuchung befindet. Denn im Gegensatz zum amerikanischen Raum, ist die Religion in Deutschland, zumindest in der psychologischen Forschung, ein noch vernachlässigter Bereich.

Aus diesem Grund ist auch die Anregung zu dieser Untersuchung in einem großen Maße auf amerikanische Forschung zurückzuführen, insbesondere auf die Studie von Bateman und Jensen (1958). In dieser Studie beschäftigen sich die Forscher mit dem Effekt eines religiösen Hintergrundes, auf die Art und Weise mit Ärger umzugehen.

Im Unterschied zu Batemans Untersuchung, soll es in dieser Studie aber auch um die physiologischen Reaktionen gehen, die im Zustand des Ärgers auftreten. Daneben soll noch zusätzlich der Aspekt des Ärgerausdrucks und der Einfluß von Hemmung auf diese abhängigen Variablen berücksichtigt werden. Dies alles soll Hinweise darauf geben, ob sich religiöse von nicht-religiösen Personen in den abhängigen Variablen unterscheiden und ob die Unterschiede auch auf die Religiosität zurückzuführen sind.

Um den Zusammenhang der einzelnen Variablen und die Herleitung der Untersuchung noch zu verdeutlichen, sollen die maßgeblichen Variablen Religiosität, Ärger und Aggressionshemmung hergeleitet und definiert werden. Die Darstellung der theoretischen Grundlagen beginnt mit der Variablen Religiosität.

An dieser Stelle möchte ich die Gelegenheit nutzen, denen meinen Dank auszusprechen, ohne deren Hilfe die vorliegende Arbeit nicht entstanden wäre. Zunächst möchte ich meinen Eltern dafür danken, daß sie mir mein Studium ermöglicht haben. Meine Freundin Katrin Braun hat mich vor allem in der Schlußphase dieser Arbeit unterstützt und motiviert. Desweiteren bedanke ich mich bei Frau Prof. Dr.Dr. Netter, die stets bereit war, aufgetretene Probleme zu besprechen und die beste Lösung zu finden.

Bei Jeanette Witte und Markus Thielmann bedanke ich mich dafür, daß sie im größten Teil der Arbeit die Rechtschreibfehler korrigiert haben und vor allem den Text mit Kommas angereichert haben.

Zum Schluß möchte ich Gott, dem Vater und meinem Herrn Jesus Christus dafür danken, daß ich dieses Studium beginnen durfte und es bis jetzt erfolgreich war.

I THEORETISCHE GRUNDLAGEN

1 Religiosität, was ist das für ein Konstrukt ?

1.1 Definition von Religiosität

Die Religion ist schon immer Bestandteil des menschlichen Lebens gewesen und ist es immer noch, wie schon aus der Einleitung hervorgeht. In diesem Abschnitt sollen zunächst mögliche Definitionen der Religion vorgestellt werden, woran sich die Darstellung der Arbeitsdefinition von Religiosität anschließt.

Im täglichen Leben werden sich vermutlich wenige Personen damit befassen, eine exakte Beschreibung von Religion zu finden. Um aber zunächst einmal eine umgangssprachliche Definition zu liefern, von der die psychologische Definition abzugrenzen ist, sei hier zunächst Meyers großes Taschenlexikon zitiert:

> *„Religion(lat.) zusammenfassende Bezeichnung für eine Fülle historischer Erscheinungen, denen ein spezifischer Bezug zwischen dem überweltlichen, transzendenten Heiligen in personaler Gestalt einer oder mehrerer Gottheiten einerseits und den Menschen andererseits in einer deren Verhalten normativ bestimmenden Weise zugrunde liegt. Die verschiedenen Termini für R. lassen unterschiedliche Aspekte dieser komplexen Größe deutlich werden. "Religio" kann zweifach gedeutet werden: als sorgfältige Beachtung des Kults (zu lat. religere "sorgsam beachten") und als Verbindung des Menschen mit Gott (zu lat. religare "binden , wieder verbinden"). In den nicht vom Lat. beeinflußten Sprachen werden weitere Aspekte sichtbar: So bezeichnet im Griechischen eusébeia Gottesfurcht und Frömmigkeit, latreía den Dienst für die Götter, trèskeía das religiöse Gebot und sèbas die heilige Scheu. ...."* Meyers Großes Taschenlexikon Bd. 18 (1981)

In dieser Beschreibung wurde versucht, möglichst viele Aspekte der Religion aufzuzeigen, wobei aber der Sinn oder die Begründung, warum es die Religionen gibt, fehlt. Es wird die transzendentale Komponente, der Verhaltensaspekt und die Beziehung zu einer Gottheit als Kennzeichen von Religion dargestellt, ohne darauf hinzuweisen, daß Religion auch eine erklärende und sinngebende Funktion haben kann.

Da sich dem Thema Religion in dieser Arbeit aber von psychologischer Seite genähert wird, ist die Begriffsbestimmung der Religion und Religiosität dementsprechend eingeschränkt, also nur eine von vielen möglichen Betrachtungsweisen der Religion. Auf Beschreibungen der Religion aus den Bereichen der Philosophie oder Theologie wurde verzichtet. Sicher wäre es interessant, auch Gedankenanstöße aus diesen

Bereichen mit zu berücksichtigen. Darauf wurde jedoch verzichtet, da es unumgänglich gewesen wäre, hier Aussagen zu verkürzen oder Verallgemeinerungen vorzunehmen, die bei einem Thema wie der Religion nicht angezeigt sind.

Es wird hier also zunächst mit einer frühen religionspsychologischen Definition von Religion begonnen, die von Müller-Freifels (1920) stammt. Er empfand es als schwierig, sich den *„dämmervollen Gefilden der Religion"* anzunähern. Dennoch unternahm er diesen Versuch und lieferte folgende Definition der Religiosität und Religion:

> *„Nun bieten sich die Tatsachen der Religion dem Betrachter in zwei sehr verschiedenen Erscheinungsweisen dar. Auf der einen Seite ist die Religion gegeben als eine eigentümliche, durch ihren Gegenstand wie durch ihren Charakter von andern Erlebnisweisen deutlich unterschiedene geistige Stellungnahme, als ein persönliches Verhalten, kurz als „Religiosität". Auf der anderen Seite stellt sie sich als ein überpersönliches Gebilde, eine soziale Einrichtung, als Inbegriff zahlloser Mythen, Dogmen, Kulte dar. Im ersteren Falle spreche ich von p e r s ö n l i c h e r, im zweiten Fall von vergesellschafteter oder i n s t i t u t i o - n e l l e r Religion."* (Müller-Freifels, 1920, Hervorhebung aus dem Original übernommen)

Wie man sehen kann, wurde auch schon zu dieser Zeit der Religion ein persönlicher und ein institutioneller Anteil zugeschrieben, was sich ja in einigen Modellen zur Religiosität auch heute noch problemlos wiederfinden läßt. (s. Abschnitt 1.2)

Eine etwas undifferenzierte Sichtweise der Religion, ist etwa zur selben Zeit bei Freud (1927, 1940) zu finden. Er sieht in der Religion eine Neurose und schreibt ihr auch die ähnlichen Wirkungsmechanismen zu. In wie weit man sich dieser Ansicht anschließen kann, sei dahingestellt.

Erich Fromm (1950) versteht unter dem Begriff Religion (nach A.Vergote aus Schmitz 1992) *"jedes System des Denkens und Tuns, das von einer Gruppe geteilt wird und dem Individuum einen Orientierungsmaßstab und einen Gegenstand der Hingebung bietet."*

Diese Definition ist so angelegt, daß sie alle nur vorstellbaren Religionen einbezieht. Aus dieser Definition geht aber nicht hervor, was die Religion von Weltanschauungen oder politischen Wertsystemen unterscheidet. Denn die Kriterien, die genannt werden, lassen sich auch ohne größere Probleme auf diese Wertsysteme anwenden.

Einen anderen Definitionsvorschlag macht Hellpach (1951) in seinem „Grundriss der Religionspsychologie". Er definiert Religion folgendermaßen:

> *„Religion ist die gläubige Überzeugung vom Dasein und Walten übersinnlicher Mächte, welche dem Weltgeschehen und Menschenleben Sinn verleihen und*

Ziel setzen, sowie Forderungen an das Tun und Lassen des Menschen stellen, durch deren Erfüllung Sinn und Ziel mitverwirklicht werden."

Bei dieser Definition von Hellpach steht nicht im Vordergrund was Religion ist, sondern welche Zwecke die Religion erfüllt. Es wird zwar auch gesagt, daß Religion ein Überzeugung ist, aber der Schwerpunkt liegt doch darauf, was aus dieser Überzeugung hervorgeht, nämlich die Sinnerfüllung des Lebens und die dazugehörigen Handlungsanweisungen, welche hier in den Vordergrund gerückt worden sind.

Nach diesem kurzen Einblick in die psychologischen Definitionen von Religion und Religiosität, kommen wir jetzt zu der Arbeitsdefinition von Religiosität.

Arbeitsdefinition von Religiosität

In dieser Studie wird davon ausgegangen, daß die untersuchten religiösen Personen in einer christlich geprägten Kultur aufgewachsen sind und hinreichend mit dem biblischen Verständnis von Ärger konfrontiert worden sind (s. Abschnitt 5.2 Versuchspersonencharakteristik). Aus diesem Grunde möchte ich mich auch nur mit einer Religion, der christlichen, befassen.

Die christliche Religion ist wohl diejenige, die den mitteleuropäischen Raum am stärksten geprägt hat und auch noch zur Zeit mit prägt. Daher lag es nahe, sich auf diese Religion zu beziehen, besonders unter Berücksichtigung des Zugangs zu geeigneten Versuchspersonen.

Bei dieser Religion handelt es sich um eine monotheistische Weltreligion, mit der Besonderheit, daß sich Gott durch seinen Sohn Jesus Christus geoffenbart hat, der als Wegweiser, Wahrheitsgeber und als Bereiter für das angestrebte Leben auftritt und für die "Sünden" der ganzen Menschheit gestorben ist.

*Die **Religiosität** ist ein Konstrukt, das anzeigt, inwieweit eine Person sich mit den Inhalten der Religion beschäftigt, die darin enthaltene Sichtweise der Welt teilt und sich ihren Regeln unterordnet.*

Vor diesem Hintergrund sollte man das Konstrukt der Religiosität sehen, mit dem ich mich in dieser Untersuchung beschäftige. Es stellt sich jetzt aber die Frage, wie kann man sich der Religiosität nähern. Dazu sollen im folgenden Abschnitt einige Konzepte der Religiosität angesprochen werden.

1.2 Konzepte der Religion oder Religiosität

Hier sollen nun mögliche Konzepte der Religion oder Religiosität vorgestellt werden, wobei neben den psychoanalytischen Ansätzen, denen auch die deutschsprachige Theologie ihre besondere Aufmerksamkeit gewidmet hat (vgl. Moosbrugger 1996), auch Konzepte vorgestellt werden, die dieser Arbeit zugrunde liegen.

1.2.1 Freuds Sichtweise der Religion

Nach Freud (1913,1939) kann man die religiösen Verhaltensformen und Praktiken als neurotisch bezeichnen. So stellt er fest: *„ Ich habe seit damals nicht mehr bezweifelt, daß die religiösen Phänomene nur nach dem Muster der uns vertrauten neurotischen Symptome des Individuums zu verstehen sind,... " (1939).*

Die monotheistische Religion sieht Freud als eine Art Vaterersatz an. Der jeweilige Gott übernimmt dabei die Vaterfunktion. Damit ist wieder eine Instanz geschaffen, wie sie auch in der Kindheit vorlag. So schreibt Freud (1913) in Totem und Tabu: *„Allein die psychoanalytische Erforschung des einzelnen Menschen lehrt mit einer ganz besonderen Nachdrücklichkeit, daß für jeden der Gott nach dem Vater gebildet ist, daß sein persönliches Verhältnis zu Gott von seinem Verhältnis zum leiblichen Vater abhängt, mit ihm schwankt und sich verwandelt und daß Gott im Grunde nichts anderes ist als ein erhöhter Vater."*

Dem Vater werden die Funktion der Bestrafung und der Einschränkung der Triebe des Kindes zugeschrieben, was dann auch auf die Gottheit und die Religion übertragen wird.

Die allgemeine Sicht der Religion veranschaulicht Freud (1927,1930) recht deutlich. Die Religion mit ihren Lehren und Verheißungen klärt den *„ gemeinen "* Mann über die Rätsel der Welt auf und eine gewisse Vorsehung dient als Wache über das jetzige Leben und gleicht die Einschränkungen in einer jenseitigen Daseinsform wieder aus. Die eben angesprochene Vorsehung stellt sich der einfache Mann dann als eine Figur des erhöhten Vaters vor.

Diese Beschreibung der Religion ist an sich nicht sehr abweichend von anderen Definitionen. Sie enthält Angaben über den Zweck der Religion und weist auch darauf hin, daß der Religion etwas Übernatürliches zugeschrieben wird.

Die Schlußfolgerungen, die Freud daraus zieht, sind aber eindeutig negativ, wie aus dem folgenden Zitat hervorgeht, das sich auf die eben dargestellte Sichtweise der Religion bezieht.

> *„Das Ganze ist so offenkundig infantil, so wirklichkeitsfremd, daß es einer menschenfreundlichen Gesinnung schmerzlich wird, zu denken, die große Mehrheit der Sterblichen werde sich niemals über diese Auffassung des Lebens erheben können."* Freud (1930)

Man kann also sehen, daß Freud der Religion kritisch gegenübersteht und ihre Funktionen zumindest als problematisch ansieht.

1.2.2 Fromm zur Religion

Nach Fromm (1950a) ist Religion jedes System des Denkens und Tuns, das von einer Gruppe geteilt wird und dem Einzelnen Orientierung bietet sowie als Objekt der Hingabe dient (s. Abschnitt 1.1). Im weiteren behauptet er, daß jeder Mensch ein Bedürfnis nach einem Rahmen der Orientierung und einem Objekt der Hingabe hat. Damit hat auch jeder ein religiöses Bedürfnis.

Was ihm diese Orientierung gibt und was als Objekt der Hingabe dient, ist dabei nicht entscheidend. Dies können auch das Streben nach Macht und Anerkennung sein oder irgendwelche materiellen Dinge, wie Figuren aus Stein.

So stellt er nicht die Frage „ob Religion oder ob nicht?", sondern die Frage nach der Art von Religion. Er möchte auch nicht eine Bewertung der Religion vornehmen, die sich auf den Wahrheitsgehalt der Religion bezieht, denn dies ist seiner Ansicht nach eher ein Punkt, dem sich die Theologen widmen. Seine Beurteilung der Religion bezieht sich auf den Wert, den die Religion für den Menschen hat und die Wirkung, die sie auf den Menschen ausübt.

Dabei unterscheidet er zwischen autoritären und humanistischen Religionen.

Die *autoritären* Religionen sind dadurch gekennzeichnet, daß sie eine Herrschaft oder Macht über die Menschen ausüben und daraus einen Anspruch auf Gehorsam, Verehrung und Anbetung ableiten. Außerdem läßt sich daraus ableiten, daß es als eine Sünde gilt, wenn die Verehrung und der Gehorsam nicht geleistet werden.

Dies hat zur Folge, daß durch eine Unterwerfung unter diese Macht, die Gnade der Gottheit erlangt wird, der Mensch damit Teil dieser Macht wird und der Mensch das Gefühl des Alleinseins und der Begrenztheit verliert. Er gewinnt dadurch zwar den Schutz einer höheren Macht, verliert aber seine Unabhängigkeit und Integrität.

Bei den *humanistischen* Religionen handelt es sich um Religionen, die den Menschen mit seinen Fähigkeiten und Stärken in den Mittelpunkt stellen. Der Mensch muß seine Vernunft entwickeln, um Zusammenhänge zu erkennen, muß die Wahrheit erkennen und seine Möglichkeiten und Grenzen erfahren. Der Mensch soll seine größtmögliche Stärke entwickeln und die Selbstverwirklichung erreichen. Der Glaube an eine solche Religion bedeutet Sicherheit in seinen Überzeugungen, die auf Erfahrungen, sowohl im Denken, als auch im Fühlen, aufbaut. *„Die vorwiegende Stimmung ist Freude, während sie in autoritären Religionen in Leid und Schuld besteht."* Fromm (1950a)

Die Einteilung, die hier von Fromm vorgenommen wird, ist nachvollziehbar, aber die Schlußfolgerungen und die von ihm beschriebenen Wirkungen sind doch genauer zu betrachten. Warum sollte in autoritären Religionen die vorherrschende Stimmung Leid und Schuld sein ? Denn nach seiner eigenen Beschreibung treten Leid und Schuldgefühle nur dann auf, wenn die Regeln zur Verehrung und des Gehorsams nicht eingehalten werden. Es ist noch anzumerken, daß er darauf hinweist, daß innerhalb einer bestimmten Religion humanistische und autoritäre Anteile gefunden werden können.

Insgesamt ist Religion, so wie Fromm sie versteht, in unserem Leben eine Komponente, der man sich nicht entziehen kann. So daß sich nur noch die Frage stellt, welche Wirkungen der einzelnen Religion einem wichtig erscheinen und für welche Religion man sich dann entscheidet, also wen oder was man verehrt und welchem Objekt/welcher Idee man sich hingibt.

1.2.3 Spranger: Der religiöse Mensch

Spranger (1930) betrachtet die Religion als eines von sechs Kulturgebieten, denen eine bestimmte Lebensform zugeordnet werden kann.

Er beschreibt in seiner Typologie folgende Lebensformen:

1. Den theoretischen Mensch
2. Den ökonomischen Mensch
3. Den ästhetischen Mensch
4. Den sozialen Mensch

5. Den Machtmensch
6. Den religiösen Mensch

Diesen ordnet er die verschiedenen Kulturgebiete zu (s. Spranger 1930, Rohracher 1963, Fisseni 1984), welche hier aber nicht aufgeführt werden, da in diesem Abschnitt nur der religiöse Mensch von Interesse ist.

Die verschiedenen Lebensformen sind als Idealtypen anzusehen, welche in der realen Welt so gut wie nicht vorkommen. Sie weichen aber im normalen Leben immer etwas vom Ideal ab und besitzen deshalb auch Elemente, die eigentlich den anderen Idealtypen zugeschrieben werden.

Wie der religiöse Mensch aber idealer Weise sein soll, läßt sich folgendermaßen beschreiben: Sein Ziel ist die Erzeugung des höchsten, restlos befriedigenden Werterlebnisses. Er strebt also nach Sinnerfüllung und möchte sich in einen Wertzusammenhang stellen, der sowohl den Gesamtsinn der Welt als auch das persönliche Leben umfaßt.

Dabei unterscheidet Spranger (1930 nach Rohracher 1963) den religiösen Menschen in drei Unterformen:

1. Den immanenten Mystiker, der alle Lebenswerte als Ausflüsse des Göttlichen betrachtet und alles Seiende verehrt, weil Gott darin wohnt.

2. Den transzendenten Mystiker, als Gegenpol, der alles Irdische verachtet und in seiner ganzen Geisteshaltung einer überweltlichen Sphäre zugewandt ist, in welcher aufzugehen sein Ziel ist.

3. Den Dualistischen, der das Irdische als notwendig und gut gelten läßt und dies aber vom Überirdischen abtrennt, in dem alleine das Göttliche lebt und herrscht.

Da es einen solchen religiösen Menschen aber im Alltag nicht gibt, muß der Bezug dieses Menschen zu den anderen Typen berücksichtigt werden.

Das Verhältnis des Religiösen zu den anderen Idealtypen und deren bevorzugten Kulturwerten läßt sich wie folgt charakterisieren: Insgesamt ist der theoretische Erkenntnisgewinn für den Religiösen schon wertvoll. Da der Erkenntnis aber Grenzen gesetzt sind, bleibt ihm nur der Ausweg, die Dinge, die sich seinen Erkenntnissen entziehen, zu glauben.

Der Bereich der Ökonomie ist für den Religiösen nur dafür bestimmt, das Leben weiter zu erhalten, ohne daß er besondere Wertschätzung für diesen Bereich hat. Der Bereich der Ästhetik steht ihm schon etwas näher und ist nur wertvoll, wenn darin ein Ausdruck des Göttlichen gesehen wird. Am nächsten steht dem Religiösen der soziale Bereich, da er hier, durch die Übernahme von sozialen Aufgaben, wie Helfen oder Verbesserungen einbringen, anderen dienen und damit auch Gott dienen kann. Dies kommt auch dem göttlichen Lieben am nächsten. Zur Macht oder Politik ist seine Einstellung je nach der religiösen Unterform, so daß er die staatliche Gewalt anerkennt, soweit sie in seinem Sinne sittlich handelt, und sich auf Regelungen beschränkt, die das Irdische betreffen oder, daß er den Staat nicht in seine Betrachtung mit einbezieht, oder zumindest eine scharfe Trennung zwischen staatlichem und religiösen vollzieht.

Sicher beeinflußte dieses Konzept auch Allport in seiner Arbeit zur religiösen Orientierung, die im nächsten Abschnitt vorgestellt wird.

1.2.4 Das Konzept von Allport

Im Rahmen der Vorurteilsforschung entwickelte Allport das Konzept der "intrinsischen und extrinsischen religiösen Orientierung". Dieses Konzept entstand in Anlehnung an die reife Persönlichkeit (1937). Somit unterschied Allport zunächst zwischen einer reifen Religiosität, die er „mature religion" nannte, und einer unreifen Religiosität, welche bei ihm „immature religion" hieß (Allport 1950 nach Moosbrugger 1996). Erst 1959 (nach Moosbrugger 1996) ersetzte er diese Bezeichnungen in seiner Studie „Religion and Prejudice" durch „intrinsic" (intrinsisch) und „extrinsic" (extrinsisch). Man kann die beiden Arten der religiösen Orientierung wie folgt beschreiben:

- Die *intrinsisch religiöse Orientierung* (I-Orientierung) ist eine tief verinnerlichte Gläubigkeit, die der Ausdruck einer engen Verbundenheit mit den religiösen Werten ist. Bei dem intrinsisch motivierten Personen ist die Religion ein Bestandteil des täglichen Lebens und sie bestimmt seine Lebensweise. Man kann auch sagen, daß er *"seine Religion lebt"*, wie Allport es (1967) beschrieben hat.

- Die *extrinsisch religiöse Orientierung* (E-Orientierung) beschreibt eine oberflächliche für bestimmte Zwecke verwendete Gläubigkeit, die nicht auf eine innere Verbundenheit mit den religiösen Inhalten schließen läßt. Allport schreibt hierzu: *" The extrinsically motivated uses his religion." (Allport & Ross 1967)* Besonders ist der Artikel „Personal religious orientation and prejudice" von Allport und Ross 1967 zu erwähnen, in dem, neben der Beschreibung von Zusammenhängen zwischen religiöser Orientierung und Vorurteilen, die Religious Orientation Scale (ROS) als Messinstrument zum Einsatz kam.

Die Religious Orientation Scale ist ein Fragebogen mit 20 Items, welche auch in deutscher Form vorliegt. Entgegen den ursprünglichen Annahmen von Allport, stellte sich aber in wiederholt vorgenommenen dimensionsanalytischen Überprüfungen heraus, daß die I- und E-Orientierung als unabhängige Dimensionen betrachtet werden müssen, was auch aus der Metaanalyse von Donahue (1985) zu erfahren ist.
Somit ist es durchaus möglich, daß Personen die einen hohen Wert in der I-Dimension erreichen, einen hohen oder auch einen niedrigen Wert in der E-Dimension aufweisen. Man kann folglich vier verschiedene Typen der religiösen Orientierung unterscheiden (nach Donahue 1985):

1. Die rein *intrinsisch* religiöse Gruppe (hohe I-Ausprägung und niedrige E-Ausprägung)
2. Die rein *extrinsisch* religiöse Gruppe (hohe E-Ausprägung und niedrige I-Ausprägung)
3. Die indifferent *proreligiöse* Gruppe (hohe Ausprägung sowohl in der I- als auch in der E- Dimension)
4. Die *non-religigiöse* Gruppe (niedrige Ausprägung in der E- und der I-Dimension)

Die Gruppen 1-3 beschreiben also jeweils Personen, die sich momentan mit religiösen Erscheinungen auseinandersetzen und darüber hinaus eine, wie auch immer gestaltete, positive Einstellung gegenüber der Religion besitzen.

Dieses Konzept ist das bekannteste Konzept in der Religionspsychologie und war nach Zwingmann, Frank und Moosbrugger (1996) in den 70er und 80er Jahren das dominierende Forschungsparadigma in der amerikanischen Religionspsychologie und wird seit Ende der 80er Jahre auch in Deutschland aufgegriffen. Auch das folgende Modell zur Entwicklung einer religiösen Lebenseinstellung baut darauf auf.

1.3 Entwicklung einer religiösen Lebenseinstellung

Hier soll nun das Modell von Kahoe & Meadow (1984) zur „Religiösen Entwicklung" dargestellt werden.

Der Grund warum gerade dieses Modell hier vorgestellt werden soll, liegt darin, daß Kahoe und Meadow (1984) sich auf das im vorherigen Abschnitt beschriebene Konzept von Allport beziehen und der darauf aufbauende Fragebogen in dieser Unte r-suchung Verwendung findet.

Sie postulieren eine Entwicklung der religiösen Person, die in der Nähe des e x-trinsischen Pols (extrinsic) b   eginnt und im Uhrzeigersinn über eine kirchlich-traditionelle Einstellung (observance) hin zu einer intrinsischen Überzeugung (intri n-sic) führt. Der Übergang von der intrinsischen Überzeugung zu einer Autonomen Rel i-giosität (Autonomy), als dem höchsten Entwicklungsstand in der religiösen Entwic k-lung, wird als äußerst selten beschrieben.

Abbildung 1.5.1 Ein Entwicklungsmodell der persönlichen Religiosität nach Kahoe und Meadow (1984, S 321)

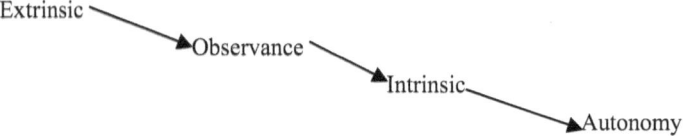

Die *extrinsische Einstellung* zur Religiosität ist, wie bei Allport (1967), eine Instr u-mentalisierung der Religion. Die Autoren machen dies durch ein eindrückliches Bild deutlich: „ *... the person simply learns a religion as casually as she or he learns to use a knife and fork."* Die Religion wird hier zur Abwehr von Ängsten genutzt und dient als eine Art der Absicherung oder des Selbstschutzes vor den kommenden Schwierigkeiten im L e-ben.

Die *Observerance Religiosität* beinhaltet die extrinsischen Funktionen, geht aber noch darüber hinaus. Hier werden auch eigene Lösungen für krisenhafte Leben s-situationen gefunden und die Religion wird nicht nur für sich selbst genutzt, sondern es werden zusätzlich die sozialen Aspekte der Religion erkannt. Der Grund, warum Oser und Reich (1992 in E. Schmitz) dies als kirchlich-traditionell bezeichnen, liegt darin, daß in dieser Phase die Übernahme von Glaubensdogmen erfolgt und die Personen sich in dieser Phase sehr an dem rituellen Aspekt der Religion orientieren, was bedeutet, daß sie an den gängigen Praktiken der Religion regelmäßig aktiv teilnehmen, ohne über das eigene Verhalten zu reflektieren.

Die *intrinsische Religiosität* führt, obwohl es sich um eine interne Motivation handelt, weiter vom „Selbst" weg. Dies ist so zu verstehen, daß die eigenen Belange nicht mehr allzu wichtig genommen werden und es ein Streben nach etwas Höherem oder Größerem gibt. Diese Personen nehmen zwar auch an Ritualen der Religion teil, praktizieren dies aber nicht in einer so rigiden Art und Weise wie Personen, die sich auf der vorausgehenden Stufe befinden.

Die *Autonome Religiosität*, als höchste Form des Umgangs mit der Religion, wird selten erreicht und wird auch nur in sehr eingeschränkter Form von den Institutionen der jeweiligen Religion propagiert. Der Grund dafür ist wohl darin zu sehen, daß die Personen, welche diesen Zustand erreichen wollen, die Fähigkeit haben sollten, ihre eigenen Erkenntnisse zur Religion selbständig in ihr Leben einzubringen, ohne unbedingt den vorgegebenen Modellen, z.B. der Kirchen, zu folgen.

Diese Personen sind also unabhängig von der gegenwärtigen Lehrmeinung und den institutionellen Strukturen, womit sie diese auch ständig in Frage stellen.

Dieses Modell beschreibt einen sich verändernden Umgang mit der Religion in sehr anschaulicher Weise. Ein erheblicher Schwachpunkt des Modells ist aber die fehlende Erläuterung zu dem Übergang vom Nicht-Glauben zum Glauben hin. Wenn zum Beispiel die christliche Religion mit der „Bekehrung" einen solchen Punkt beschreibt, dann ist dieser in dem Modell von Kahoe und Meadow nicht explizit zu finden. Es hätte deutlicher gemacht werden müssen, ab welchem Abschnitt man eine Person als zugehörig zu einer Religion ansehen kann oder bis wann die Personen zwar religiös, aber noch nicht eindeutig der Religion zuzuordnen sind. Diese Frage führt uns auch gleichzeitig zum nächsten Abschnitt, der Messung von Religiosität.

1.4 Messung der Religiosität

Wie bei den meisten Messungen, die in der Psychologie vorgenommen werden, sind es auch bei der Religiosität die Ausprägung von Eigenschaften, Verhaltensweisen oder Reaktionen, die gemessen werden. Dazu stehen unter anderem die Meßinstrumente zur Verfügung, welche in diesem Abschnitt dargestellt werden.

1.4.1 Verhaltensmaße

Eine Möglichkeit besteht natürlich darin, Personen zu beobachten, die man für religiös hält und deren besondere Verhaltensweisen als ein Maß für Religiosität zu definieren.

Man kann dann diese reinen Verhaltensmaße heranziehen, um damit auf die religiöse Lebenseinstellung dritter Personen zu schließen. So ist es möglich, die Häufigkeit der Teilnahme an religionsbezogenen Veranstaltungen, an rituellen Handlungen oder des Lesens von Literatur über die eigene Religion zu erheben. Diese Erhebung könnte zwar auch in Form von direkter Beobachtung der Personen stattfinden, da dies aber zu aufwendig wäre, werden auch diese Verhaltensmaße in Form von Fragebögen erhoben.

Der Vorteil eines solchen Meßverfahrens ist, daß die Maße leicht zu erheben sind und eindeutig zu bestimmen sind. Doch diese Maße sagen noch nichts genaueres über die innere Einstellung gegenüber der Religion aus. Man kann also recht einfach bestimmen, wie häufig jemand in die Kirche geht, davon hat man aber noch keine Information darüber, wie seine Einstellung zu der Religion insgesamt zu bewerten ist.

Dementsprechend werden solche Maße meist nur zur zusätzlichen Überprüfung in Untersuchungen mit erhoben.

1.4.2 Verbale oder Fragebogen-Verfahren zur Messung der Religiosität

Die Variable Religiosität ließe sich grundsätzlich durch die gleichen methodischen Verfahren erheben, wie andere psychologische Konstrukte auch. Dennoch sind Verfahren, welche in Form von Fragebögen den Versuchspersonen einfach vorgelegt werden können, die bevorzugte Art und Weise, in der die Religiosität erhoben wird. Dies liegt wohl nicht zuletzt daran, daß man mit Hilfe von Fragebögen relativ schnell eine große Gruppe von Personen untersuchen kann und die Daten der Versuchspersonen dann mit vielen verschiedenen statistischen Methoden ausgewertet werden können. Man kann also sagen, daß dies eine sehr ökonomische Vorgehensweise ist, die eine Vielzahl an Ergebnissen liefern kann.

Um zu verdeutlichen, wie sehr diese Technik bei der Forschung zur Religiosität im Vordergrund steht, soll Spilka (1985, S.51) zitiert werden: *„Currently, we do not know to what extent nonquestionaire measures might be useful."*

In diesem Abschnitt sollen nun einige dieser Fragebogenverfahren vorgestellt werden, wobei aber nur ein Überblick vermittelt werden soll. Es werden somit nicht alle möglichen zur Verfügung stehenden Fragebögen vorgestellt.

1. Fragebögen zur Messung von Religiosität

Wilson (1960)	Extrinsic Religious Value Scale
Gorsuch & Venable (1983)	Age Universal Religious Orientation Scale
Kecskes & Wolf (1993)	Instrument Zur Messung Christlicher Religiosität
Boos-Nuenning (1972)	Dimensionen der Religiosität
Feagin (1964)	Intrinsische/Extrinsische Skala Religiöser Orientierung
Ross & Allport (1967)	Religious Orientation Scale

Die Extrinsic Religious Value Scale von Wilson (1960) ist eine Skala, die aus 15 dichotomen Items besteht. Sie dient zur Erfassung der extrinsisch orientierten Religiosität, wurde als eindimensionale Skala konzipiert und ist in dem Forschungskreis um Allport entstanden, dessen Konzept schon in Abschnitt 1.2.4 vorgestellt wurde.

Des weiteren ist die Age Universal Religious Orientation Scale von Gorsuch & Venable (1983) eine Skala, die auf Ross und Allports Skala (ROS 1967) zurückzuführen ist. Sie beinhaltet die 20 Items des ROS und ist nur soweit sprachlich verändert worden, daß die Beantwortung der Items auch von Heranwachsenden und Kindern geleistet werden kann.

Ein neuerer Test zur Messung von Religiosität ist das Instrument zur Messung Christlicher Religiosität (IMCR) von Kecskes und Wolf (1993), welches sich auf die 5 Dimensionen von Glock (1962) bezieht. Im Abschnitt 1.3. Dimensionen der Religiosität wird das Konzept von Glock vorgestellt. Für die Skalenentwicklung des Tests wurden aber nur drei der 5 Dimensionen berücksichtigt:

- die ideologische Dimension (religiöser Glaube)
- die ritualistische Dimension (religiöse Praxis)
- die intellektuelle Dimension (religiöses Wissen)

Tabelle 1.2.2.1 Beispielitems zu den jeweiligen Skalen des IMCR

1. Skala der religiösen Erfahrung
Der Glaube an Gott hilft mir, in schwierigen Situationen nicht zu verzweifeln.
2. Skala des religiösen Glaubens
Unser Schicksal liegt in Gottes Hand.
3. Skala des religiösen Wissens
Können Sie mir die Namen der vier Evangelisten nennen?

Bei den Beispielitems fällt auf, daß das dritte Item in Form einer Frage vorliegt. Dies weist schon darauf hin, daß die Form der Skalen unterschiedlich ist. So werden die ersten beiden Skalen in Form einer fünfstufigen Likert-Skala erhoben und die dritte Skala liegt in Form von offenen Fragen vor.

Dabei wird die Dimenson (Skala) religiöse Erfahrung von 7 Items gebildet, die Dimension religiöser Glaube beinhaltet 10 Items und die Skala religiöses Wissen wird wieder durch 7 Items gebildet.

Alle Skalen sind hinreichend reliabel (Cronbachs Alpha zwischen .71 und .96). Doch die ersten beiden sind nicht unabhängig voneinander, so daß die Autoren sich die Option vorbehalten, aus den ersten beiden Skalen eine Gesamtskala „allgemeine Religiosität" zu erstellen. Die Validität wurde auch überprüft und als ausreichend dargestellt.

Der Test **D**imensionen der **R**eligiosität von Boos-Nünning (1972) besteht aus 82 Items, die sich mit religiösen Einstellungen und Verhaltensweisen befassen. Diese Items sind bei ihr in folgende Skalen gegliedert:

- die Dimension der religiösen Erfahrung mit 7 Items;
- die ideologische Dimension (religiöser Glaube) mit 14 Items;
- die Dimension der Konsequenzen aus religiösen Überzeugungen mit 14 Items;
- die intellektuelle Dimension (religiöses Wissen) mit 7 Items;
- die ritualistische Dimension (religiöse Praxis) mit 16 Items;
- die Bindung an die Pfarrgemeinde mit 21 Items;
- die Einstellung zur Kirche mit 3 Items.

Beim Betrachten der verschiedenen Skalen fällt wieder auf, daß die 5 Dimensionen der Religiosität von Glock (1962) als Grundlage genutzt wurden, die im nächsten Abschnitt „Dimensionen der Religiosität" dargestellt sind.

Da Boos-Nuenning aber überprüfen wollte, ob überhaupt eine Mehrdimensionalität des Konstrukts Religiosität vorliegt, unterzog sie die Items der Skalen einer Faktorenanalyse, bei der sie folgende Faktoren extrahierte:

Faktor 1: Allgemeine Religiosität (38 Items; 51% Varianzanteil);
Faktor 2: Kirchliche Kommunikation und Information (16 Items; 18% Varianzanteil);
Faktor 3: Ehe- und Sexualmoral (sieben Items; 9% Varianzanteil);
Faktor 4: Glaube an Gott (vier Items; 7% Varianzanteil);
Faktor 5: Öffentliche religiöse Praxis (sechs Items; 7% Varianzanteil);
Faktor 6: Kirchliches Wissen (fünf Items; 8% Varianzanteil).

Es muß darauf aufmerksam gemacht werden, daß die Items der einzelnen Faktoren häufiger Mehrfachladungen aufweisen und den Faktoren nur 64 Items der ursprünglich 82 Items zugeordnet werden konnten.

Man könnte aus diesen Informationen den Schluß ziehen, daß es sinnvoll wäre, den Faktor Allgemeine Religiosität einzeln zu betrachten. Ob daraus ein selbständiger Fragebogen entwickelt werden kann, ist zu überprüfen.

Jedenfalls regen diese Befunde dazu an, eine veränderte Form des Tests, unter Berücksichtigung der Ergebnisse der Faktorenanalyse, zu erproben. Außerdem ist dieses Instrument noch nicht normiert worden, so daß man wohl noch nicht von einem ausgereiften Testverfahren sprechen kann und nichts dagegen einzuwenden ist, eine modifizierte Variante zu entwickeln.

Die Intrinsische/Extrinsische Skala Religiöser Orientierung von Feagin (1964) und die Religious Orientation Skale von Ross und Allport (1967) werden im Methodikteil dieser Arbeit im Rahmen der Beschreibung der verwendeten Meßinstrumente und der Operationalisierung der Variablen ausführlich dargestellt.

Neben den Tests, die sich ausschließlich mit der Religiosität beschäftigen, gibt es auch noch Tests aus anderen Bereichen, die eine Skala zur Einstellung gegenüber von Religion beinhalten.

Auch hier können nur einige Verfahren exemplarisch dargestellt werden.

2. Fragebögen, die Skalen zur Religiosität enthalten

Klauer und Filipp (1993)   Trierer Skalen zur Krankheitsbewältigung (TSK)
Heim, Augustiny, Blaser
und Schaffner (1991)   Berner Bewältigungsformen (BEFO)
Allport, Vernon und Lindzey (1960)   Werteinstellungs-Test („Study of Values")

Die Trierer Skalen zur Krankheitsbewältigung (TSK) von Klauer und Filipp (1993) bestehen aus 37 Items, aus denen folgende Skalen gebildet wurden:

1. Rumination
2. Suche nach sozialer Einbindung
3. Bedrohungsabwehr
4. Suche nach Information und Erfahrungsaustausch
5. Suche nach Halt in der Religion

Dabei wird die 5. Skala wie folgt beschrieben : „ *Aus dem religiösen Glauben heraus wird Trost und Kraft gefunden sowie der Krankheit ein höherer Sinn abgewonnen.* "

Der Test kann für diagnostische Zwecke in der Rehabilitation verwendet werden und soll erfassen, auf welche Art und Weise schwere körperliche Erkrankungen bewältigt werden. Die Religion dient hier also als eine Art Bewältigungsform in einer Krisensituation.

Bei den Berner Bewältigungsformen (BEFO, 1991) handelt es sich ebenfalls um einen Test aus dem Klinischen Bereich, der den Umgang mit Krankheit und deren Bewältigung erfaßt.

Dieses Verfahren liegt in Form eines strukturierten Interviews vor und beinhaltet die Dimensionen:

- Handlungsanleitungen Bewältigungsformen
- Kognitionsbezogene Bewältigungsformen
- Emotionsbezogene Bewältigungsformen

Die Religiosität wird in diesem Verfahren als eine kognitionsbezogene Bewältigungsform angesehen, mit der die aus der Krankheit entstandenen psychosozialen Belastungen gemeistert werden können. Sie wird durch die Skala K9 Religiosität erfaßt.

Der Werteinstellungstest („Study of Values") von Allport, Vernon und Lindzey (1960) basiert auf der Typologie von Spranger (1930), in der er die sechs idealen Grundtypen des Menschen beschreibt (s. Abschnitt 1.2.3). Der Test besteht aus 45

Items und erhebt die grundlegenden Interessen bzw. die Einstellungen der Versuchsperson im Sinne der Beschreibung nach Spranger. Den Grundtypen entsprechend werden sechs Skalen erhoben, wovon die letzte Skala die der religiösen Werteinstellung ist.

Die eben beschriebenen Möglichkeiten, mit denen man Religiosität messen kann, sind natürlich eng damit verknüpft, welche Vorstellung man von der Religiosität hat oder genauer gesagt, was für eine Ansicht man über die Dimensionalität von Religion besitzt. Dies ist dann Thema in dem nächsten Abschnitt.

1.5 Dimensionen der Religiosität

In diesem Abschnitt soll auf mögliche Sichtweisen und Einteilungen der Religiosität eingegangen werden. Man kann sie zu drei Hauptströmungen zusammenfassen, was auch schon im vorherigen Abschnitt angesprochen wurde:

1. Die Sichtweise, daß Religiosität eine einzelne bestimmte Ausprägung der Persönlichkeit oder des Verhaltens der Menschen ist
2. Die Auffassung, daß Religiosität als ein zweidimensionales Konstrukt angesehen werden sollte, wie es auch dem Konzept der intrinsisch/extrinsischen Orientierung zugrunde liegt.
3. Die Ansicht, daß Religiosität eher durch eine Vielzahl an Dimensionen beschrieben werden muß.

(1.) Die eindimensionale Sichtweise der Religiosität ist die ursprüngliche Art und Weise, mit der man sich dem Konstrukt Religion angenähert hat. Eine der ersten dokumentierten Bestrebungen Religion zu messen, ist die von Sumner (1898 nach Meadow&Kahoe (1984). Er verwendete die Zustimmung einer Person zu bestimmten „rank order statements", welche den religiösen Glauben betrafen, als ein Maß für die Religiosität der Person. Diese bildeten eine eindimensionale Skala, welche die Einstellung zur Religion beschreiben sollte.

Aber auch andere Autoren wie Thurstone (Thurstone & Cave 1929) oder auch Allport (Allport, Vernon & Lindzey 1960) in dem Test „Study of Values" näherten sich der Religion zunächst mit einem eindimensionalen Ansatz (s. vorangehender Abschnitt).

(2.) Bei dem zweidimensionalen Ansatz besteht die Tendenz, die Religiosität in einen wertvollen und erstrebenswerten Anteil sowie in einen negativen Anteil aufzuteilen. Dies zeigt sich auch bei dem Konzept von Allport (1960), wo die extrinsisch religiöse Orientierung, deutlich mit negativen Eigenschaften oder Einstellungen in Zusammenhang steht im Gegensatz zu der intrinsisch religiösen Orientierung (siehe Abschnitt 1.2.4). Der Tabelle 1.3.2 kann man entnehmen, daß die bipolare Betrachtung der Religiosität von mehreren Autoren vertreten wird. Dabei gibt es eine Art der Religiosität, die man als bevorzugte Religion bezeichnen kann, da sie mit wünschenswerten Persönlichkeitsmerkmalen, wie psychischer Stabilität oder Lebenszufriedenheit in Verbindung gebracht wird. Die weniger bevorzugte Art der Religion, ist verbunden mit Vorurteilen gegenüber den Anderen, autoritären Einstellungen und anderen negativen Eigenschaften (s. Abschnitt 1.7).

Tabelle 1.5.1 Konzepte, welche die Religiosität zweidimensional beschreiben

Autor	bevorzugte Religion	nicht bevorzugte Religion
Allport (1959, 1960)	Intrinsisch	Extrinsisch
Lenski (1961)	Associational (life-permeating commitment)	Communal (social-group focus)
Allen (1965)	Committed (internalized religious values)	Consensual (conformity to religious patterns)
Nock (1961)	Conversion (self chosen commitment)	Adhesion („inherited" social commitment)
Dewey (1934)	Being religious (submission to a pervasive ideal)	Observing a religion (following the forms of a religion)
Clark (1958)	Primary Religion (harmonizing life with one's vision)	Tertiary religion (habitual, conditioned religion)

Man kann bei den in der Tabelle aufgelisteten Autoren sehen, daß die bevorzugte Art und Weise in der Religion gesehen wird, meist mit einer inneren Verbundenheit zur Religion einhergeht. Es sollte also ein innerer Bezug zur Religion vorhanden sein.

Bei der anderen Art der Religionsausübung liegt der Schwerpunkt auf sozialen Aspekten. Die Religion wird nicht von innen heraus ausgeübt, sondern im Zuge einer Unterordnung unter soziale Regeln oder Formen. Eine andere Möglichkeit besteht noch darin, daß bestimmte Verhaltensformen einfach beibehalten werden, obwohl man sich innerlich schon von der Religion entfernt hat, wie es bei Clark (1958) zu sehen ist.

(3.) Von den multidimensionalen Konzepten der Religiosität soll hier stellvertretend das Modell von Glock (1965) dargestellt werden, der sich als einer der ersten für eine multidimensionale Betrachtungsweise aussprach.
Glock unterscheidet fünf verschiedene Dimensionen der Religion:

1. Die ideologische Dimension, welche den Bereich des Glaubens bzw. Unglaubens beschreibt.
2. Die rituelle Dimension. Sie beinhaltet die private und öffentliche Ausübung von religiösen Praktiken und deren Bedeutung für die jeweilige Person.
3. Die erfahrungsgemäße Dimension, die religiöses Gefühl und die intensiven Erfahrungen der Religion beinhaltet.
4. Die intellektuelle Dimension, welche das Wissen über die Religion und die geistige Beschäftigung mit der Religion verkörpert.
5. Die Dimension der Konsequenzen, die allgemeine Auswirkungen der Religiosität im Leben erfaßt.

Diese fünf Dimensionen haben zahlreiche Autoren dazu angeregt, Tests zu entwickeln, um diese Dimensionen der Religiosität zu messen (Faulkner&De-Jong 1966, Boos-Nünning 1972, Kecskes u. Wolf 1993). Bei diesen Versuchen, Skalen zu den entsprechenden Dimensionen zu entwickeln, fiel aber immer wieder nach faktorenalytischer Überprüfung auf, daß es hier zu häufigen Interkorrelationen kam, was gegen eine Unabhängigkeit der fünf Dimensionen spricht.
Aus diesem Grund habe ich für die Untersuchung ein Konzept ausgewählt, daß in zahlreichen Untersuchungen erprobt wurde und das auch nach den Kriterien der klassischen Testtheorie unabhängige Dimensionen beschreibt.
Im Folgenden soll nun der allgemeine Zusammenhang zwischen Religion und Psychologie theoretisch hergeleitet werden.

1.6 Religion und deren Zusammenhang mit der Psychologie

Theologie und Psychologie beschäftigen sich zu einem beträchtlichen Teil mit den gleichen Themen. Man denke nur an den Seelsorgebereich, wo der Priester tätig ist, der in früheren Zeiten anstatt des Psychologen die professionelle Anlaufstelle bei Lebenskrisen und Problemen des psychischen Bereiches war. So gesteht auch Rohracher (1965) einigen bekannten Vertretern der christlichen Religion ein großes Maß an psychologischer Kompetenz zu. Er schreibt in seiner Einführung in die Psychologie: *"Un-*

ter den alten Kirchenvätern waren ausgezeichnete Psychologen; Paulus, Tertullian und Augustin haben gewußt, daß der Mensch im Kampf gegen die von der Kirche abgelehnten Triebe oft zu schwach ist, um ihnen zu widerstehen. Er braucht dazu die Hilfe Gottes; die "gratia Dei", die als zusätzliche, von außen kommende Kraft eingreift".

Die Psychologie beschäftigte sich schon sehr früh mit dem Thema Religion. Der Begründer der experimentellen Psychologie Wilhelm M. Wundt befaßte sich in seiner Völkerpsychologie (1900-1920) mit psychischen Gesetzmäßigkeiten, die einer Entwicklung der Religion zugrunde liegen.

Es gab sogar in den frühen Tagen der Persönlichkeitspsychologie eine Typologie von Spranger (1930) in welcher der religiöse Mensch beschrieben wird (s. Abschnitt 1.2.3).

Hier zeigt sich, daß auch nach Meinung bedeutender früher Forscher der Psychologie die Religion ein wichtiger Bestandteil der Persönlichkeit ist.

Es gab aber (und gibt es vielleicht noch) auch Berührungsängste zwischen den beiden Bereichen der Religion und der Psychologie, die soweit gingen, daß es sogar zu einer gegenseitigen Ablehnung kam.

Nach Freud (1939) sind die religiösen Phänomene nach dem Muster der ihm vertrauten neurotischen Symptome zu verstehen und haben einen zwanghaften Charakter.

Fromm (1980) beschreibt die Aussage von Freud - die Religion habe Illusionscharakter, sie sei eine Gefahr und stelle die Moral auf einen unsicheren Grund - als nicht grundsätzlich feindselig gegenüber der Religion. Aber es wird auch bei ihm deutlich, daß Freud eine sehr kritische Einstellung gegenüber der Religion vertritt.

Da sich Freud der Religion sozusagen als einer Art *"kollektiver Neurose"* angenähert hat, ist aus seiner Arbeit nur wenig über den Nutzen oder die Vorteile der Religion zu erfahren.

Dafür, daß es ein Vorteil sein kann, an eine Religion zu glauben, gibt es aber von anderen Autoren ausreichende Hinweise aus dem Bereich der Psychologie. So haben z.B. nach Weidman-Gibbs und Achterberg-Lawlis (1978) Personen mit einem Religionsbezug weniger Angst vor dem Tod als andere, auch wenn sie an einer schwerwiegenden Krankheit, wie Krebs, leiden. Was noch erstaunlicher zu sein scheint, ist ein Ergebnis, das von Spring, Moosbrugger, Zwingmann und Frank (1993) berichtet wird. In dem Artikel "Kirchlicher Dogmatismus und ekklesiogene Neurosen" wird davon berichtet, daß die beiden Kirchengemeinden im Durchschnitt einen niedrigeren Neurotizismuswert aufwiesen als der Bevölkerungsdurchschnitt.

Die negativen Folgen, welche durch eine betont religiöse Erziehung auftreten können, dürfen aber auch nicht außer acht gelassen werden. So hat Allport (1967) festgestellt, daß der durchschnittliche Kirchgänger in einem größeren Ausmaß vorurteilsbehaftet ist; wobei er den Zusatz macht, daß man die Gruppe der Kirchgänger aufschlüsseln muß, da man unter den Kirchgängern eine Untergruppe - die intrinsisch Religiösen - findet, die nur sehr geringe Anzeichen von Vorurteilen aufweisen

In religiösen Kreisen gibt es aber auch immer noch Vorurteile bzw. Ängste gegenüber der Psychologie. Zum einen scheinen die psychischen Krankheiten immer noch so eng an den Bereich des Glaubens geknüpft zu sein, daß sich die "Religiösen" nur mit großen Schwierigkeiten an einen professionellen Therapeuten wenden, oder es möglicherweise sogar als mit ihrem Glauben unvereinbar finden, psychische Beschwerden aufzuweisen. Zum anderen könnten auch gewisse Ängste davor, daß die Psychologen mit ihrer eher naturwissenschaftlich methodischen Herangehensweise an das Thema Religion den Glauben sezieren und entmythologiesieren, dazu verleiten, die Religion als nicht beforschbar darzustellen. Vielleicht besteht auch hier die unbegründete Befürchtung, daß Religion rational erklärbar wird. Von Ouweneel (1993) wird hierzu ein anderer Weg vorgeschlagen, der zeigt, wie sich vor allem Christen mit der Psychologie beschäftigen sollten. In seiner christlichen Sicht auf das mentale Leben fordert er eine neue Art der Psychologie, die "kritische christliche Psychologie", welche eine empirische Wissenschaft sein soll, die sich auf eine christlich-philosophische Arbeit gründet. Er möchte also keine Zusammenarbeit zwischen Religion und Psychologie, sondern eine Psychologie, die sich auf der Religion aufgebaut. Dies wird wohl für die meisten Psychologen ein Weg sein, der nicht in Frage kommt.

Im nächsten Abschnitt werden nun einige Untersuchungen vorgestellt, die sich mit dem Thema Religion und Religiosität beschäftigen, um aufzuzeigen, daß die vorliegende Arbeit einen direkten theoretischen Hintergrund besitzt.

1.7 Untersuchungen zum Bereich der Religion

Zunächst einmal soll hier die Untersuchung von Allport und Ross (1967) dargestellt werden, da sie Grundlage und Initiator für zahlreiche weitere Untersuchungen im Bereich der Religion ist und auch diese Arbeit zumindest teilweise darauf aufbaut.

In der angesprochenen Untersuchung wurde das Thema „Personal Religious Orientation and Prejudice" behandelt.

Die Studie fand an 309 Studenten statt, die verschiedenen Kirchengruppen angehörten und alle religiös waren. Den Versuchspersonen wurden verschiedene Fragebögen zur Messung von Vorurteilen vorgelegt und die Religiosität wurde durch die ROS (Religious Orientation Scale) gemessen (s.Abschnitt 5.6.1).

Die Personen wurden also entsprechend dem Konzept von Allport eingeteilt, wobei die Zelle der nicht-religiösen Personen unbesetzt blieb und es wurden umfangreiche Analysen durchgeführt, um Unterschiede hinsichtlich des Ausmaßes von Vorurteilen zwischen den Gruppen festzustellen.

Die Ergebnisse der Arbeit zeigten folgendes:

- Kirchgänger sind im Durchschnitt haben mehr Vorurteile als Personen, die nicht zur Kirche gehen

- diese Beziehung ist kurvenlinear

- Personen mit einer extrinsich religiösen Orientierung, haben mehr Vorurteile als die intrinsisch religiösen Personen

- Personen, die proreligiös sind haben mehr Vorurteile als extrinsisch Religiöse und viel mehr Vorurteile als intrinsisch Religiöse

Das interessante an dieser Untersuchung ist die Erkenntnis, daß ein Effekt der anfangs recht eindeutig erscheint, Kirchgänger haben mehr Vorurteile gegenüber andersartigen Gruppen, durch die Differenzierung in die verschiedenen religiösen Gruppen, nur noch teilweise aufrecht erhalten werden kann.

Denn bei der intrinsich religiösen Gruppe trifft dieses erste Ergebnis nicht mehr zu. Man kann also sagen, daß es nicht nur auf die Tatsache ankommt, ob jemand religiös ist oder nicht, sondern auch in welcher Weise er religiös ist.

Eine neuere Studie, die auch mit Allports Konzept arbeitet soll hier vorgestellt werden, um zu zeigen, daß dieses Konzept durchaus noch in der heutigen Forschung zur Religiosität Verwendung findet. In einer Studie von Wolf und Deusinger (1992) wird der Zusammenhang von religiöser Orientierung und psychischer Gesundheit untersucht. Als Meßinstrumente für die Religiosität, werden die ROS, die Skala „Einstellung zu Gott" (FESG) von Deusinger und Deusinger (1976) und der „Loving God

Index" von Benson und Spilka (1973) verwendet. Als Maße der psychischen Gesundheit werden Neurotizismus in Form der Skala N des FPI-R und Selbstwertschätzung in Form der Skala FSSW der FSKN von Deusinger (1986) erhoben. Dabei ergaben sich folgende Ergebnisse für die Gesamtgruppe, die aus 160 Studenten verschiedener Fachbereiche bestand:

- die extrinsisch religiöse Orientierung korreliert positiv mit Neurotizismus (r=.40) und negativ mit Selbstwertschätzung (r=-.18)

- der Neurotizismusscore der Proreligiösen ist statistisch bedeutend höher als der von intrinsisch religiösen Personen

Es muß aber auch noch erwähnt werden, daß die gefundenen Neurotizismuswerte in allen religiösen Gruppen im klinisch unauffälligen Bereich lagen.

Auch an diesen Ergebnissen kann man sehen, daß die Unterscheidung von ex- und intrinsisch religiöser Orientierung in manchen Bereichen gewinnbringend sein kann.

Die Arbeit von Sturgeon und Hamley (1979) wurde hier mit aufgenommen, weil sie sich mit der gleichen Forschungsrichtung, wie die vorliegende Studie befaßt. In jener Arbeit wird die Religiosität und deren Zusammenhang mit einer Emotion (Angst) untersucht. Zusätzlich wurde das Konzept Rotters (1966) des „locus of control" im Zusammenhang mit Religiosität betrachtet. Zur Messung der Religiosität wurde die ROS verwendet, zur Messung der Angst das STAI von Spielberger (1970) und zur Messung des Locus of control die Internal-External Locus of control Scale von Rotter (1966).

Die Untersuchung wurde an 144 Studenten durchgeführt und erbrachte die folgenden Ergebnisse:

- intrinsisch religiöse Personen haben signifikant weniger Existenzängste, eine niedrigere Trait-Angst und einen größeren internen Locus of control als extrinsische

- die beiden Gruppen unterschieden sich nicht hinsichtlich ihrer Zustandsangst

Man kann anhand der Ergebnisse sehen, daß sich die Art der Religiosität auf die Angstemotion auswirkt und es ist zu vermuten, daß Religiosität auch in anderen Bereichen der Emotion Auswirkungen hat, wie man an der Studie von Bateman und Jensen (1958) sehen kann die in Abschnitt 2.6 näher dargestellt wird.

Die letzte Untersuchung die vorgestellt werden soll, stammt von Fracis (1993), die den Zusammenhang der Einstellung zum Christentum mit Persönlichkeitsfaktoren untersucht hat. Dabei füllte eine Gruppe von 126 Studenten die „Francis scale of att i-tude towards Christianity" von Francis und Stubbs (1987) und den EPQ-R von E y-senck, Eysenck und Barret (1985) aus. Die Ergebnisse zeigen einen negativen Zusa m-menhang der positiven Einstellung zum Christentum mit der Persö nlichkeits-dimension Psychotizismus auf (r = -0,347, p = 0,001), was auch durch andere Studien bestätigt werden kann (Maltby, Talley, Cooper & Leslie 1995, Francis & Kay 1995 und Maltby & Lewis 1997). Bei den anderen Persönlickeitsdimensionen werden keine signifikanten Zusammenhänge festgestellt. Es kann also davon ausgegangen werden, daß der Bezug zur christlichen Religion nicht mit den Eigenschaften der emotionalen Kälte oder der Feindseligkeit einhergeht, welche als Unterfaktoren des Psychotizismus angesehen werden können (s. Abschnitt3.1.1).

Zum Abschluß soll noch ein Teil der Zusammenstellung von Ergebnissen nach Kahoe (1974a) wiedergegeben werden, in der Korrelationen zwischen den verschied e-nen religiösen Orientierungen und anderen Konstrukten aufgelistet sind (s. Tabelle 1.7.1).

Tabelle 1.7.1 Some correlates of intrinsic and extrinsic religion (nach Kahoe 1974a)

Correlated Variable	Religious Orentation	
	intrinsic	extrinsic
Authoritarianism (F scale)	.03	.33*
Dogmatism scale	.04	.30*
Internal locus of control	.24*	-.25*
Responsibility	.29*	-.40*

*=p<=0.01

Die intrinsisch religiöse Orientierung ist, wie aus der Tabelle hervorgeht, positiv mit einer internalen Kontrolle und Verantwortlichkeit korreliert und die extrinsisch religiö-se Orientierung ist positiv mit autoritären Persönlichkeitszügen und Dogmatismus, s o-wie negativ mit Verantwortlichkeitn und internaler Kontrolle korreliert.

Hier zeigt sich, daß die Religiosität schon in Bezug auf einige Variablen unte r-sucht wurde und es sich lohnen wird weiter Forschung in diesem Bereich zu betreiben.

Nachdem nun hier der Bereich der Religion/Religiosität dargestellt wurde, ist im nächsten Abschnitt, die Emotion Ärger Gegenstand unserer Betrachtung.

2 Ärger

2.1 Definition von Ärger

Jeder kann wohl für sich erleben, was Ärger ist. Wenn wir jemanden fragen, ob er sich geärgert hat, so kann er uns diese Frage in den meisten Fällen beantworten und ist darüber hinaus sogar noch in der Lage uns zu sagen, wie sehr er sich geärgert hat. Man sollte aber nicht die Frage stellen: „Was ist eigentlich Ärger". Denn hier bekommt man allenfalls mehr oder weniger genaue Aussagen darüber, was sich jeder einzelne unter dem Begriff Ärger vorstellt; es sei denn, daß Formen beschrieben werden, wie sich der Ärger deutlich macht.

Wenn wir also eine allgemein gültige Definition von Ärger auch nur annähernd erreichen wollen, dann müssen wir von der Was-Frage auf die Wie-Frage zum Ärger übergehen.

Es soll in diesem Kapitel zunächst auf verschiedene Definitionen von Ärger eingegangen werden. Darauf folgt die Abgrenzung zur Aggression, die Möglichkeiten zur Messung des Ärgers und die Entstehungsbedingungen des Ärgers. Am Ende des Kapitels soll dann der Bezug zum Bereich des Religiösen dargestellt werden.

Ärger ist eine Emotion, die häufig im alltäglichen Leben eines jeden Menschen auftritt. Darum ist es um so verwunderlicher, daß eine Definition des Ärgers in den großen Lexika fehlt. Aber auch in „*Dorsch: Psychologisches Wörterbuch*" (1994), ist nichts unter dem Begriff Ärger zu finden. Dies zeigt, daß es sich hier um ein Konstrukt ha n-delt, das in gewisser Weise vernachlässigt wird, obwohl es schon immer vorhanden war und auch seit langem Forschungsgegenstand in der Psychologie ist.

Ich möchte mit der Definition von Averill (1979) beginnen, der am Beginn se i-nes Artikels mit folgendem Kommentar, sehr deutlich auf die Vernachlässigung des Ärgers im Bereich der Psychologie hingewiesen hat: *"Anger is not evan listed in the indexes of several recent books on aggression, such as those by Baron (1977), Fromm (1973), Lorenz (1966), and Montagu (1976)."*

Seine Definition von Ärger lautet:

> „*Anger is a socially constituted response which helps to regulate interpersonal relations through the threat of retaliation for perceived wrongs, and which is interpreted as a passion rather than as an action so as not to violate the general cultural prosciption against deliberately harming another.*" Averill (1979)

In dieser Definition wird verstärkt auf die soziale Funktion des Ärgers als Regelgröße in Beziehungen eingegangen. Der Ärger „*droht*" Sanktionen an, wenn ein Fehlverhalten begangen wurde. Dabei sieht er den Ärger aber als eine „ *Leidenschaft*" an, was auch zu der Sicht des Ärgers als Emotion paßt, und weist darauf hin, daß Ärger nicht über A k-tionskomponenten zu bestimmen ist. Seine Begründung dafür, den Ärger als etwas Leidenschaftliches, Affektives zu betrachten, liefert er in der Definition mit, indem er darauf aufmerksam macht, daß damit die allgemeine Konvention „*man sollte niemanden vorsätzlich verletzen*" trotz des Ärgers eingehalten werden kann, da Affekte nur begrenzt willkürlich beeinflußbar sind.

Damit ist auch die Verbindung zu anderen Definitionen, gegeben in denen noch deutlicher auf die emotionale Qualität des Ärgers eingegangen wird.

In Hannelore Webers „*Ärger. Psychologie einer alltäglichen Emotion*" (1994) wird der Ärger als eine Emotion dargestellt, welche als ein „ *Syndrom aus fünf Komponenten*" be-schrieben wird. Diese Komponenten sind nach Scherer (1990) die physiologische, e x-pressive, kognitive, motivational/aktionale und subjektiv-erlebnisbezogene Komp o-nente.

Sie folgt mit ihrer Bezeichnung des Ärgers als eine Emotion und der damit ve r-bundenen Differenzierung in die einzelnen Bereiche von Emotionen, der in der Fo r-schung zur Ärger üblichen Herangehensweise an dieses Konstrukt.

So bezeichnet auch Selg, Mees und Berg (1988) den Ärger als eine Emotion und stellt deutlich heraus, daß Ärger auch ohne Aggression vorliegen kann. Er beschreibt Ärger folgendermaßen:

> *"Ärger kann als eine Klasse von untereinander ähnlichen, unlustbetonten emotionalen Reaktionen bezeichnet werden, die bei aversiven Erlebnissen auftreten, d.h. auf Frustration, Enttäuschungen, Belästigungen und Demütigungen hin."*

Im weiteren führt er noch aus, daß Ärger objektbezogen und sozial überformt ist und die Ärgerreaktion einige Anteile enthält, die wahrscheinlich angeboren sind.

In dieser Definition wird neben der emotionalen Komponente noch etwas anderes berücksichtigt. Hier wird auf die Entstehung des Ärgers hingewiesen und es werden mögliche Auslösebedingungen des Ärgers aufgezeigt (s. Abschnitt 2.5.1). Die erste Auslösebedingung, die Frustration, gilt auch bei Izard (1981) und Biaggio & Maurio (1985) als Auslöser und wird, neben der Emotionskomponente, in ihren Beschreibungen des Ärgers als relevant angesehen.

Auch Hodapp und Schwenkmezger (1993) gehen darauf ein, daß Ärger als eine Emotion zu betrachten ist, indem sie sich auf Spielberger et al. (1983) und seine Definition von Ärger beziehen.

> *„Ärger ist ein emotionaler Zustand, der aus Gefühlen der Spannung, Störung, Irritation und Wut besteht, begleitet von einer Aktivierung des autonomen Nervensystems."*

Hier ist als ein weiterer neuer Aspekt die physiologische Komponente hinzugekommen, welche in anderen Definitionen nicht berücksichtigt wurde.

In allen Definitionen kann man sehen, daß der Ärger als etwas mit Emotion Verbundenes angesehen wird, auch dann, wenn der Ärger nicht direkt als eine Emotion bezeichnet wird.

In Abschnitt 2.3 kann man genauer sehen, wie einzelne Autoren den Ärger in ihren Modellen einordnen, wenn man sich deren Konzepte zum Ärger betrachtet.

Die Auslösebedingungen des Ärgers, die teilweise schon angesprochen wurden, sind in Abschnitt 2.5 ausführlicher dargestellt. Sie ähneln zwar denen der Aggression und man könnte sich fragen, ob es sich lohnt, eine Unterscheidung von Ärger und Aggression vorzunehmen. Daß es aber bedeutende Unterschiede zwischen den beiden Konstukten gibt und wie sich der Ärger von der Aggression unterscheidet, ist Thema des nächsten Abschnitts.

2.2 Ärger und Aggression

Jedem ist das Gefühl bekannt, wenn der Ärger sich langsam oder auch ganz plötzlich einstellt.

- Herr B. ist wieder einmal dabei, das Laub von seinem Kirschbaum von der Straße zu fegen. Er hat es schon zu einem Haufen zusammengekehrt und ist eben dabei, eine Abfalltonne heranzufahren. Gerade in diesem Augenblick fährt ein Auto mit überhöhter Geschwindigkeit an dem Laubhaufen vorbei, der danach natürlich keiner mehr ist. Die Stirn von Herrn B. legt sich in Falten, der Mund fest geschlossen, die Nasenflügel erheben sich und die Hände greifen so feste um den Griff der Tonne, daß die Knöchel weiß erscheinen. Dann reagiert er mit einer Flut von Schimpfworten, die er vor sich hin grummelt . Er ist also in der nächsten Viertelstunde mürrisch damit beschäftigt, die Blätter nochmals zusammen zu kehren und nicht mehr so gut ansprechbar. -

Was man an diesem kleinen Beispiel sehen kann ist, daß es aufgrund eines unerwünschten Ereignisses bei Herrn B. zu einigen Reaktionen kommt, die aber nicht darauf ausgerichtet sind, dem Autofahrer aktiv einen Schaden zuzufügen. Dieses könnte aber, aufgrund der eben gemachten Erfahrung des Herrn B., eine mögliche Folge sein. Das bedeutet, man kann sich zwar ärgern und dies auch nach außen deutlich werden lassen, aber es muß nicht unbedingt zu einer Aggression nach dem erlebten Ärger kommen.

Ärger und Aggression können also gemeinsam auftreten, müssen dies aber nicht.

Diese Meinung vertritt auch Selg (1988, 1992), indem er den Ärger als ein „aggressions-affine" Emotion bezeichnet. Er erläutert, daß der Ärger, wie auch Gefühle der Wut oder des Zorns, sehr häufig in dem unmittelbaren Umfeld von Aggression festgestellt werden können, daß diese Emotionen aber auch ohne Aggression auftreten können. Desweiteren können auch beabsichtigte Aggressionen ausgeführt werden ‚ohne daß solche Gefühle dabei auftreten. Man könnte dies als „kalte Aggression" bezeichnen.

Auch andere Autoren, wie Spielberger et al. (1985), gehen auf die Verbindung zwischen Ärger und Aggression ein. Er behauptet, daß Ärger, Aggression und Feindseligkeit eng miteinander verknüpfte Konzepte sind. Diese Emotions-Handlungs-Beziehungen bezeichnet er als AHA-Syndrom (Anger-Hostility-Aggression). Dennoch fordert er dazu auf, eine Trennung dieser Konzepte vorzunehmen.

Abgesehen von den Diskussionen darüber, ob eine Frustration nun eine Aggression auslöst, wie es in der Frustrations-Aggressions-Theorie von Dollard et al. (1939)

postuliert wird, oder ob zunächst Ärger ausgelöst wird und dann die Aggression entsteht, wie es Berkowitz (1962) noch beschrieben hat, oder ob der Meinung von Selg (1992) zu folgen ist, daß zwischen der Frustration und dem Ärger eine Erregung steht, die dann als Ärger interpretiert werden kann, sind die meisten Autoren in dem folgenden Punkt übereingekommen:

Der wichtigste Unterschied zwischen Ärger und Aggression besteht darin, daß der Ärger eine Emotion ist, Aggression aber eine Handlung darstellt, die den Zweck hat, Schaden anzurichten (Buss 1961, Izard 1981, Selg, Mees & Berg 1988).

In welchem Gesamtzusammenhang die einzelnen Autoren die Emotion Ärger nun sehen und die daraus entwickelten Konzepte für den Ärger werden im nächsten Abschnitt vorgestellt.

2.3 Konzepte des Ärgers

Bei den Modellen vom Ärger lassen sich zwei unterschiedliche theoretische Hintergründe ausmachen aus denen diese Modelle hervorgegangen sind. Zum einen gibt es im Zusammenhang mit der Aggressionsforschung entstandene Konzepte des Ärgers, zu denen man die von Selg, Mees und Berg (1988) und Berkowitz (1993) rechnen kann, auf der anderen Seite sind im Zuge der Emotionstheorien auch die darin enthaltenen Vorstellungen über den Ärger, teilweise in eigene Konzepte übergegangen, wie man am Beispiel von Mees (1991, 1992) oder Averill (1979, 1982) sehen kann. Zum Schluß wird noch das Modell von Hodapp und Schwenkmezger (1993) vorgestellt, das auf Spielberger zurückgeht, aber auch von Averill (1982) Anregungen übernommen hat. Einige Aspekte der folgenden Modelle wurden schon in den ersten beiden Abschnitten erwähnt, dennoch erscheint es mir sinnvoll, die Modelle einmal im Zusammenhang darzustellen.

2.3.1 Selg: Ärger ein aggressions-affines Gefühl

Selg, Mees und Berg (1988) beschreibt den Ärger, wie auch Wut, Zorn und Haß, als „aggressions-affin", was bedeutet, daß diese Gefühle oft im Zusammenhang mit Aggression auftreten. Dies soll aber nicht heißen, daß Aggression vorhanden sein muß oder folgen muß, wenn diese Emotionen auftreten (vgl. Abschnitt 2.2).

Dies wird auch deutlich, wenn er seine Vorstellung von Ärger im Weiteren ausführt. Er definiert den Ärger folgendermaßen:

> *„Ärger kann als eine Klasse von untereinander ähnlichen, unlustbetonten emotionalen Reaktionen bezeichnet werden, die bei aversiven Erlebnissen auftreten, d.h. auf Frustrationen, Enttäuschungen, Belästigungen und Demütigungen hin."*

Weiteres Kennzeichen des Ärgers ist sein Bezug auf ein Objekt, über das sich geärgert wird. Dieses Objekt wird dann als Hindernis interpretiert, welches zu beseitigen ist, soweit dies möglich ist. Dabei wird auch wieder die Nähe zur Aggression deutlich, da nach Selg die Aggression das einfachste Mittel ist, das Hindernis zu beseitigen. Die nachfogende Abbildung 2.6.2.1 zeigt nun ein Modell von Selg (1988, zit. nach Selg, Mees & Berg, 1988) zur Entstehung von Ärger.

Abbildung 2.6.2.1 Ärgerentstehung (nach Selg 1988)

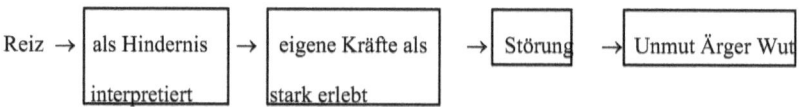

Nach der Interpretation des Reizes als Hindernis, kommt es zu einer Einschätzung der eigenen Kräfte. Werden diese als stark erlebt, so wird die Situation als Störung angesehen und Unmut, Ärger oder Wut stellt sich ein. Es hängt also von der Einschätzung der eigenen Kräfte ab, ob die vorgefundenen Situation (Reiz, Hindernis) als eine Störung empfunden wird. Es kann nämlich nach Selg (1988) auch dazu kommen, daß die Situation als eine Bedrohung erlebt wird. Dies ist dann der Fall, wenn die eigenen Kräfte als schwach eingeschätzt werden.

Nach Selg enthält Ärger angeborene Komponenten, ist aber auch sozial überformt, was bedeutet, daß die Äußerung des Ärgers durch die Umgebung und die jeweilige Gesellschaft beeinflußt wird. Hier zeigt sich auch eine Parallele zu Averill (1982) (s. Abschnitt 2.3.4). Insgesamt bewertet Selg den Ärger als eine nahezu positive Emotion, indem er darauf hinweist, daß Ärger zu Problemlösungen führt, er im Nachhinein öfter positiv gewertet wird und ein Motiv zum Handeln liefert.

Von dem Begriff des Ärgers grenzt er die Gefühle der Wut, des Zorns und des Haßes folgendermaßen ab:

- Wut beinhaltet weniger kognitive Anteile, einen höheren Erregungsgrad und ist spontaner

- Zorn entsteht bei Normverletzungen, die nicht zwingend an einem selbst begangen werden müssen
- Haß ist eine langfristige intensive Einstellung und beabsichtigt die Zerstörung des Objekts

Man kann in diesem Konzept die wichtigsten Merkmale zur Entstehung des Ärgers auffinden. Es wird sowohl auf die Indikatoren des Ärgers als auch auf die kognititiven Elemente bei der Entstehung des Ärgers hingewiesen. Zusätzlich wird kurz auf biologische und soziale Bedingungen hingewiesen. So kann man sagen, daß in den folgenden Konzepten keine wesentlich neuen Aspekte hinzukommen, es aber interessant ist, welchen Aspekten eine besondere Gewichtung zugesprochen wird.

2.3.2 Das Ärgerkonzept von Ulrich Mees

Die Ärger-Emotion, wie sie von Mees verstanden wird, ist in eine *„Gesamtstruktur von Emotionstypen"* (Mees 1991 S.55) eingegliedert. Der Ärger stammt demnach von zwei Hauptklassen der Emotionen ab:

1. Emotionen, die sich auf Ereignisse und ihre Implikationen in Relation zu *Wünschen/Zielen* beziehen
2. Emotionen, die sich auf das *Tun/Lassen* von *Urhebern* in bezug auf *Normen* bzw. Standards beziehen

Der ersten Hauptklasse sind sogenannte *Wohlergehens-Emotionen*, wie Freude oder *Leid,* untergeordnet, der Zweiten sind *Attributions-Emotionen*, wie Stolz, Scham, Billigung und Zorn untergeordnet. Aus diesen beiden Emotionsklassen setzt sich dann der Ärger zusammen. Er ist sozusagen eine negative *„Verbindungsemotion des Wohlergehens/der Attribution"* (1992 S.18).

Ärger setzt demzufolge voraus, daß einem ein *Leid* zugefügt worden sein muß. Dieses zugefügte Leid muß aber auf das tadelnswerte *Tun/Lassen* eines *Urhebers* zurückzuführen sein.

Dies Anteile kann man auch in seiner Beschreibung von Ärger wiederfinden:

> *„(unzufrieden) mit einem unerwünschtem Ereignis aufgrund des tadelnswerten Tuns oder Lassens eines anderen."*

In diesem Konzept wird betont, daß sowohl Leid, als auch die Verursachung des Leides durch ein tadelnswertes Tun/Lassen eines anderen, notwendige Voraussetzungen für das Erleben von Ärger sind. Fehlt eine der beiden Komponenten, dann kommt es also nicht dazu, daß man sich ärgert.

Das Ärgern über ein Objekt, wie den Computer, wird hier durch eine Verzweiflungs-Attribution erklärt. Das Objekt wird wie ein Mensch behandelt, es werden ihm menschliche Eigenschaften zugesprochen und in der Verzweiflung wird diesem Objekt eine Verantwortung zugeschrieben, die es überhaupt nicht haben kann.

Wie intensiv der Ärger ist, den man erlebt, ist also abhängig von dem Ausmaß des Leides und dem Grad, in dem die Handlung oder Unterlassung des Leidverursachers tadelnswürdig ist.

Beim Ausmaß des erlebten Leides ist entscheidend, wie unerwünscht das eingetretene Ereignis überhaupt ist. So können auch Situationen, über die man sich sonst eigentlich ärgert, z.B. ein Stau auf der Autobahn, ohne Ärger erlebt werden, wenn man sich insgeheim wünscht, den baldigen Zahnarzttermin zu verpassen.

Bei der zweiten Komponente, der Attribution eines tadelswürdigen Verhaltens, hängt die Intensität des erlebten Ärgers von folgenden Variablen ab:

- welche Norm durch das Verhalten verletzt wurde
- wie wichtig einem diese Norm ist
- in welcher Art und Weise diese Norm von dem anderen verletzt wurde

Hier kann man zwischen der gedankenlosen, der rücksichtslosen und der böswilligen Verletzung der Norm unterscheiden.

Außerdem ist noch zu berücksichtigen, ob die handelnde Person verantwortlich für ihr Tun/Lassen war oder nicht.

Die beiden notwendigen Bedingungen für den Ärger können aber nicht unabhängig voneinander betrachtet werden. So zeigte sich beispielsweise, daß bei einem erhöhten Ausmaß des erfahrenen Leids die Tendenz besteht, dem Verursacher eine böswillige Normverletzung zu unterstellen.

Man könnte nach Mees also sagen, daß zunächst, wenn ein unerwünschtes Ereignis eingetreten ist, danach gefragt wird, ob die andere Person für den Schaden verantwortlich ist. Gleichzeitig wird geprüft, wie bedeutsam die verletzte Norm für den

Leidtragenden ist. Ist sie sehr bedeutsam, so wird attribuiert, daß der Schädigende die Norm in rücksichtsloser oder böswilliger Art und Weise verletzt hat und dies wiederum führt zu einem sehr intensiven Ärgererlebnis.

Von dieser Ärgeremotion unterscheidet auch Mees (1992) die Wut, welche eine *„intensivere Variante"* darstellt und mit weniger Selbstkontrolle einhergeht oder beleidigt sein, gekränkt sein, was sich auf die Ehrverletzung durch andere bezieht.

Hier wird also, neben der Auslösung des Ärgers durch ein unerwünschtes Ereignis, nochmals sehr intensiv auf kognitive Aspekte, insbesondere auf mögliche Attributionen, bei der Entstehung des Ärgers eingegangen und habituelle Anteile werden eher vernachlässigt.

2.3.3 Berkowitz: Ärger als Begleiterscheinung emotionaler Aggressivität

Der Ärger wird von Berkowitz (1993) als eine Kombination von sensorischen Eingaben angesehen, die in der Person zu einer Ärger-Erfahrung geformt werden. Das Gefühl Ärger stammt also von den internen physiologischen Reaktionen, dem unwillkürlichen emotionalen Ausdruck und den gleichzeitig aufkommenden Gedanken und Gefühlen ab. Diese sensorischen Eingaben werden dann zum Ärger geformt.

Wie dies geschehen könnte, soll eine Abbildung verdeutlichen:

Abbildung 2.6.4.1 How negative feelings might produce anger (Berkowitz 1993, S. 57)

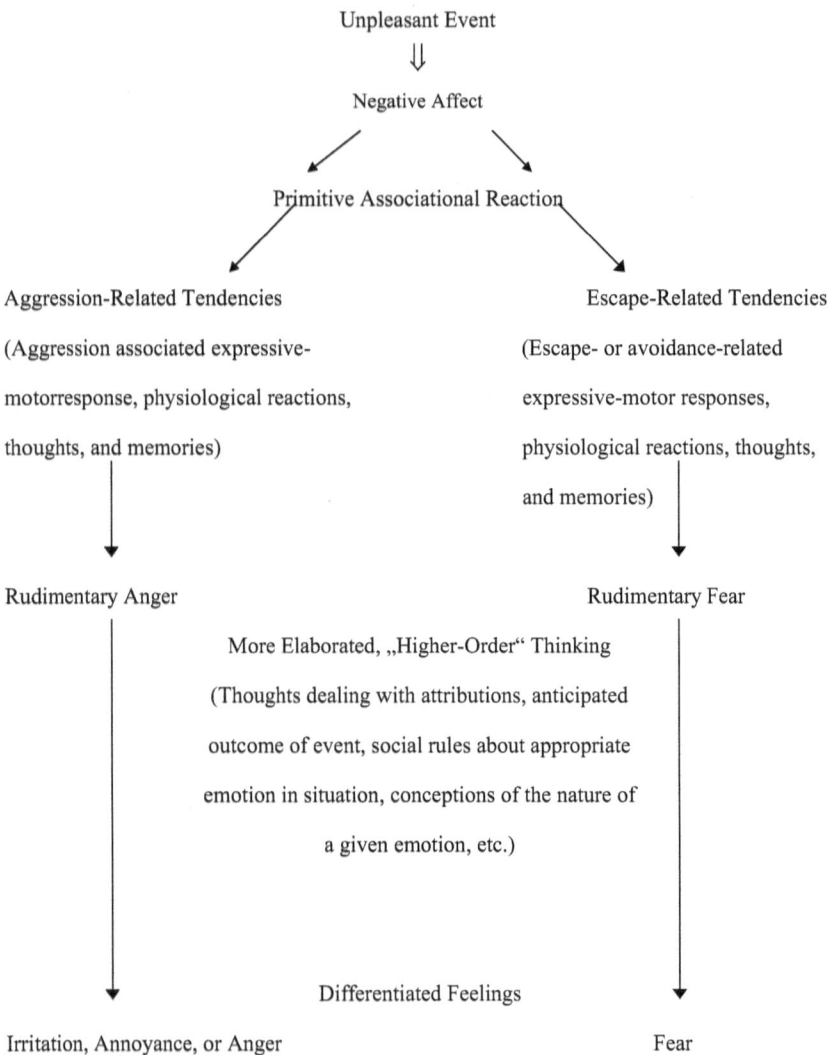

Ein unerwünschtes Ereignis führt zunächst einmal zu einem negativen Affekt, der dann zu aggressiven Tendenzen und zu Flucht-Tendenzen Anlaß gibt.

Nach Berkowitz (1993) treten immer beide Tendenzen auf. Welche von beiden sich aber durchsetzt, hängt dann von vielen Faktoren ab. Eine Rolle spielen genetische

Einflüsse und/oder Erlerntes und/oder die möglichen Gefahren, in der Situation mit Aggressionen zu reagieren.

Für die Entwicklung des Ärgers sind aber die aggressiven Tendenzen danach entscheidend. Sie gehen in einen rudimentären Ärger über und entwickeln sich dann, nach einem intensiveren kognitiven Prozeß, zu dem Gefühl Ärger.

Zu beachten ist noch, daß Ärger in diesem Konzept lediglich mit Aggression einher-geht und diese nicht etwa verursacht. Man kann den Ärger somit als Begleiterscheinung der Aggression ansehen, nicht aber unbedingt als deren Verursacher.

2.3.4 Averill: Ärger und seine sozialen Komponenten

James Averills (1979, 1982) Ärgerkonzept ist sehr differenziert und kann hier daher nur skizzenhaft dargestellt werden. Den theoretischen Hintergrund bildet seine Beschreibung der Emotionen. Er gebraucht hier hauptsächlich zwei Bilder für die Emotion:

- die Emotion als Syndrom
- die Emotion als kurzzeitige soziale Rolle

Mit dem Bild des Syndroms möchte er ausdrücken, daß hier viele mögliche Arten der Reaktion oder Reaktionsfolgen bei ein und derselben Emotion möglich sind. Er betont auch nochmals deutlich, daß eine einzelne Reaktion oder Reaktionsfolge nicht in der Lage ist, eine Emotion ausreichend zu beschreiben. Es gibt meist viele verschiedene Möglichkeiten der Reaktion. Kennzeichen dieser von ihm als „set of responses" bezeichneten Reaktionsfolgen ist, daß sie in systematischer Art und Weise kovariieren.

Mit dem zweiten Bild, Emotionen als soziale Rollen, möchte er hervorheben, daß die Emotionen nicht nur als angeborene Reaktionsmuster angesehen werden sollen, sondern auch durch gesellschaftliche Bedingungen beeinflußt werden. Er beschreibt dies folgendermaßen: „A role is part of a script or drama; and, in the case of social roles, the script is dictated by society."

Diese Betrachtungsweise der Emotionen läßt sich auch in seinem Ärgerkonzept wiederfinden. Er sieht den Ärger (s. Abschnitt 2.1) als eine sozial konstituierte Reaktion an, die zur Regelung von Beziehungen dient. Der Ärger wird also benutzt, um in Beziehungen etwas zu regeln. Da es sich um eine gesellschaftlich eingesetzte Reaktion handelt, läuft die Reaktion nicht notwendigerweise in allen Gesellschaften in gleicher

Weise ab. Aus diesem Grund bezieht Averill seine Definition auch nur auf die westliche Gesellschaft.

Man stellt sich natürlich auch die Frage, wie diese Regelung aussieht. Hierzu ist bei Averill zu entnehmen, daß die Regelung in Form einer Androhung von Rache für das erlittene Unrecht besteht. In der alltäglichen Ärgersituation bedeutet dies aber meist keine massive Bedrohung, sondern ist eher als Hinweis gedacht, damit auf Norm- oder Regelverletzungen, unterhalb der gesetzlich geregelten Verstöße, aufmerksam gemacht werden kann.

Ein weiterer wichtiger Aspekt ist, daß der Ärger als eine Leidenschaft angesehen wird und nicht als eine Aktion. Dies ist notwendig, damit nicht eine gesellschaftliche Regel verletzt wird, die besagt, daß man niemanden willkürlich verletzen darf.

Der Ärger ist also etwas, was einem in gewisser Weise zustößt, das nicht ganz zu kontrollieren ist. Dabei ist die Art und Weise in der Ärger ausgedrückt wird sehr unterschiedlich. Hier zeigt sich auch wieder das Bild des Syndroms.

Da der Ärger aber auch einer Rolle entspricht, sollte ein Wissen um die Regeln in bestimmten Situationen vorhanden sein. Der Ärger sollte der Situation angemessen sein, die passende Form des Ärgerausdrucks sollte gewählt werden und das passende Empfinden sollte vorhanden sein.

Averill (1982 S.322-332) beschreibt die Regeln und Normen von Ärger sehr ausführlich und macht dabei deutlich, daß die Regeln nicht unbedingt mit statistisch gefundenen Zusammenhängen übereinstimmen müssen.

Das neue an Averills Sicht des Ärgers ist also die Betonung des sozialen Ursprungs und der sozialen Funktion des Ärgers, wobei der Ärger nicht durch einzelne Reaktions-Sets bestimmt werden kann (s. Bild der Emotionen).

2.3.5 Das Ärger- und Ärgerausdruckskonzept von Hodapp und Schwenkmezger

Das Ärger und Ärgerausdruckskonzept von Hodapp und Schwenkmezger (1993) geht auf Spielberger (1988) zurück. Dieser hat in seinem Fragebogen, dem STAXI, das Konzept eines Trait- (Eigenschafts-) und eines State-(Zustands-)Anteils der Emotionen auf den Ärger übertragen und zusätzlich berücksichtigt, daß sich Ärger verschiedenartig ausdrücken kann, was dadurch zum Ausdruck kommt, daß er dem ursprünglichen STAS (1980, State Trait Anger Scale) die Expression-Komponente hinzufügte. Als

State-Ärger wird ein emotionaler Zustand angesehen ,der durch Gefühle der Irritation, Störung, Spannung oder des Zorns geprägt ist und bei dem gleichzeitig eine Aktivie- rung des autonomen Nervensystems zustande kommt. Er kann sich innerhalb kurzer Zeit auf- und abbauen und ist hinsichtlich der Intensität nicht konstant. Ausgelöst wird er durch Handlungsblockade einer zielgerichteten Tätigkeit oder durch auftretende Ungerechtigkeit.

Der Trait-Ärger ist eine überdauernde Eigenschaft, die sich durch die Dispositi- on auszeichnet, viele Situationen als frustrierend oder ärgerlich wahrzunehmen und mit erhöhtem Ärger in den Situationen zu reagieren. Der Ärgerausdruck (Expression) ist in drei Ausdrucksweisen aufgeteilt: den nach innen gerichteten Ärger (anger in), den nach außen gerichteten Ärger (anger out) und die Ärger-Kontrolle (anger control). Die- se Formen der Ausdrucksweisen sind aber nicht völlig unabhängig voneinander.

Hodapp und Schwenkmezger (1993 in Hodapp & Schwenkmezger Hrsg.) haben für die Ärgeremotion ein Rahmenkonzept erstellt, das in der folgenden Abbildung dargestellt ist.

Abbildung 2.3.5.1 Ein prozeßorientiertes Rahmenmodell (Hodapp & Schwenkmezger, 1993)

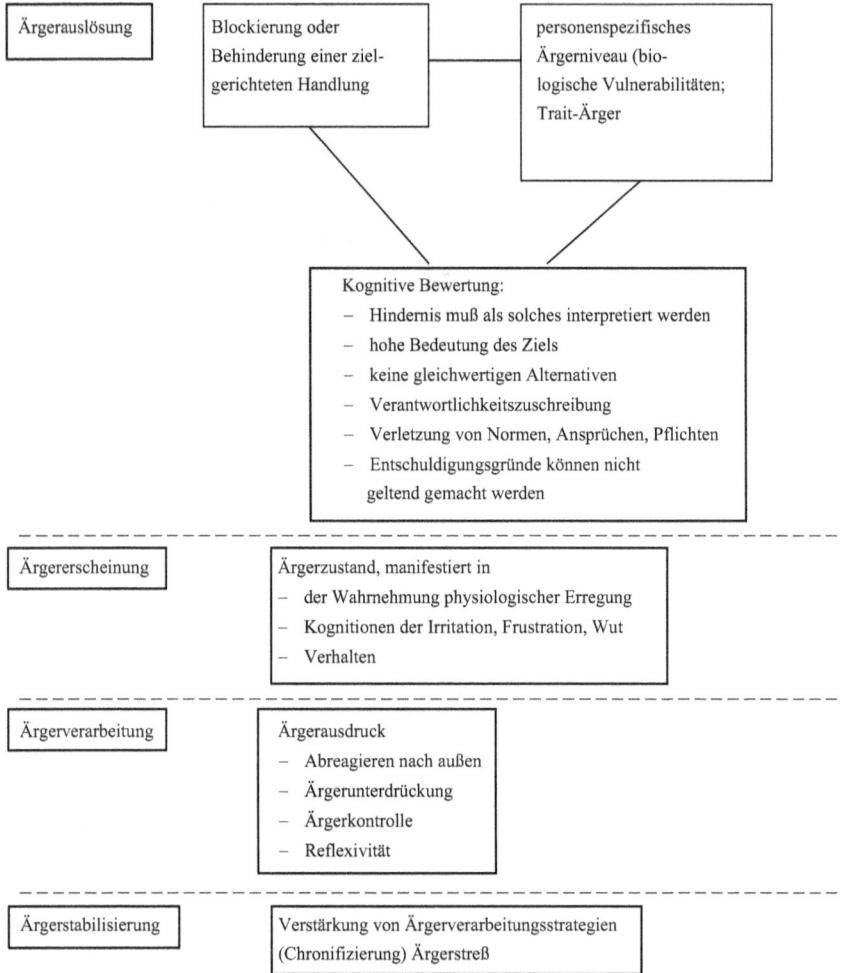

Hier zeigt sich, daß die Ärgerauslösung (s. Abschnitt 2.5.1) von drei Faktoren be-stimmt wird: der Blockierung einer Handlung, dem Ärgerniveau und der kognitiven Bewertung der Situation. Durch das Modell wird gut verdeutlicht, daß die alleinige Blockierung einer zielgerichteten Handlung nicht als ausreichend für die Ärgeraus-lösung angesehen wird. Es muß noch eine Bewertung der Situation vorgenommen und das individuelle Ärgerniveau berücksichtigt werden, das durch den oben genannten Trait-Ärger mit bestimmt wird, damit eine Ärgerreaktion auftreten kann.

Die Ärgererscheinung ist durch den State-Ärger (Ärgerzustand) bestimmt, der mit physiologischen Maßen, durch Selbstauskunft über die Frustration/Wut oder durch beobachtbares Verhalten erfaßt werden kann.

Wie mit solchen Situationen umgegangen wird, kann man anhand der Ärgerverarbeitung sehen.

Hier ist besonders die Art und Weise hervorzuheben, in der erlebter Ärger ausgedrückt wird. Dies kann in offensiver oder einer eher defensiven Ausdrucksweise geschehen. Durch den letzten Teil des Modells wird gezeigt, daß eine nicht gelungene Ärgerverarbeitung zur Stabilisierung des Ärgers führen und es zu einem Ärgerstreß kommen kann.

2.4 Die Messung von Ärger

Nachdem darauf eingegangen worden ist, wie der Ärger sich darstellt und welche Aspekte bei der Betrachtung von Ärger berücksichtigt werden sollten, wenden wir uns jetzt der Frage zu *„Wie kann man Ärger messen?"* Dazu sollen drei Bereiche dargestellt werden, mit deren Hilfe man Aufschluß darüber bekommen kann, ob sich eine Person überhaupt ärgert und wenn sie sich ärgert, welche Intensität dieser Ärger hat.

Zu diesem Zweck werden *Verhaltensmaße, physiologische, und verbale Indikatoren* und Verfahren in diesem Abschnitt dargestellt. Beginnen möchte ich mit den physiologischen Maßen, die zur Erfassung des Ärgers dienen. Danach werden einige Verhaltensmaße dargestellt, worauf dann die verbalen Verfahren und ihre Möglichkeiten zur Ärgermessung folgen.

2.4.1 Physiologische Maße

Zu Beginn möchte ich aus dem psychoneuroendokrinologische Streßmodell von Henry (1986, zit. nach Müller und Netter 1992) den für den Ärger relevanten Teil vorstellen, da in diesem Modell die wichtigsten Indikatoren für den Ärger angesprochen werden. Darauf folgt eine Darstellung verschiedener Untersuchungen zum Ärger und dessen physiologischen Korrelaten.

In seinem Streßmodell postuliert Henry folgenden Reaktionsweg:

Ein *Reiz* wird wahrgenommen und im *fronto-temporalen Kortex verarbeitet.* Dies führt dann zu einer emotionalen Bewertung. Falls diese Bewertung zu dem Urteil *„Ärger"* führt, dann findet eine *zweite Verarbeitung* statt, die diesmal in den *zentralen Amygdala-Kernen* durchgeführt wird. Das Verhalten, welches darauf folgt, läßt sich als *Kampf oder Anstrengung* bezeichnen, und es wird in erhöhtem Maße *Noradrenalin* freigesetzt, wohingegen *Adrenalin* in nicht so großem Ausmaß freigesetzt wird. Es kommt zusätzlich zu einer hohen Ausschüttung an *Testosteron* und die kardiovaskulären Maße des *Blutdrucks* und der *Herzrate* steigen deutlich an. Die *Cortisolwerte* hingegen werden in keiner besonderen Weise beinflußt.

Da sich die Hormonwerte nur zu bestimmten Tageszeiten und mit vermehrtem technischen Aufwand korrekt bestimmen lassen, ist die überwiegende Zahl an Untersuchungen über den Zusammenhang zwischen Ärger und physiologischen Maßen mit kardiovaskulären Indikatoren durchgeführt worden.

Einige dieser Untersuchungen werden von Hodapp und Schwenkmezger (1993) beschrieben.

Schon sehr früh beschäftigte sich Alexander (1939, 1950) mit dem Zusammenhang zwischen unterdrücktem Ärger und der essentiellen Hypertonie. So wurden in den darauf folgenden Jahren eine Vielzahl an Untersuchungen durchgeführt, die sich mit der Verbindung zwischen Ärgerausdruck und Blutdruck beschäftigten.

Eine der frühen Studien, die sich mit dem Zusammenhang von Ärgerausdruck und physiologischer Erregung beschäftigt, ist die Studie von Funkenstein, King und Dorlette (1954). In dieser Arbeit untersuchte Funkenstein et al. (zit. nach Schwenkmezger & Hodapp 1993) 69 Versuchspersonen. Die Untersuchung fand im Labor statt, wobei wiederholt der Blutdruck und die Herzrate sowie verschiedene ballistokardiographische Maße erhoben wurden. Die Versuchspersonen wurden zwischen den Messungen durch provozierende Rückmeldungen bei dem Lösen von arithmetischen Aufgaben unter Streß gesetzt und nach dem Experiment über ihre dabei erlebten Gefühle interviewt. Dadurch konnten die Versuchspersonen in zwei Gruppen aufgeteilt werden. In der einen Gruppe befanden sich die Personen, die meistens mit nach innen gerichtetem Ärger reagierten, in der anderen Gruppe waren dann die Personen, die mit nach außen gerichteten Ärger reagierten. Die Ergebnisse der Untersuchung zeigten, daß der Herzratenanstieg bei der Gruppe mit nach innen gerichtetem Ärger dreimal so hoch war wie bei der anderen Gruppe. Außerdem wurden für mehrere ballistokardiographische Maße signifikante Unterschiede nachgewiesen, obwohl es keine Differenzen im Blutdruckverhalten der Gruppen gab.

Daß es aber Differenzen im Blutdruckverhalten gibt, zeigt eine Studie von Dimsdale et al. (1986, zit. nach Hodapp und Schwenkmezger 1993), an der 507 Personen teilnahmen. In dieser Studie zeigte sich, daß der systolische Blutdruck mit nach innen gerichtetem Ärger verknüpft ist. So zeigten Hypertoniker im Vergleich zu Normotionikern zweimal so viele Anzeichen von nach innen gerichtetem Ärger.

In einer Studie von Schwartz, Weinberger und Singer (1981, zit. nach Hodapp und Schwenkmezger 1993) werden die Unterschiede im kardiovaskulären Muster bei der Vorstellung der Emotionen Glück, Trauer, Ärger und Furcht und bei physischer Aktivität untersucht. Dabei stellten die Autoren fest, daß die Imagination von Ärger die stärksten kardiovaskulären Reaktionen auslöst. Dabei war der Anstieg des systolischen Blutdrucks in besonderer Weise ausgeprägt. Die Reaktionen bei der Emotion Ärger wurden als Vorbereitung auf einen Kampf interpretiert. Es kam zu einem Anstieg im diastolischen Blutdruck, peripherer Vasokonstriktion und erhöhter isometrischer Muskelanspannung, was bei der Vorstellung der anderen Emotionen in der Form nicht der Fall war. Und auch die physische Aktivität unterschied sich dahingehend vom Ärger, daß es hier zu einer Vasodilatation kam.

In einer späteren Studie von Erdmann (1983) wurde nicht nur der Zusammenhang zwischen den oben erwähnten Maßen berücksichtigt, sondern die „...Fragen nach Art der Abhängigkeitsbeziehungen zwischen Reaktionen des vegetativen Nervensystems, sog. vegetativen Vorgängen, und emotionalen Prozessen." behandelt. Im 3. Teil dieser Untersuchung wird die Frage nach „der Bedeutung vegetativer Vorgänge für die qualitätsmäßige Differenzierung emotionaler Prozesse" gestellt. In dem Zusammenhang wird untersucht, ob beta-adrenerg stimulierende oder hemmende Substanzen einen Einfluß auf den im Experiment induzierten Ärger haben. Der Versuch wurde mit einem 3x2-Plan durchgeführt.

3 Präparatbedingungen:

a) Applikation von einer beta-adrenerg stimulierenden Substanz

b) Applikation von einer beta-adrenerg hemmenden Substanz

c) Placebobedingung

2 Situationsbedingungen:

a) Ärger auslösende Situation

b) Kontrollsituation (emotionale Neutralität)

Die jeweiligen Zellen waren mit 16 Versuchspersonen besetzt.

Die Ergebnisse der Untersuchung zeigen, daß in der Kontrollbedingung trotz Beeinflussung des vegetativen Systems durch die Präparate keine Effekte auf die Angaben der Versuchspersonen hinsichtlich ihrer Emotionen auftraten. Dies bedeutet, daß sich die Annahme, vegetative Variationen würden auch ohne äußere Emotionsreize den emotionalen Prozeß variieren, nicht bestätigen lassen.

In der Arbeit stellte sich aber heraus, daß das beta-adrenerg stimulierende (und damit vegetativ angstähnlich wirkende) Präparat unter mäßigen Ärgerbedingungen einen emotionalen Prozeß auslöst, der von den Versuchspersonen als Angst bewertet wird. Dies zeigt, daß bestimmte vegetative Veränderungen, welche der Angst zugeordnet werden, auch dann als Angst interpretiert werden, wenn Emotionsreize anderer Qualität, hier die Ärgerreize, in der Umgebung vorherrschen.

Möglicherweise kann man die Ergebnisse dahingehend interpertieren, daß jede Emotion ihr spezifisches vegetatives Reaktionsmuster aufweist. Zumindest kann man aber behaupten, daß die Annahme, Emotionsqualitäten seien nur auf situativ-kognitive Faktoren zurückzuführen, zu bezweifeln ist.

Die eben gemachte Annahme wurde schon in den fünfziger Jahren von Alexander (1951) formuliert „Jeder emotionale Zustand hat sein eigenes physiologisches Syndrom." und wurde in der Folgezeit in zahlreichen empirischen Studien untersucht (Ax 1953, Averill 1969, Schachter 1957). Janke (1974) hat die Ergebnisse einiger Untersuchergruppen in Form einer Tabelle zusammengefaßt, welche die spezifischen Profile von Furcht und Ärger aufzeigt.

Tabelle 2.4.1.1 Trennung von Angst und Ärger an Hand physiologischer Konfigurationen (nach Janke, 1974)

Physiologische Werte	Ärger	Angst
Herzfrequenz	++	+
Blutdruck (systolisch)	++	++
Blutdruck (diastolisch)	++	0/-
Amplitude des Blutdrucks	0	+
Noradrenalinausscheidung	++	+
Adrenalinausscheidung	+	++

0 = kein Effekt - = Erniedrigung + = Erhöhung

Er merkt aber noch an, daß es auch Gegenbefunde zu den gezeigten Ergebnissen gibt.

Ich möchte diesen Abschnitt mit der Zusammenfassung von Hodapp et al. (1993) abschließen, da sich dort zeigt, daß es noch nicht gelungen ist, sich zu einigen, wie eine typisch physiologische Ärgerreaktion zu beschreiben ist.

„Zusammenfassend läßt sich feststellen, daß die Frage eines für Ärger spezifischen physiologischen Reaktionsmuster nicht eindeutig beantwortet werden kann (vgl. auch Stemmler, 1992 in Druck). Weniger strittig ist die Tatsache, daß bei Ärger besonders kardiovaskuläre Reaktionen auftreten (Schwartz et al., 1981). Allerdings gibt es unterschiedliche Meinungen, welche kardiovaskulären Kennwerte charakteristisch für Ärger sein sollen. In der Mehrzahl der Untersuchungen wird der diastolische Blutdruck als Kennzeichen für Ärger angesehen. Mehrere Autoren und Autorinnen beobachteten jedoch auch generelle Blutdrucksteigerungen, also Anstiege im diastolischen und systolischen Blutdruck, bei Ärger (Engbertson, Scheier & Matthews, 1989; Huber et al., 1988; van Egeren, Abelson & Thornton, 1978). Hokanson registrierte in seinen vielzitierten Untersuchungen wiederum lediglich den systolischen Blutdruck als physiologisches Korrelat aggressiven Verhaltens (Hokanson & Burgess, 1962)."

2.4.2 Verhaltensmaße

Bei den Verhaltensmaßen ist es sehr schwer, die Grenze zwischen Ärgerreaktion und aggressiver Handlung zu ziehen, da beide, wie bereits erwähnt, häufig in sehr enger Beziehung miteinander auftreten. Die typischen Reaktionen, die bei Ärger auftreten, sind bei Wallbott (1993) dargestellt. Er weist darauf hin, daß schon Darwin (1872) eine recht eindrückliche und vielfach empirisch bestätigte Beschreibung der Ärgerreaktion geliefert hat.

Ihm zufolge zeigt sich der prototypische Ärger auf der Verhaltensebene in folgenden Aspekten, welche aber nicht alle gleichzeitig auftreten:

Mimik: Stirnrunzeln, herabgezogene Mundwinkel, Neigung zum Vorstrecken der Lippen, Mund fest geschlossen, Zähne knirschen.

Körperbewegung, Haltung und Gestik: Körper zittert, Arme erhoben, Fäuste geballt, hin und her gehen, Kopf aufrecht, Brust ordentlich gehoben, Arme starr an den Seiten herabhängend.

Nach Wallbott ist der Ärger eine derjenigen Emotionen, die am leichtesten erkannt werden, wenn sie nonverbal von Schauspielern dargestellt werden. Da die Ärgerreaktion aber im Alltag nur in gewissen Teilbereichen gezeigt wird und nicht die ganzen mimischen Formen, wie sie auch Ekman und Friesen (1978) dargestellt haben, zu sehen sein werden, ist es dort möglich, daß der Ärger nicht als solcher erkannt wird. Wenn sich Personen ausnahmsweise aller dieser Ärgerausdrucksweisen bedienen, so kommt es dazu, daß sie ihr Gesicht verlieren, oder als pathologisch eingestuft werden. Ein solches Verhalten, wie es bei Wallbott (1993) mit dem Begriff „Rumpelstilzchen" sehr treffend bezeichnet wird, wäre sozial unangepaßt.

Man kann also sagen, daß die Ärgerreaktionen an die soziale Umgebung angepasst werden und daher manchmal in uneindeutiger Weise auftreten. Ein Stirnrunzeln zum Beispiel kann viele Bedeutungen haben. Daher ist es auch zu verstehen, daß die meisten Untersuchungen zum Ärger diese Maße nicht mit erheben, sondern sich auf die physiologischen und die verbalen Maße beschränken, die eindeutiger zu bestimmen sind.

2.4.3 Verbale Maße

Neben dem STAXI von Spielberger (1988) und dem BDHI von Buss & Durkee (1957), welche in den Erhebungsverfahren dargestellt werden, sollen hier noch andere Möglichkeiten zur Erfassung des Ärgers vorgestellt werden.
Hier gibt es mehrere Wege, etwas über den Ärger zu erfahren, den eine Person empfinden kann.

Die erste Möglichkeit wäre ein *Ärger-Tagebuch* zu führen, in dem jede Situation beschrieben wird, in der die Emotion Ärger aufgetreten ist. Wenn man diese Verfahren im therapeutischen Prozeß einsetzen möchte, ist es sehr hilfreich, die Ärgererlebnisse hinsichtlich verschiedener Aspekte mit vorgegebenen Skalen einschätzen zu lassen oder diese Aspekte systematisiert und schematisiert darzustellen, so ähnlich wie Wallbott und Scherer (1985) vorgegangen sind. Die kontrollierte Tagebucheintragung ist also, vor allem wenn das Tagebuch ausgewertet werden soll, einem freien Erlebnisbericht vorzuziehen.

Als eine noch strukturiertere Form kann man die *Ärger-Checklisten* ansehen, wie sie von Siebert (1977) erstellt wurden. Es wurde dabei eine regional repräsentative Stichprobe interviewt. Aus diesen Interviews wurden situative Merkmale, wie die Zielperson des Ärgers, der Ort, die Art und Weise sowie sonstige Umstände des Ärgers herausgefiltert, danach kategorisiert und in eine eindrückliche verbale Form überführt. Damit wurde eine Liste von konkreten Provokationsbedingungen des Ärgers erstellt, welche in den darauf folgenden Untersuchungen eingesetzt werden konnte. Diese Checklisten kann man wohl als eine Vorform der nun folgenden Fragebögen auffassen.

In Tabelle 2.4.3.1 sind die Fragebögen zur Ärgermessung im Überblick dargestellt, die hier vorgestellt werden. Dabei handelt es sich aber nur um eine Auswahl von den geläufigsten Verfahren, da es im Zusammenhang mit dieser Arbeit nicht möglich ist, auf alle vorhandenen Fragebogenverfahren einzugehen (zum Überblick Hodapp und Schwenkmezger 1993, Mees 1992).

Tabelle 2.4.3.1 Fragebögen zur Messung von Ärger

Bezeichnung des Fragebogens	Autor
Anger Inventory (AI)	Novaco (1975)
Anger Self Report (ASR)	Zelin, Adler & Meyrson (1972)
Multidimensional Anger Inventory (MAI)	Siegel (1986)
Reaction Inventory (RI)	Evans & Strangeland (1971)
Subjective Anger Scale (SAS)	Knight et al. (1985)

Anger Inventory (AI) von Novaco (1975)

Das Inventar besteht aus 90 Statements zu eventuell ärgerprovozierenden Situationen, bei denen die Versuchspersonen auf einer fünfstufigen Skala einschätzen müssen, in was für einem Ausmaß sie sich über diese Situation ärgern würden. Dieses Verfahren erfaßt also die Ärgerreaktionen für verschiedene provozierende Situationen. Die Interne Konsistenz des Test soll zwar hoch sein, doch nach Hodapp und Schwenkmezger (1993) ist das Verfahren zeitlich nicht stabil und die Validität wird auch bezweifelt. Sie berufen sich dabei auf eine Studie von Biaggio, Supplee und Curtis (1981).

Anger Self Report (ASR) von Zelin, Adler & Meyrson (1972)

In diesem Fragebogen wird zwischen der Ärgerwahrnehmung und dem Ausdruck von Ärger differenziert. Der Test besteht aus 64 likertskalierten Items, die in sieben Skalen aufgeteilt wurden.

Diese Subskalen erfassen:
1. Die Bewußtheit von Ärger
2. Den Ausdruck von Ärger, welcher in einen allgemeinen, einen physischen und einen verbalen Anteil unterteilt wird
3. Schuld
4. Mißbilligung von Ärger
5. Mißtrauen

Dieser Test wurde nicht weiterentwickelt oder standardisiert, so daß nur zu dem Güt e-kriterium Validität zu berichten ist, daß die ASR-Skalen mit Patientenbeurteilungen signifikant korrelieren und auch eine signifikante Korrelation aufweisen, wenn sie mit Peer-Ratings der Ärgerreaktionen in Beziehung gesetzt werden.

Multidimensional Anger Inventory (MAI) von Siegel (1986)

Dieses Inventar ist entwickelt worden, um den Ärger multidimensional zu erfassen. Die Dimensionen, die dabei gemessen werden, sind:

1. Häufigkeit
2. Dauer
3. Intensität
4. Ärgersituationshirarchie
5. Arten des Ärgerausdrucks, die nochmals in anger-in, anger-out, Schuld, Brüten und Ärgerdiskussion unterteilt sind

Die 38 Items, welche dem Test zugrunde liegen, sind teilweise aus anderen Verfahren übernommen worden. Einige wurden aber auch eingenständig entwickelt. Die Items können mit „completely undescriptive (1) to completely descriptive (5)" beantwortet werden. Es liegt also eine fünfstufige Skala zur Bewertung der Items vor.

Die Reliabilität wird in Form der Retestreliabilität mit r= 0,75 angegeben, wobei aber nur ein relativ kurzer Zeitraum von 3 bis 4 Wochen zwischen den Testzeitpunkten lag.

Validiert wurden die Skalen unter anderem am BDHI von Buss und Durkee (1957) und am AI von Novaco (1975).

Reaction Inventory (RI) von Evans & Strangeland (1971)

In dem Fragebogen werden 76 alltägliche Situationen, in denen man sich ärgern kön n-te, kurz beschrieben, welche mit einer fünfstufigen Skala (von „überhaupt nicht" bis „sehr stark") bewertet werden. Die Bewertung bezieht sich auf die Intensität der durch die Situation ausgelösten Ärgerreaktion. Die Hypothese, die dem Test zugrunde liegt, besagt, daß der Ärger überwiegend durch spezifische Merkmale der Situation ausgelöst wird. Diese Annahmen werden unter anderem dadurch gestützt, daß bei einer Fakt o-renanalyse der Reaktionsitems 10 unterschiedliche Faktoren extrahiert wurden.

Subjective Anger Scale (SAS) von Knight et al. (1985)

Diese Skala enthält 36 Items, die aus 9 Situationsbeschreibungen mit jeweils 4 ve r-schiedenen Reaktionsmöglichkeiten bestehen. Die Items werden auf einer fünfstufigen Antwortskala in Hinblick auf ihre Ärgerstärke eingestuft. Dabei soll die Neigung, sich bei dem Auftreten von frustrierenden Ereignissen zu ärgern, erfaßt werden. Die Skala wurde zum Einsatz im klinischen Bereich entwickelt, ist aber nach Schwenkmezger & Hodapp (1993) in ihren meßtheoretischen Eigenschaften nicht überzeugend.

Wenn man sich die vorgestellten Tests ansieht, dann fällt es auf, daß es Tests gibt, die den Ärger auf einer Ebene abfragen. Hier wird nach der Intensität des Ärgers gefragt, der bei den beschriebenen Situationen auftreten kann. Zu diesen Tests, die man als *eindimensional* bezeichnen kann, gehören das Anger Inventory (AI) von Novaco (1975), das Reaction Inventory (RI) von Evans & Strangeland (1971) und die Subject i-ve Anger Scale (SAS) von Knight et al. (1985). Die beiden anderen Tests gehören der Gruppe der *mehrdimensionalen Tests* an. Sowohl der Anger Self Report (ASR) von Zelin, Adler & Meyrson (1972) als auch das Multidimensional Anger Inventory (MAI) von Siegel (1986) beinhalten verschiedene Aspekte des Ärgers. Beide Testverfahren berücksichtigen gesondert den Bereich des Ärgerausdrucks und erfassen daneben noch verschiedene andere Bereiche. Eine wie ich finde sinnvolle Differenzierung in habit u-ellen und situationsbezogenen Ärger wird aber mit diesen Verfahren kaum gelingen. Damit ist auch eine Begründung dazu geliefert, warum in dieser Untersuchung der STAXI von Spielberger (1988) mit seinem State- und Trait-Teil verwendet wurde.

Im nächsten Abschnitt soll nun dargestellt werden, wie das, was mit den vorg e-
stellten Verfahren gemessen wird, entstehen kann, und wie man versucht, die Ärger e-
motion in der experimentellen Situation zu erzeugen.

2.5 Induktion von Ärger

2.5.1 Faktoren der Ärgerauslösung im alltäglichen Umfeld

Die Vorstellungen darüber, wie Ärger entsteht, sind natürlich eng damit verknüpft, welchem Konzept des Ärgers man die größte Aufmerksamkeit widmet (s. Abschnitt 2.3). Da in dieser Untersuchung mit dem Konzept von Hodapp und Schwenkmezger (1993) gearbeitet wird, soll in diesem Abschnitt auch deren Verständnis von Ärgeren t-stehung im Vordergrund stehen.

In ihrem Rahmenkonzept (s. Abb. 2.3.5.1) nimmt die kognitive Bewertung der Situation einen großen Bereich in der Ärgerauslösung ein, der auch in anderen Ansä t-zen vorhanden ist.

So hat Steffgen (1993) zur Entstehung des Ärgers aus einigen kognitiv-orientierten Definitionsansätzen folgende drei Bewertungsvorgänge abgeleitet:

1. Ein Ereignis richtet sich gegen eigene Bedürfnisse/Motive. Ein Handlung s-ziel wird als blockiert wahrgenommen.
2. Es wird jemand/etwas als verantwortlich erkannt.
3. Es erfolgt eine Schuldzuschreibung. Der Schuldige hat dabei gegen eigene oder soziale Normen/Regeln verstoßen.

Diese Elemente sind auch alle bei Hodapp und Schwenkmezgers Konzept in ähnlicher Form vorzufinden. Im einzelnen stellen sich die beiden Autoren die Auslösung des Ärgers wie folgt vor:

Zunächst bemerkt eine Person, daß eine von ihr *zielgerichtete Handlung blok-kiert oder behindert* wird. Bei Berkowitz (1993) würde man dies wohl als ein une r-wünschtes Ereignis bezeichnen. Dies ist zwar eine Bedingung, die erfüllt sein muß, sie reicht aber nicht dazu aus, daß Ärger entsteht (s. Hunt, Cole & Reis, 1958). Hinz u-kommen muß noch eine *kognitive Bewertung* der Situation, was auch bei Averill (1982) oder Montada (1989) diskutiert wird. Dabei ist es wichtig, daß die Handlung s-blockade/-behinderung erst einmal als *Hindernis interpretiert* wird und es *keine gleichwertigen Alternativen* zur Zielerreichung in der jetzigen Situation gibt. Die Behinderung bei der Handlung wird als eine *Verletzung von Normen, Ansprüchen oder Pflichten* angesehen, wobei mögliche *Entschuldigungsgründe nicht geltend gemacht werden* können. Und schließlich erfolgt eine *Verantwortlichkeitszuschreibung*, was bedeutet, daß irgendetwas oder irgendjemand eine mehr oder weniger große Schuld an der Situation haben muß. Zu beachten ist auch noch, daß das *Ziel*, welches durch die Handlung erreicht werden soll, eine *hohe Bedeutung hat*, da im entgegengesetzten Fall die Blockade wahrscheinlich nicht als störend empfunden wird. Daß diese Bedingungen für die Entstehung von Ärger auch von anderen Autoren als bedeutungsvoll angesehen werden, kann man zumindest teilweise an der Aussage von Averill (1979) sehen, der zusammenfassend über Verursachung von Ärger sagt:

> *„The typical instigation to anger involves a potentially harmful event which is appraised as unjustified or at least avoidable. The exact nature of the potential harm is not crucial, although frustration (the interruption of some ongoing or planed activity), a loss of self-esteem, and the violation of personal and/or social norms are the most common factors involved."*

Über die kognitiven Bewertungen hinaus ist es noch von Bedeutung, welches *personenspezifische Ärgerniveau* bei der Person zu beobachten ist, die verärgert wird. Hier ist das Konzept des *Trait-Ärgers* angesprochen, also ein Konzept, das beschreibt in welchem Ausmaß eine Person geneigt ist, in potentiell ärgererzeugenden Situationen auch tatsächlich mit Ärger zu reagieren. Dabei sind neben den Lern- oder Verstärkerbedingungen auch biologische Aspekte zu berücksichtigen.

Aus den eben dargestellten ärgerauslösenden Faktoren ergeben sich dann auch die Ansätze, um Ärger im Experiment zu induzieren.

2.5.2 Induktion von Ärger in der experimentellen Situation

Der Ärger wurde in experimentellen Situationen meist im Zusammenhang mit Aggression induziert. Das heißt, es wurde nicht eigens versucht, Ärger zu induzieren, sondern es wurden Methoden entwickelt, um Aggression zu induzieren und der Ärger wurde in diesen Fällen nur mit erfaßt. Eine der bekanntesten Aggressions-Induktions-Methoden ist wohl die „Buss-Machine" von Buss (1961), bei der Aggression z.B. durch Elektroschocks induziert wurde. Eine aktuellere Aggressionsinduktion wurde durch eine veränderte Version des Master Mind Spiels von Netter, Janke und Erdmann (1995) entwickelt. Es wurde eine Konkurrenzsituation erzeugt, in die Versuchsperson gegen einen Konföderierten des Versuchsleiters spielen sollte. Die Spielsituation war so gestaltet, daß die Versuchsperson nicht gewinnen konnte, was zur Frustration und im weiteren Verlauf zur Aggression führen sollte. Auch durch diese Methode ließ sich unter anderem Ärger hervorrufen.

Schon sehr früh hat man sich aber auch explizit mit der Induktion von Ärger befaßt. Dembo (1931) hat sich mit der Methode, unlösbare Aufgaben zur Ärgererzeugung einzusetzen, beschäftigt. Durch diese Art der Ärgerinduktion kommt es bei der Versuchsperson zu einem Konflikt. Das Ziel, die Aufgabe erfolgreich zu lösen, ist nicht zu realisieren. Der nun auftretende Wunsch aufzugeben, gerät in Konflikt mit der situativen Beeinflussung durch den Versuchsleiter, der vorgibt weiterzumachen. Nach Hodapp et al. (1993) gelten äußere Ereignisse, wie Frustration, Belästigung, Schädigung, Angriff oder Zufügung eines Unrechts als ärgerauslösend. Dabei wird in Ärgerexperimenten selten eine reine Frustration zur Induktion von Ärger verwendet. Meist handelt es sich um eine Mischform aus verschiedenen Auslösern.

So hat nach Hodapp (1993) die Forschergruppe um Hokanson (1961, Hokanson & Burgess 1962) durch eine Kombination aus Frustration, Beleidigung und ungerechter Rückmeldung mehr Aggression und Ärger ausgelöst als durch reine Frustration. Und auch Gentry (1970) fand, daß sowohl Provokation alleine, wie auch Provokation gepaart mit Frustration, die Aggression mehr fördert als die Auslösebedingung Frustration. Nach Novaco (1978) verursacht die Provokation zwar nicht direkt Ärger, sondern kognitive Prozeße der Bewertung oder Erwartung in Bezug auf das Ereignis, die dann die emotionale Reaktion auf das Ereignis bestimmen. Aber man kann auch bei seiner Ansicht zumindest erkennen, daß hier eine mittelbare Auslösefunktion vorhanden ist.

Somit kann die im vorherigen Abschnitt gezeigten Auslösebedingungen der Behinderung einer Tätigkeit und kognitiven Bewertungen in der experimentellen Situation zur Induktion des Ärgers herangezogen werden. Der dritte Aspekt, das personenspezifische Ärgerniveau, ist aber nicht im Experiment zu beeinflussen. Inwieweit diese Induktionsmethoden in der vorliegenden Untersuchung verwendet wurden, kann man dem Methodikteil der Arbeit entnehmen.

2.6 Herleitung des Ärgers unter Einbeziehung der christlichen Religion

Die Aggressionsforschung ist immer noch viel umfangreicher als die Forschung zu dem Thema Ärger. Auch wenn sich auf dem Gebiet der Ärgerforschung einiges getan hat, seitdem Averill (1979) bemängelte, daß Ärger noch nicht einmal im Index einiger wichtiger Bücher zur Aggression erscheint.

Dabei ist der Ärger doch schon seit jeher Gegenstand in der Betrachtung der Menschen. So hat sich einer der bedeutendsten Stoiker, Seneca (40-50, 1995), schon mit Emotionen bzw. Leidenschaften und damit auch mit dem Ärger beschäftigt. Seneca hatte eine negative Einstellung gegenüber den Leidenschaften und insbesondere gegenüber dem Ärger oder, wie er dies nennt, den Zorn. Er machte auch schon die Unterscheidung zwischen dem Zorn als dispositioneller Eigenschaft und dem Zorn als einem gegenwärtigen Zustand:

>> *„Iratus potest non esse iracundus;*
> *iracundus potest aliquando iratus non esse."*

> (De ira. Liber primus)

> (Ein Zorniger kann durchaus ein Mensch ohne Anlage zum Zorn sein;
> ein jähzorniger Mensch kann geglegentlich nicht zornig sein.)

Ebenso wie die Unterscheidung oben, daß ein Zorniger nicht immer ein Jähzorniger sein muß und auch umgekehrt ein Jähzorniger nicht immer zornig ist, unterscheidet er verschiedene Arten von Zorn. Nämlich die, die sich nach außen richten, sei es mit Worten oder Taten und diejenigen die sich nach innen wenden und entweder ernst nach innen gerichtet sind oder nicht über Quengeleien oder ablehnende Empfindungen hinausgehen. Seneca schreibt dazu :

> *„Quaedam enim sunt irae quae intra clamorem considant,quaedam non minus pertinaces quam frequentes,quaedam saeuae manu uerbis parciores, quaedam in uerborum maledictorumque amaritudinem effusae, quaedam ultra querelas et auersationes non exeunt, quaedam altae grauesque sunt et introrsus uersae: mille aliae species sunt mali multiplicis."*

> (De ira. Liber primus)

> (Manche Arten nämlich gibt es von Zorn, die sich in Gebrüll auswettern,manche, die ebenso verbohrt wie häufig, manche, die grausam in Taten, sparsamer mit Worten, manche, die in einen verletzenden Schwall von Worten und Beschimpfungen sich ergießen, manche gehen über Quengeleien und ab-

lehnende Empfindungen nicht hinaus, manche sind tief und ernst und nach innen gewandt: tausend andere Spielarten gibt es des vielgestaltigen Übels.) Damit hat er schon einige der Aspekte angesprochen, die auch nach jetzigem Forschungsstand, Gegenstand der Betrachtung sind.

Des weiteren diskutiert Seneca die Frage, ob man den Zorn nur dämpfen sollte, oder ob diese „Leidenschaft" gänzlich vermieden werden soll. Er kommt dabei eindeutig zu dem Schluß, daß dem Zorn von Beginn an Einhalt geboten werden muß, damit dieser nicht seine verheerenden Folgen entfalten kann. Das größte Übel darunter scheint der Kontrollverlust seitens der Vernunft zu sein.

Man kann also sagen, daß Seneca die Ärgeremotionen in ihren Erscheinungsweisen recht differenziert erfaßt hat und zu dem Schluß gekommen ist, daß der Zorn/Ärger ein absolut zu vermeidender Zustand ist.

Und auch Thomas von Aquin (1224-1274) hat in seinen „Summa Theologiae" das Thema Ärger aufgegriffen, in denen er mögliche Einflüsse auf das Ärgererleben beschreibt. Er hat schon damals darauf hingewiesen, daß ein Unterschied darin besteht, wie der Ärger von der Sicht des Geärgerten aus erlebt wird. Dies geschieht in Abhängigkeit davon, ob dem Ärgerverursacher Absicht unterstellt werden kann oder nicht.

Daß T. von Aquin auf dieses Thema eingeht, ist nicht verwunderlich, denn in dem christlich religiösen Bereich wird das Thema Ärger immer wieder aufgegriffen und ist auch Gegenstand der Bibel, wie in den folgenden Versen zu sehen ist:

Offenbar sind aber die Werke des Fleisches: Unzucht, Unreinigkeit, Ausschweifungen, Götzendienst, Zauberei, Feindschaft, Hader, Eifersucht, Zorn, Zank, Zwietracht, Spaltungen, Neid, Saufen, Fressen... Die Frucht des Geistes aber ist Liebe, Freude, Friede, Geduld, Freundlichkeit, Güte, Glaube, Sanftmut, Keuschheit. (Gal 5, 19-22)

Alle Bitterkeit und Grimm und Zorn und Geschrei und Lästerung sei ferne von euch samt aller Bosheit. Seid aber miteinander freundlich, herzlich und vergebet einer dem anderen, gleichwie Gott euch vergeben hat. (Eph 4, 31f)

Die Beschäftigung der religiösen Menschen und Theologen mit dem Ärger geht aber bis in die heutige Zeit hinein.

So bezieht Michael Klessmann (1992) folgendermaßen Stellung zu den oben zitierten Bibelstellen und dem Umgang mit dem Ärger in religiösen Kreisen:

„In diesen frühchristlichen Texten wird Ärger im Zusammenhang mit beinahe allen nur denkbaren Bosheiten in einem Atemzug genannt; er wird damit Teil eines widergöttlichen, sündigen Verhaltens. Ihm wird christliche Liebe, Sanft-

mut und Freundlichkeit als Ideal eines christlichen Lebens gegenübergestellt. Es scheint, als ob alle starken Gefühle - und Ärger/Zorn ist diesbezüglich immer wieder das Paradebeispiel - das christliche Leben und die neu gefundene früh-christliche Normalität und „Bürgerlichkeit" besonders bedroht hätten; deswegen müssen sie in jedem Fall unterdrückt werden."

Von der christlichen Religion aus betrachtet ist Ärger und Aggressivität also ein Zustand, der nicht als ein positiver Zustand angesehen wird und den es zu vermeiden gilt.

„Zürnt ihr, so sündigt nicht; laßt die Sonne nicht über eurem Zorn untergehen, und ..."

„Alle Bitterkeit, Grimm, Zorn, Geschrei und Schmähung seien fern von euch samt aller Bosheit. Seid aber zueinander freundlich und herzlich und vergebt einer dem andern, wie auch Gott euch in Christus vergeben hat." Eph. 4, 26, 31f

Somit kann man den christlich religiösen Glauben und eine hohe Aggressivität oder ein hohes Ausmaß an Ärger nur sehr schwer miteinander vereinbaren. Zumindest kann man es so formulieren, daß es sich bei einem religiösen Menschen um eine Person handeln sollte, die sich nicht ständig über Kleinigkeiten aufregt und auch größeren negativen Ereignissen mit einer gewissen Gelassenheit entgegenblickt. Auch aggressive Verhaltensweisen sollten sich nicht ständig wiederholen.

In der psychologischen Forschung wurde das Verhältnis zwischen Aggression und Religiosität auch schon untersucht, wie man im folgenden sehen kann.

Als einen ersten allgemeinen Hinweis auf Zusammenhänge zwischen Variablen der Religion und Komponeten aus dem Bereich Aggression, Feindseligkeit oder Ärger kann man eine Studie von Ellis und Peterson (1996) ansehen.

Sie untersuchten den Zusammenhang zwischen Religion und Verbrechen anhand eines Vergleichs zwischen 13 verschiedenen Nationen. In der Diskussion zu ihrer Studie stellen sie fest, daß es, neben der schon öfters auf individuellem Niveau gefundenen inversen Beziehung zwischen Religiosität und Kriminalität (Ellis, 1985), eine negative Beziehung zwischen Religiosität und Kriminalität gibt.

Ein weiteres interessantes Ergebnis brachte eine Untersuchung in Thüringen von Hellmeister, Straube und Wolfradt (nach Moosbrugger 1996), die 1994 an 1367 Schülern stattfand. In der Beschreibung des Persönlichkeitsprofils der Gruppe 2 (exklusive Christen) wird festgestellt: *„Signifikant unterscheiden sich die „exklusiven Christen" durch ihre positive Einstellung gegenüber Ausländern und ablehnende Haltung gegenüber der Gewalt."*

Direkter gehen Meadow und Kahoe (1984) auf den Bereich der Ärgeremotionen ein. Sie führen an, daß *„Orthodoxy is positive related to self reported feelings of love and happiness, negatively related to hate feelings and unrelated to sadeness (Balswick & Balkwell, 1978)"* und religiöser Dogmatismus mit einem Mangel an Aggressivität zusammenhängt.

Zuletzt möchte ich aber noch auf eine Studie eingehen, die sich mit dem Ausdruck des Ärgers beschäftigt.

In der Studie von Bateman und Jensen (1958) geht es um die Auswirkungen eines religiösen Hintergrundes auf die Art und Weise wie mit Ärger umgegangen wird.

Zunächst weisen die Autoren darauf hin, daß im Christentum die Liebe und Freundlichkeit in allen Beziehungen gelehrt wird. Gleichzeitig wird aber das Äußern von Ärger oder das Hassen eines Anderen als äußerst unerwünscht angesehen und als Sünde oder ein Ausdruck von unangepaßten Glauben verstanden. Die Autoren belegen dies mit den Bibelstellen Matthäus 5, 38-46 und 1. Johannes 3,15.

In ihrer Untersuchung stellen sie die Hypothese auf, daß Personen, die einer intensiven konservativen christlichen Erziehung ausgesetzt waren, in ihrem Ausdruck an Ärger gehemmt seien. Außerdem erwarteten sie eine Korrelation zwischen verschiedenen religiösen Lebenshintergründen von Personen und deren aktuellen Strategien, mit Ärger umzugehen.

Um dies experimentell überprüfen zu können, erhoben sie an einer Gruppe von Studenten mit Hilfe von Fragebögen Werte zum religiösen Hintergrund und zum aktuellen Glauben. Diese verglichen sie dann mit Werten des Rosenzweig P-F Tests:

Totale I-Werte, Super Ego I-Werte, Totale E-Werte, Super Ego E-Werte

Bei den aktuellen Werten des Glaubens und den Werten des P-F Tests fanden sie keine signifikanten Zusammenhänge. Doch bei den Werten zum religiösen Hintergrund und den P-F Testwerten bestanden solche Zusammenhänge.

Die Total-E-Werte korrelierten negativ mit einer hohen Ausprägung im Merkmal konservativer christlicher Hintergrund, die Total-I und Super-Ego-I Werte korrelierten jedoch positiv mit einer hohen Ausprägung dieses Merkmals und dies auf dem Signifikanzniveau $\alpha=0{,}05$.

Nachdem nun der Bereich der Religiosität und des Ärgers dargestellt wurde, folgt nun eine theoretische Einführung zur Aggression, wobei nicht auf die verschiedenen Aggressionstheorien eingegangen wirdl, sondern die Aggressionshemmung im Mittelpunkt steht.

3 Aggressionstheorien und Aggressionshemmung

In diesem Abschnitt werden zunächst die verschiedenen Aggressionstheorien in einem Überblick zusammengestellt. Es wird anschließend auf die Frustrations-Aggressions-Hypothese eingegangen und in dem Zusammenhang die Katharsis-Hypothese diskutiert. Darauf folgt dann die Darstellung des Konstrukts Aggressionshemmung, indem zugehörige Modelle vorgestellt werden, auf deren Messung eingegangen wird und die Verbindung zur allgemeinen Gehemmtheit und zur Religiosität hergeleitet wird.

3.1 Aggressionstheorien

3.1.1 Überblick zu den Aggressionstheorien

Man kann die verschiedenen Aggressionstheorien in drei große Bereiche einteilen:

1. Theorien, die Aggression als einen Trieb ansehen
2. Theorien, die davon ausgehen, daß Frustration die Aggression bedingt
3. Theorien, die Aggression als ein gelerntes Verhalten beschreiben

Dem ersten Bereich gehören die psychoanalytische Aggressionstheorie von Freud (1940) und der ethologisch/biologische Ansatz von Lorenz (1963) und Eibl-Eibesfeldt (1973) an.

Der zweite Bereich geht auf die Arbeit von Dollard, Doob, Miller, Mowrer und Sears (1939) zurück, in der die Frustrations-Aggressions-Hypothese formuliert wurde, die im nächsten Abschnitt ausführlich dargestellt wird. In diesem Rahmen wurden auch die Theorien von Berkowitz (1962, 1993) und diejenige von Selg (1982) entwickelt.

In den letzten Bereich sind die Theorien von Bandura (1969, 1977) anzusiedeln, der sich zunächst mit dem Lernen der Aggression am Modell und später mit einer sozialen Lerntheorie der Aggression beschäftigte.

Die neueren Aggressionstheorien, wie die kognitive Motivationstheorie der Aggression von Kornadt (1982) oder das attributionstheoretische Modell von Ferguson und Rule (1983) beinhalten zwar neuere oder differenziertere Sichtweisen der Aggression, dennoch sind auch weite Teile der ihrer Annahmen auf die drei oben genannten Bereiche zurückzuführen.

Neben den reinen Aggressionstheorien spielt die Aggression natürlich auch eine Rolle in den Persönlichkeitstheorien. Stellvertretend soll hier kurz die Position der Aggression in dem PEN-Modell der Persönlichkeit von Eysenck (1952) angesprochen werden. Eysenck entdeckte neben Neurotizismus (N) und Introversion-Extraversion (E) eine weitere Dimension der Persönlichkeit den Psychotizismus (P). Diese P Dimension kann nach Eysenck (1992) als ein Faktor höherer Ordnung betrachtet werden, welcher durch verschiedene Traits („Antisocial, Unempathic, Creative, Tough-mindes, Cold, Egocentric Impersonal, Impulsive") und eben auch „Aggressive" charakterisiert wird. Man kann also hier sehen, daß die Aggression als eines der Kennzeichen für die Persönlichkeitsdimension Psychotizismus gilt.

Nach dieser kleinen Exkursion, soll nun im nächsten Abschnitt zu den Aggressionstheorien zurückgekehrt werden, indem das bekannteste und bis in diese Zeit einflußreiche Konzept der Frustrations-Aggressions-Hypothese vorgestellt wird.

3.1.2 Frustrations-Aggressions-Hypothese von Dollard, Doob, Miller, Mowrer & Sears (1939)

In dieser Theorie von Dollard et al. (1939) wird die Aggression als ein einseitiges reaktives Verhalten angesehen. Das bedeutet, die Aggression ist als eine Reaktion auf ein bestimmtes Ereignis anzusehen und tritt nicht ohne Grund auf. Damit fehlt aber zugleich eine Erklärung für das Auftreten von spontaner Aggression. Da es diese spontane Aggression aber auf Grund der Hauptthesen der Frustrations-Aggressions-Theorie nicht geben kann, liegt im Sinne der Frustrations-Aggressions-Hypothese auch kein weiterer Erklärungsbedarf vor.

Dies wird deutlich, wenn man sich die Hauptthesen dieses Modells zur Aggression betrachtet, welche den Charakter von Gesetzmäßigkeiten haben.

Die Theorie basiert auf den Grundannahmen: „Aggression ist immer eine Folge von Frustration." und ergänzend „Frustration führt immer zu einer Form von Aggression."

Wobei die Aggression nicht immer offensichtlich sein muß, denn es kann auch zu verzögerten, entstellten oder verschobenen Aggressionsreaktionen kommen.

Zunächst soll aber geklärt werden, was die Autoren unter den Begriffen der Aggression und Frustration verstehen.

Als *Frustration* gilt bei Dollard et al. die Störung einer bestehenden zielgerichteten Aktivität. Wenn sich ein kleiner Junge beispielsweise Eis kaufen möchte, so wäre die Tatsache, daß der Eisverkäufer kein Eis mehr hätte, eine Frustration für den Jungen.

Aggression ist jede Verhaltenssequenz, die auf die Verletzung eines Organismus oder Organismusersatzes abzielt. Der Begriff Verletzung ist hier aber in einem weiten Sinne zu gebrauchen und meint nicht nur die Beschädigung von materiellen Dingen oder die körperliche Verletzung eines Lebewesen, sondern schließt auch die Verletzung von Gefühlen eines Gegners mit ein.

Neben den Gundannahmen gibt es noch eine Reihe von Zusatzannahmen, die gemacht werden, um aggressive Handlungen besser zu erklären. Das bedeutet, in den Zusatzannahmen sind Aussagen über Bedingungen vorhanden, welche die Auftretenswahrscheinlichkeit von Aggression beeinflußen, die Form, in der Aggression auftritt, bestimmen oder deren Intensität regulieren.

Insgesamt gibt es 5 zusätzliche Annahmen, wobei man die 4. Annahme auch durchaus als einen Unterpunkt von Annahme Nr. 3 ansehen kann.

1. Die Stärke der Neigung zur Aggression hängt von der Stärke der Frustration ab. Diese wird aber von Folgendem mitbestimmt:
   - der Bedeutung oder Wichtigkeit der frustrierten Aktivität
   - vom Grad der Störung die erfolgt
   - von der Anzahl der Störungen

2. Wird eine Bestrafung der Aggression erwartet, so kann es zu einer *Hemmung* der Aggression kommen. Dabei wird davon ausgegangen, daß je mehr Bestrafung erwartet wird, eine Aggression umso unwahrscheinlicher sein wird.

3. Eine durch Frustration hervorgerufene Aggression ist am stärksten gegen den Frustrator ausgeprägt. Falls aber eine starke Hemmung auftritt, den Frustrator aggressiv anzugehen, so kann es zu einer *Verschiebung* der Aggression kommen. Dabei wird entweder ein vom Frustrator verschiedenes Objekt angegriffen, oder es kommt zu indirekten Aggressionsformen, die sich dann aber wieder auf den Frustrator beziehen.

4. Wenn die Aggression gegen den Frustator und vorhandene Ersatzobjekte stark gehemmt ist, dann kann dies zur *Selbstaggression* führen, was besonders dann der Fall ist, wenn man sich selbst als Ursache der Frustration ansieht. Diese Fälle kann man aber auch als Sonderfälle der Verschiebung ansehen.

5. Die letzte Zusatzannahme kann man mit dem Begriff Katharsishypothese umschreiben, da sie besagt, daß das Ausführen einer Aggression die Neigung zu weiteren Aggressionen reduziert.

Die Frustrations-Aggressionshypothese war lange Zeit die wichtigste Theorie, die es zur Aggression gab, obwohl sie einen Kritikpunkt enthält, der erheblich ist und auch schon angesprochen wurde. Mit dieser Theorie läßt sich nur schwer ein solches Verhalten erklären, das als spontane Aggression (Selg, 1988) bezeichnet wird oder, das nach einer Frustration als Angst oder Rückzugsverhalten bezeichnet werden muß. Da man aber beide Verhaltensweisen feststellen kann, muß man sagen, daß die Frustrations-Aggressions-Hypothese in ihrer ursprünglichen Form nicht hinreichend ist, um jegliche Form von Aggression zu erklären. Und auch die Verhaltensweisen, die nach einer Frustration auftreten können, sind durch diese Theorie nicht alle erfaßt.

Auch Buss (1961) steht der Annahme, daß Aggression untrennbar mit Frustration verknüpft ist, kritisch entgegen, indem er neben der Frustration auch schädigende Reize, wie Lärm, grelles Licht oder ähnliche Belästigungen, als Auslöser einer reaktiven Aggression geltend macht.

Die Theorie von Dollard et al. hat also einige Schwachpunkte, was dazu geführt hat, daß sie im Laufe der Zeit umformuliert oder weiterentwickelt wurde.

In der Weiterentwicklung der Frustrations-Aggressions-Hypothese entstanden Theorien wie die von Berkowitz (1962), in der zwischen Frustration und Aggression noch eine Variable, der Ärger, eingeschoben ist und worin noch weitere Bedingungen, wie aggressive Hinweisreize, zur Erklärung der Aggression herangezogen werden. Auch Selg (1982) sieht nicht die direkte Verbindung zwischen Frustration und Aggression, sondern postuliert die *Frustrations-Erregungs-Hypothese*, in der behauptet wird, daß auf eine Frustration eine unspezifische Erregung erfolgt, welche dann als Ärger interpretiert werden kann. Die Interpretation der Erregung als Ärger ist aber nicht zwingend. Ebensowenig ist nach Selg die Verbindung zwischen Ärger und Aggression zwingend (s. Abschnitt Ärger), sie ist lediglich wahrscheinlich. Somit ist die Verbindung zwischen Frustration und Aggression zwar noch vorhanden, aber es wird hier keine Gesetzmäßigkeit postuliert.

Trotz vielfacher Kritik an der Frustrations-Aggressions-Hypothese kann man sagen, daß diese Theorie in vieler Hinsicht ein Initiator für die intensive Beschäftigung mit dem Thema Aggression, deren Entstehung und Vermeidung war, da sie auch Bereiche wie die Katharsishypothese und die Aggressionshemmung anspricht, die in den nächsten Abschnitten eingehend dargestellt werden.

3.1.3 Katharsis-Hypothese

Der Begriff Katharsis stammt aus der Poetik des Aristoteles und ist in seiner Wortbedeutung (gr. katharein) mit „reinigen" zu übersetzen. In gewisser Weise ist dieser Reinigungsvorgang auch in den Katharsis-Hypothesen, wie sie in Bezug auf die Aggression angewandt werden, wiederzufinden.

In der oben beschriebenen Frustrations-Aggressions-Hypothese wurde als fünfte Zusatzannahme behauptet, daß die Ausführung einer aggressiven Handlung das Auftreten weiterer Aggressionen unwahrscheinlicher macht, genauer gesagt, die Neigung zu weiteren Aggressionen vermindert. Man könnte auch sagen, daß eine Reinigung von aggressiven Tendenzen stattgefunden hat, wenn eine Aggression ausgeführt wurde.

Diese Vorstellung ist hier nur bei der Hypothese von Dollard et al. beschrieben worden, nimmt aber auch in den Triebtheorien einen bedeutenden Raum in der Vorstellung von Aggression und Aggressionsvermeidung ein. Besonders populär geworden ist die Ansicht von Lorenz (1963), daß man den Aggressionstrieb in sozial verträgliche Bahnen, wie den sportlichen Wettkampf, lenken sollte und kann, um anderweitiges Aggressionsverhalten zu vermindern.

Im weiteren Verlauf der Aggressionsforschung wurden einige Varianten dieser Katharsis-Hypothesen formuliert. Die Aggression könne durch körperliche Aktivitäten, Ansehen von aggressiven Handlungen, Ausdenken von aggressiven Geschichten, schimpfen über den Frustrator, lächerlich machen des Frustrators oder dessen Bestrafung durch einen Dritten gemindert oder verhindert werden. Man könnte dies zusammenfassend als Ausführung von Ersatzhandlungen beschreiben, die alle das Ziel haben, die Neigung zu Aggressionen zu vermindern.

Zu den entsprechenden Vorstellungen, welche Handlungen oder Maßnahmen die Aggressionsbereitschaft senken, liegen zahlreiche Untersuchungen vor, die bei Nolting (1997, Kap. 11) dargestellt werden. Die Schlußfolgerung, die er aus den Ergebnissen der Untersuchungen zieht, lautet:

> *„Wie die vorangehende Bestandsaufnahme zeigt, ist ein kathartisches Abreagieren kein Weg zur Aggressionsminderung.*
>
> *1. Als einziger gesicherter Katharsiseffekt ist übriggeblieben, daß die Vergeltung am Provokateur (eigene und beobachtete) häufig zu einem „besseren Gefühl" führt und eventuell auch die Aggressionstendenz beendet."*

Ein Beispiel dafür, daß eine reine Ersatzhandlung, wie physische Aktivität, wenig „reinigende" Effekte hervorbringen, ist auch die Untersuchung von Schellenberg (1996), in der die Hypothese, daß ein Katharsiseffekt durch körperliche Betätigung erreicht werden kann, nicht bestätigt werden konnte.

Da diese Methode, aggressives Verhalten zu reduzieren, offensichtlich nicht erfolgreich ist, außer es wird Vergeltung geübt, was man aber an sich schon als aggressives Verhalten bewerten kann, soll jetzt ein anderer Aspekt betrachtet werden, der einen Einfluß auf das aggressive Verhalten hat: die Aggressionshemmung.

3.2 Aggressionshemmung

3.2.1 Beschreibungen der Aggressionshemmung

Da die Aggressionshemmung meist im Zusammenhang mit der Aggression und deren Modellen betrachtet wird, sind noch keine spezifischen Definitionen zur Aggressionshemmung entwickelt worden. Es gibt aber einige Ansichten über die Hemmung der Aggression, aus denen eine solche Definition hervorgehen könnte. Diese Beschreibungen der Aggressionshemmung werden in dem vorliegenden Abschnitt nun vorgestellt.

Bei Freud (1924) zum Beispiel wird die Aggressionshemmung als eine Unterdrückung des Aggressionstriebes angesehen. Da Freud aber in seinen Beschreibungen des Aggressionstriebes wenig Klarheit darüber verschafft, was der Unterschied zwischen Todestrieb, Destruktionstrieb und Aggressionstrieb ist, kann man nur vermuten, daß der Aggressionstrieb von ihm als ein untergeordneter Trieb angesehen wurde, der die Aufgabe hat, die Triebenergie des Todestriebes nach außen zu bringen. Wird dies aber unterdrückt, sei es durch Kultur oder das Individuum, so kann es im Zusammenwirken mit dem Über-Ich (Gewissen) zur Ausprägung eines Schuldgefühls kommen; die Triebenergie wird nach innen gerichtet.

Man könnte also Freuds Vorstellung von Aggressionshemmung als eine verinnerlichte, eher situationsunabhängige Form der Hemmung von Aggression ansehen.

Lorenz (1963) hingegen meint, daß der Mensch ähnlich wie die Tiere auch eine Art von „Tötungshemmung" vererbt bekommt. Diese Tötungs- oder Aggressionshemmung wird aber nicht oder nur selten ausgelöst, da der Mensch durch die Entwicklung von Waffen meist tötet, ohne daß sein Gegner die Möglichkeit hat, mit Gesten der Demut oder Besänftigung eine solche Hemmung auszulösen.

Es fehlt der direkte Kontakt zum Opfer, welcher für die Ausbildung einer Aggressionshemmung nach Lorenz notwendig ist, was man auch an einem Beispiel sehen kann, das er zur Verdeutlichung beschreibt:

> *„Kein Mensch würde auch nur zur Hasenjagd gehen, müßte er das Wild mit Zähnen und Fingernägeln töten."*

In der Frustrations-Aggressionshypothese von Dollard et al. (1939) steht die Aggressionshemmung im direkten Zusammenhang mit der Stärke der zu erwartenden Strafe. Die Hemmung tritt also nur dann auf, wenn überhaupt eine Strafe erwartet wird und nimmt mit dem Ausmaß der zu erwartenden Strafe zu.

Diese Position ist aber nicht unumstritten. Nach Selg (1982) sind Strafen nur begrenzt geeignet, um die Aggression zu hemmen, vor allem um sie langfristig zu hemmen. Wenn es zu solch einem Effekt kommen soll, dann muß die Strafe sofort erfolgen, da sie ansonsten den gewünschten Lernerfolg, die Verbindung „auf Aggression folgt Strafe", nicht erzielt.

Mit den eben erwähnten Positionen zur Aggressionshemmung sind somit die wesentlichen Bereiche, denen die Hemmung der Aggression entstammen kann, angesprochen worden. Dies war, verkürzt gesagt, bei Freud die verinnerlichte Form der Aggressionshemmung, bei Lorenz der biologisch vererbte Anteil der Hemmung und in der Frustrations-Aggressions-Theorie die situationsspezifische Aggressionshemmung aus Angst vor Strafe. Wie diese Anteile in neueren Modellen zur Aggressionhemmung berücksichtigt werden, kann man in dem nächsten Abschnitt sehen.

3.2.2 Modelle zur Aggressionshemmung

Das Konzept von Kornadt (1982) mit dem extrinsischen und intrinsischen Konflikt

Das Modell von Kornadt (1982) zur Aggressionshemmung steht im Zusammenhang mit seinem motivationsorientierten Konzept der Aggression. Er sieht auch bei der Aggressionshemmung den Aspekt einer überdauernden Motivation, die auf bestimmte Hinweise in der Situation anspricht, als wichtig an.

Dabei unterscheidet er zwei Arten der Aggressionshemmung:

1. Eine Hemmung, die auf einer situationsbedingten Antizipation negativer Effekte einer Aggressionshandlung beruht (extrinsischer Konflikt).
2. Eine Hemmung, die auf einem aggressionsthemat ischen, relativ situationsunabhängigen und überdauernden negativen Anreiz von Aggression selber beruht (intrinsischer Konflikt).

Die erste Art der Hemmung ist diejenige, die auch schon von Dollard et al. beschrieben wurde (s. Abschnitt 3.1.2). Sie ist nur mit den situativen Bedingungen verknüpft und entsteht also auch nur, wenn in der Situation negative Konsequenzen erwartet werden müssen.

Die zweite Art der Hemmung unterscheidet sich dahingehend von der ersten, daß es sich hier um ein überdauerndes, aggressionsspezifisches Hemmungssystem handelt. Es entstehen hier negative Anreize, die sich aber auf die Aggression selbst beziehen und daher eine Meidens-Motivation erzeugen.

Dies bedeutet, daß der Auslöser für die Aggressionshemmung nicht die in der Situation bestehenden Bedingungen sind, sondern die Aggression selbst. Es gibt also eine Verknüpfung in der Person zwischen der Aggression und negativen Anreizen, die relativ situationsunabhängig und überdauernd ist.

Dies kann zu einer generellen Angst vor Aggression führen oder zu einer schuldhemmungsbedingten Aggressionshemmung. Damit ist die Ausprägung der gezeigten Aggressionshemmung abhängig von dem Ausgang des intrinsischen und des extrinsischen Konflikts.

Man sollte sich aber nach Kornadt nicht nur mit der allgemeinen Ausprägung der Aggressionshemmung beschäftigen, sondern auch immer die individuellen Differenzen im Auge behalten. Somit sollte man auch bei der Aggressionshemmung den Unterschieden hinsichtlich der folgenden Aspekte Beachtung schenken:

- der Auslösebedingungen der Hemmung
- der Art der Aggression, auf die sich die Hemmung richtet
- der Art der Emotionen und ihrer Einbettung, auf denen die Hemmung beruht

Bei den Auslösebedingungen unterscheidet er dabei die Möglichkeit, daß die Hemmung schon bei Ärger auftritt, von der, daß sie erst auftritt, wenn die entworfene Aggressionshandlung schon in die Tat umgesetzt werden soll. Hier betont er also den zeitlichen Unterschied im Einsetzen der Hemmung.

Beim zweiten Punkt macht er deutlich, daß es auf die Aggressionsform ankommen kann, bei der eine Hemmung ausgelöst wird. So ist es nach Kornadt möglich, daß bei einer Person zum Beispiel die körperliche Aggression in Grenzen positiv gewertet wird, wohingegen subtilere Aggressionsformen als hinterhältig und gemein bewertet werden.

Zuletzt unterscheidet er noch die Emotionen, auf denen eine Hemmung beruhen kann. Hier führt er die Angst vor Strafe oder Mißerfolg an und stellt dem die Aggressionshemmung gegenüber, die auf Emotionen, wie Schuld oder Mitgefühl, beruhen.

Er betont auch, daß man eine niedrige Aggressivität entwickeln kann und dies unabhängig davon, ob eine Entwicklung der Aggressionshemmung stattfindet.

Man kann also nicht von einer gezeigten niedrigen Aggressivität auf eine hohe Aggressionshemmung schließen, sondern man sollte bedenken, daß die gezeigte Aggression von den Komponenten des Aggressionsmotivs und der Aggressions-hemmung beeinflußt wird.

In der folgenden Abbildung hat er schematisch das Zusammenspiel des Aggressionsmotivs mit der Aggressionshemmung dargestellt.

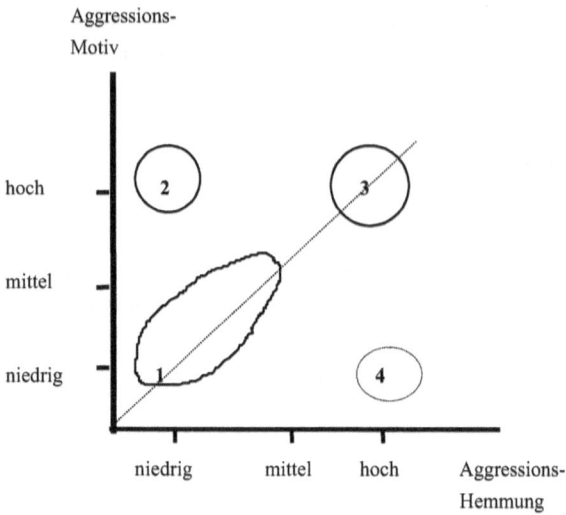

Abbildung 3.2.1.1 Schematische Darstellung verschiedener Kombinationen von Aggressions-Motiv und Aggressions-Hemmung (Kornadt, 1982)

In der Abbildung sind die Personen entlang der Diagonale hinsichtlich ihrer gezeigten Aggression als ausgeglichen und normal anzusehen, wobei dies bei der Gruppe 3 einer Erläuterung bedarf. In dieser Gruppe befinden sich nämlich die Personen mit einem hohen Konfliktpotential. Dies könnten nach Kornadt die überkontrolliert Aggressiven sein, die Megargee (1966) unter Kriminellen gefunden hat. Die Personen zeichnen sich durch ein unaggressives Verhalten aus und lassen sich vieles gefallen, doch sie können dann auch bei kleinen Provokationen sehr explosiv reagieren. Der Konflikt in dieser Gruppe ist zwischen Aggression und deren Hemmung so groß, daß es schon bei einer geringen Verschiebung in Richtung der Aggression zu einer Eskalation kommen kann.

Die Gruppe 2 hingegen beschreibt Personen, die vor allem bei hoch aggressiven Delinquenten vorzufinden sind. Hier steht dem hohen Aggressionspotential eine geringe Aggressionshemmung entgegen, so daß die Aggression nur gering gebremst wird und es demzufolge häufig zu aggressiven Handlungen kommt. Die 4. Gruppe, soweit es sie überhaupt gibt, wäre nach Kornadt die Gruppe der Prügelknaben oder Sündenböcke, da sie möglicherweise hoch aggressionsängstlich sind. Hier kann es also auf Grund der hohen Aggressionshemmung dazu kommen, daß die Personen bei Konflikten die Unterlegenen sind, da sie jede Handlung, die als Aggression angesehen werden könnte, vermeiden.

Insgesamt kann man sagen, daß dieses Modell zur Aggressionshemmung die Möglichkeiten der Hemmung von Aggression recht umfassend beschreibt und auch zurecht Hinweise dazu liefert, daß alleine aus hohen Werten in dem Bereich der Aggression oder der Aggressionshemmung noch kein Schluß auf das Verhalten der Personen gezogen werden kann. Es sollten also möglichst beide Aspekte berücksichtigt werden.

Das Konzept von Nolting (1997) mit den drei Arten von (Aggressions-) Hemmungen

Das Konzept der Aggressionshemmung von Nolting (1997) wird im Rahmen der Verminderung des aggressiven Verhaltens thematisiert. Dabei unterscheidet er zwischen Lösungsansätzen, die eine Motivation für die Aggression schwächen und denjenigen, die eine Motivation gegen die Aggression stärken.

Die Aggressionshemmung fällt dabei in den Bereich der Stärkung der Gegenmotivation zur Aggression.

Nolting beschreibt in dem Zusammenhang drei wesentliche Arten der Aggressionshemmung:

1. Die leid-induzierte Hemmung
2. Die Angst vor Bestrafung bzw. negativen Folgen
3. Die moralische Hemmung bzw. Wertehaltung

Die erste Art der Hemmung ist dadurch gekennzeichnet, daß ein Impuls ausgelöst wird, eine aggressive Handlung zu beenden oder zu unterlassen. Dabei ist der wahrgenommene Schmerz des Opfers, der als unerträglich empfunden wird, der Auslöser des Impulses zum Aggressionsabbruch. Er bezieht sich dabei auf Lorenz (1963), der wie schon erwähnt annimmt, daß es beim Menschen eine natürliche Hemmung der Aggression gibt, welche aber nur auftritt, wenn eine gewisse Nähe zum Opfer der Aggression besteht. Daß die Nähe zum Opfer und dessen Leidensäußerungen die Aggressionen gegen dieses Opfer vermindern, wurde auch in den Experimenten von Buss (1966), Baron (1971) und Milgram (1966, 1974) bestätigt.

Nolting weist aber darauf hin, daß noch nicht geklärt ist, in welcher Weise die leid-induzierte Hemmung von den beiden anderen Hemmungsarten beeinflußt ist, und welcher Anteil einer möglichen angeborenen instinktiven Handlung zuzuschreiben ist. Somit berücksichtigt er zwar auch biologische Komponenten der Aggressionshemmung, stellt sie aber gleichzeitig wieder zur Diskussion.

Die Hemmung durch Angst vor negativen Folgen, wie sie auch von Dollard et al. (1939) beschrieben wurde, ist auch nach Nolting als problematisch anzusehen. Denn eine solche Hemmung ist nur dann zu erwarten, wenn mit einer Sanktion zu rechnen ist, diese Sanktion in ihrer Abschreckungskraft ausreichend ausgeprägt ist und sie bewußt in Betracht gezogen wird.

Falls also die Aggression ausgeführt werden kann, ohne daß eine Strafe zu befürchten ist, oder das Ziel, welches durch die Aggression erreicht werden soll, als höherwertig angesehen wird, kommt es zu einer aggressiven Handlung. Die aggressive Handlung wird aber auch manchmal ausgeführt, wenn die eben genannten Bedingungen erfüllt sind. Dies ist dann der Fall, wenn es sich um irrationale Vergeltungsmaßnahmen handelt, denn hier spielen die negativen Folgen keine Rolle mehr und das einzige Ziel ist die Vergeltung, auch wenn dies bedeuten würde, daß man sich selbst oder sein Leben dabei zerstört.

Außerdem steht bei dieser Art der Aggressionshemmung lediglich die situative Unterdrückung der Aggression im Vordergrund. Es handelt sich also nur um eine kurzfristige Aggressionsvermeidung, die dann wieder aufgehoben ist, wenn die Angst vor negativen Folgen nicht mehr besteht, die strafende Instanz wegfällt oder ihrer Funktion nicht mehr nachkommt. Als Beispiel könnte man die Nötigung anderer Autofahrer auf der Autobahn nennen. Hier handelt es sich um eine aggressive Handlung, die auch normalerweise bestraft würde, was aber in der Praxis nicht oder kaum geschieht.

Für eine längerfristige Vermeidung der Aggression müßte die Strafe sofort erfolgen, im Zusammenhang mit der ausgeführten Handlung stehen und jedes mal bei Auftreten der Aggression erfolgen, so daß kein Konzept der erfolgreichen Aggression erlernt werden kann.

Die moralische Hemmung der Aggression ist zwar nicht davon abhängig, ob die Aggression sanktioniert wird oder nicht, und kennzeichnet auch eher eine langfristige Einstellung, sie kann aber auch auf bestimmte Situationen oder Umstände beschränkt sein. Als Beispiel könnte man die Einstellung anführen, daß man grundsätzlich niemanden schlägt, außer er beleidigt ein Familienmitglied.

Es können also Ausnahmen zugelassen werden, die dann auf die spezielle Situation angewandt werden und damit wieder eine Rechtfertigung der Aggression liefern. Nach Nolting werden dabei einige Rechtfertigungen besonders bevorzugt, wie der Höhere Zweck, die Schuld des Opfers, die Minderwertigkeit des Opfers oder die Bagatellisierung der Konsequenzen einer Aggression. Andererseits kann auch die Verantwortung für die Aggression mit dem Hinweis darauf verleugnet werden, daß der Vorgesetzte oder die Gesellschaft die aggressive Verhaltensweise gefordert hat. Damit sind die eigenen moralischen Prinzipien zumindest vordergründig eingehalten worden.

Da es also einige Möglichkeiten gibt, diese moralische Hemmung einzuschränken, scheint es angezeigt, daß man die gängigen Rechtfertigungen aufdeckt, sie hinterfragt und dann möglichst nicht mehr benutzt, um die eigenen Aggressionen zu legalisieren. Ein zweiter Punkt wird auch noch erwähnt, nämlich, daß man auch entgegen dem sozialen Druck seinen moralischen Einstellungen entsprechend handeln sollte. Denn je mehr Rechtfertigungen in Anspruch genommen werden und um so eher die Verantwortung abgegeben wird, desto seltener tritt eine Aggressionshemmung aus moralischen Gründen auf.

Gefördert werden kann diese Art der Aggressionshemmung durch Aspekte, die auch bei der Erziehung im Bereich Gewissensbildung oder zum prosozialen Verhalten als wesentlich angesehen werden:

1. Eine akzeptierende und liebevolle Grundhaltung
2. Eine emotionale Erziehungsreaktionen wie Lob und Zuwendung oder Enttäuschung
3. Die Erläuterung von Verhaltensregeln
4. Die Anleitung zur Einfühlung in andere Personen
5. Die Aufmerksamkeit auf opferbezogene Reaktionen lenken
6. Ermunterung zu eigenverantwortlichem, eigenständigem Handeln
7. Positive Vorbildfunktion der Eltern

Dabei dürfte der letzte Punkt wohl der wichtigste sein, um eine verinnerlichte und auf moralischen Grundsätzen beruhende Aggressionshemmung entwickeln zu können.

Bei Betrachtung der verschiedenen Möglichkeiten der Aggressionshemmung kann aber auch die Frage aufgeworfen werden, inwieweit Aggressionshemmung als wünschenswert angesehen werden kann, und wann man von einer übermäßigen Hemmung sprechen muß.

Nach Nolting ist eine Aggressionshemmung soweit notwendig und sinnvoll, wie sie andere Personen schützt und eine Eskalation in der Situation verhindert. Dies sollte aber nicht so weit gehen, daß jegliche aggressive Tendenz vermieden wird und dadurch auch eine Lösung des vorhandenen Konflikts, der in dieser Situation besteht, verschoben oder verhindert wird. Eine übermäßige Aggressionshemmung wird von ihm aber auch aus einem anderen Grunde als problematisch angesehen. Falls nämlich die Aggressionen soweit gehemmt sind, daß sich die gehemmten Personen in keiner Weise mehr durchsetzen können, so kann es zu sehr demütigenden Situationen kommen, in denen dann in einer explosiven maßlosen Art und Weise aggressiv reagiert wird. Dies ist aber nur dann der Fall, wenn bei den Personen gleichzeitig starke aggressive Tendenzen vorhanden sind. Als Beispiele dafür kann man Gewaltverbrecher anführen, die lediglich durch ein exzessives Gewaltdelikt aufgefallen sind.

Damit spricht er das gleiche Problem an, daß auch schon von Kornadt (1982, s.o.) diskutiert wurde.

Man kann an diesen beiden Modellen sehen, daß es möglich ist, die vorhandenen Ansichten zur Aggressionshemmung in einem Modell zu vereinbaren und damit eine weitreichendere Erklärung zur Entstehung und Wirkung der Hemmung von Aggressionen vorzulegen.

3.2.3 Messung der Aggressionshemmung

Bei der Messung von Aggressionshemmung besteht das gleiche Problem wie bei deren Begriffsbestimmung. Auch hier wird Aggressionshemmung immer im Zusammenhang mit der Aggression gesehen und damit auch als ein untergeordneter Aspekt innerhalb der vorhandenen Meßinstrumente zur Aggression erhoben.

Man könnte dabei die vorhandenen Verfahren danach einteilen, ob sie explizit Aggressionshemmung messen, oder diese nur indirekt mit Skalen zur Schuld, zu Gewissensbissen oder Ähnlichem erfassen. In der folgenden Tabelle sind einige dieser Verfahren zusammengestellt worden.

Tabelle 3.2.3.1 Verfahren zur Messung von Aggressionshemmung

Bezeichnung der Fragebögen, die explizit auf Aggressionshemmung eingehen	Autoren
Situations-Reaktions-Inventar zur Erfassung von Aggressiven Reaktionen unter verschiedenen Situationen (1995) (SRI-Ag)	Netter, Janke & Erdmann (1995)
Fragebogen zur Erfassung von Aggressionsfaktoren (früher Freiburger Aggressions-Fragebogen) (FAF)	Hampel & Selg (1975)
Aggressions-TAT (A-TAT)	Kornadt (1982)
Bezeichnung der Fragebögen, die nicht explizit auf Aggressionshemmung eingehen	
Buss and Durkee Hostility Inventory (BDHI)	Buss & Durkee (1957)
Der Aggressionsfragebogen von Salz & Epstein	Salz & Epstein (1963)
Aggressions-Genese-Interview	Bandura & Walters (1959)

Auf die beiden Verfahren des FAF und des BDHI soll an dieser Stelle nicht weiter eingegangen werden, da sie im Zusammenhang mit den Erhebungsverfahren im Methodikteil vorgestellt werden. An dieser Stelle sei nur soviel gesagt, daß der FAF explizit eine Skala Aggressionshemmung enthält, das BDHI hingegen umfaßt drei Unterskalen, die nach Kornadt (1982) im Zuge einer Faktorenanalyse eine unabhängige Dimension, die gehemmte Aggressivität, bilden.

a) Fragebögen, bei denen explizit auf Aggressionshemmung eingegangen wird

<u>Das Situations-Reaktions-Inventar zur Erfassung von Aggressiven Reaktionen unter verschiedenen Situationen (SRI-Ag) von Netter, Janke & Erdmann (1995)</u>

Dieses Inventar wurde auf Grundlage des SRI-AgS und des SRI-AgR (Erdmann, Janke & Netter, 1994) entwickelt.

Im SRI-AgS sollten die Versuchspersonen 216 Situationen hinsichtlich der Auslösbarkeit von Ärger und Aggression einstufen. Sie konnten zu diesem Zweck auf einer 7stufigen Skala jeweils angeben, in welchem Ausmaß sie in einer solchen Situation frustriert, ärgerlich oder aggressiv werden würden.

Im SRI-AgR wurden 177 mögliche Reaktionen auf ärger- und aggressionsauslösende Situationen vorgegeben. Hier sollten die Versuchspersonen entscheiden, wie wahrscheinlich sie in der vorgegebenen Weise reagieren würden, wenn sie etwas frustriert, ärgert oder aggressiv macht.

Die Ergebnisse aus diesen Fragebögen wurden dann in einer kombinierten Form im SRI-Ag zusammengestellt. Aus dem SRI-AgS wurden neun Situationsfaktoren mit zugehörigen konkreten Situationbeschreibungen gewonnen. Und aus den 7 extrahierten Reaktionsfaktoren des SRI-AgR wurden 17 Reaktionsitems entwickelt. Diese wurden im SRI-Ag so kombiniert, daß ein Inventar entstand, in dem neun potentielle aggressionsauslösende Situationen beschrieben sind, die anhand konkreter Beispiele dargestellt sind. Diesen Situationen werden jeweils die selben 17 Reaktionsmöglichkeiten zugeordnet (in der ersten Situation nur 11). Aufgabe der Versuchspersonen ist es nun, auf einer 7stufigen Skala (0 = „mit Sicherheit nicht" bis 6=“mit Sicherheit") in den 9 Situationen anzugeben, ob die Reaktionsmöglichkeit ihrer gewöhnlichen Reaktionsweise entspricht oder nicht.

Dabei sind die Reaktionen nach folgenden im SRI AgR gewonnenen Faktoren ausgewählt:

1. Impunitivität
2. Aggressionshemmung
3. offene Aggression
4. indirekte Aggression
5. Ärger
6. Unspezifische Erregung
7. Selbstgerichtete Aggression

Der Faktor Aggressionshemmung, der in diesem Verfahren erfaßt wird, ist durch die Reaktionsmöglichkeiten „versuche ich die Beherrschung zu bewahren" und „versuche ich mir Ärger und Wut nicht anmerken zu lassen" charakterisiert.

Da dieses Verfahren noch nicht zur Veröffentlichung gelangt ist, können hier auch noch keine konkreten Werte zu den Test-Gütekriterien angegeben werden.

Der Aggressions-TAT (A-TAT) von Kornadt (1982)

Dieser projektive Test zur Messung von Aggression wurde in Anlehnung an den TAT (Thematischer Apperzeptions-Test) von Murray (1943, nach Boerner 1995) entwickelt.

In dem A-TAT ist ein Bildersatz von 8 Bildern enthalten, die den Versuchspersonen in der Reihenfolge von 1-8 vorgelegt werden. Die Bilder stellen eine Interaktion von zwei männlichen Personen dar, wobei zumindest einer der männlichen Personen ein Jugendlicher ist. Außerdem wurden sie so konstruiert, daß sie in ihrem Anreizwert eindimensional aggressionsspezifisch sind.

Die Versuchspersonen sollen sich innerhalb von jeweils 5 Minuten Geschichten zu den Bildern ausdenken und erzählen, welche im Anschluß mit einem eigens entwickelten Auswertungsschlüssel ausgewertet werden. Dabei sind den 27 Kategorien, die aufgestellt werden, drei Bereiche der Auswertung zugeordnet. Dem Aggressionsbereich werden 8 Kategorien zugeordnet, dem Bereich der Aggressionshemmung 16 Kategorien und dem Bereich Sonstige werden 3 Kategorien zugeordnet, wobei der letzte Bereich nicht in die Berechnung der A-TAT-Kennwerte eingeht.

Als Beispiel für die Kategorien der Aggressionshemmung sind die Kategorie

- G= Aggressions-Hemmungs relevante Gefühle
- Gr = Reue, Schuldgefühle
- oder S(s/r)= Strafe

zu nennen.

Die Kennwerte für die Bereiche Aggression/Aggressionsmotiv (A) und Aggressionshemmung (AH) werden nach einem aufwendigen Verfahren bestimmt, welches hier nicht dargestellt werden soll. Aus der Subtraktion der AH-Werte von den A-Werten ergibt sich dann die Netto-Aggression, welche als Schätzwert für eine überdauernde motivationale Disposition zur Aggression herangezogen werden kann.

Die Gütekriterien dieses Verfahrens, welche berichtet werden, sind als sehr gut zu bezeichnen. Die Interrater-Reliabilität liegt zwischen .69 und .92. Der Reliabilitätswert, der bei einer Testwiederholung durch einen Auswerter nach 5 Monaten angegeben wird, liegt zwischen .94 bei der Aggressionshemmung und .95 bei der Aggression. Auch die Konstrukt-Validität wurde nach ausführlichen Untersuchungen als recht gut bewertet. Dies muß aber im Bereich der Aggressionshemmung eingeschränkt werden, falls die Gesamt-Aggressionswerte hoch sind.

Fragebögen, bei denen nicht explizit auf Aggressionshemmung eingegangen wird

Aggressions-Genese-Interview nach Bandura und Walters (1959)

Hierbei handelt es sich um ein halbstrukturiertes Interview, das von Bandura und Walters (1959) entwickelt wurde und hier in einer modifizierten Übersetzung von Kornadt (1982) vorgestellt wird. Diese Fassung enthält 29 Hauptfragen, zu denen jeweils 10 Unterfragen gehören, welche bei Jugendlichen und jungen Erwachsenen zur Erfassung von Informationen zur Aggressionsgenese geeignet sind. Zur Auswertung stehen 81 Skalen zur Verfügung, deren Reliabilitätskoeffizienten mit Werten zwischen .45 und .99 angegeben werden, wobei die Hälfte der Koeffizienten über .81 liegt.

Der Grund, warum dieses Verfahren hier erwähnt wird, liegt darin, daß es sich hier um ein Instrument handelt, daß man als Fragebogenvorform ansehen kann und auch in diesem Interview Aspekte mit erhoben werden, die dem Thema Aggressionshemmung zugeordnet werden können. So können bei den 81 Skalen einige gefunden werden, die deutlich Aspekte der Hemmung von Aggression aufweisen. Als Beispiel kann man die Skalen 5, 15, 22, oder 72 heranziehen, die sich alle mit erlebten Schuldgefühlen im Zusammenhang mit gezeigter Aggression beschäftigen.

Der Aggressionsfragebogen nach Salz und Epstein (1963)

Als ein weiteres Beispiel für ein Verfahren, in dem Aggressionshemmung mit erhoben wird, ist der Fragebogen von Salz und Epstein (1963) zu verstehen. Dieser Fragebogen enthält 54 Items, von denen 20 als Pufferitems dienen, 10 Items zu einer Lügenskala gehören und 24 Items den aggressionsrelevanten Teil ausmachen. Diese 24 Items können mit jeweils 8 Items den Skalen Aggression, Schuld und Konflikt zugeordnet werden.

So wie sich der Inhalt der Items darstellt, können sowohl die Skala Schuld, als auch die Skala Konflikt dem Bereich Aggressionshemmung zugeordnet werden, was auch die Skaleninterkorrelationen und die Korrelationen mit den BDHI Skalen 6, 7 und 8 belegen, welche die Dimension gehemmte Aggressivität bilden.

Als Beispiel für ein Konflikt-Item kann die Nr. 22 gelten: „Ich frage mich, warum ich so nett zu Leuten bin, die ich nicht ausstehen kann.".

Das Item 7 hingegen ist ein Beispiel für Items der Skala Schuld: „Es ist falsch, sich zu rächen, denn dadurch wird nur noch neues Unrecht geschaffen".

Die Items können auf einer 4 Punkte Skala beantwortet werden und liegen teilweise in negativer Richtung vor, so daß man davon ausgehen kann, daß den Versuchspersonen verborgen bleibt, welches Konstrukt hier abgefragt wird, vor allem wenn man die hohe Anzahl von nicht aggressionsrelevanten Items mit berücksichtigt.

Auffallend ist, daß die Schuldskala teilweise niedriger mit den BDHI Skalen zur Aggressionshemmung korreliert als die Konfliktskala. Dies kann man aber so interpretieren, daß der Gewissenskonflikt einen großen Anteil bei der Hemmung von Aggression hat.

Insgesamt kann man sagen, daß es zur Aggressionshemmung noch nicht vergleichbar ausgereifte Verfahren gibt wie zur Aggression selbst, so daß hier noch der Bedarf besteht, ein differenziertes und gut überprüftes Verfahren zu entwickeln, das dann im Zusammenhang mit Aggressionsfragebögen eine Erleichterung von Vorhersagen über die Auftretenswahrscheinlichkeit von Aggression ermöglicht.

3.2.4 Aggressionshemmung, Religiosität und Hemmung

Wie eine Aggressionshemmung entstehen kann, wurde in den vorausgehenden Abschnitten beschrieben. In diesem Abschnitt soll nun der Bezug zwischen der Aggressionshemmung und den Konstrukten der Religiosität und allgemeiner Hemmung aufgezeigt werden.

Da sich in einer Arbeit von Thomas (1994) gezeigt hat, daß religiöse Personen höhere Werte im Faktor Aggressionshemmung aufweisen als Personen, die sich nicht als religiös einstufen, ist es meiner Ansicht nach von Interesse, ob sich die religiösen Personen auch in anderen Lebensbereichen als gehemmt erweisen. Hinweise für eine solche Vermutung geben Hampel und Selg (1975), indem sie ihren Faktor Aggressionshemmung, welcher auch in der oben erwähnten Untersuchung verwendet wurde, wie folgt beschreiben:

> „Nur 10 Items bilden den 5. Faktor; sie beschreiben Aggressionshemmungen bzw., allgemeine Gehemmtheit."

Man könnte dementsprechend erwarten, daß religiöse Personen auch in anderen Bereichen des Verhaltens oder Erlebens stärker gehemmt sind. Hierbei können verschiedene Hemmungen in Frage kommen. Die Hemmung im Bereich der Emotionen oder des Verhaltens, welche auch in einer faktorenanalytischen Überprüfung von verschiedenen Fragebögen, zu Konstrukten der Hemmung, von King, Emmons und Woodley (1992) extrahiert wurden.

Den ersten Faktor bezeichneten sie mit „*Emotional constriction*„ den zweiten mit „*Behavioral control*". In einer weiteren Untersuchung fanden sie einen dritten Faktor „*rumination*", was man wohl mit „grüblerischem Denken" übersetzen kann. Diese drei Faktoren, die sie gefunden haben, spiegeln auch ihr generelles Verständnis von Hemmung wieder:

> „*Inhibition can be broadly defined as the exercise of control over spontaneous activity within some realm of experience.*"

Man kann somit die Hemmung als eine Einschränkung von Aktivitäten in verschiedenen Erfahrungsbereichen verstehen, wobei der Ärger-Aggressionsbereich wohl als einer der Erfahrungsbereiche angesehen werden könnte.

Daß es einen geringen Zusammenhang zwischen Aggressionshemmung und Gehemmtheit gibt, zeigt sich anhand von den Ergebnissen der Interkorrelation von dem Faktor 5 Aggressionshemmung des FAF (Hampel und Selg, 1975) und dem Faktor 8 Gehemmtheit des FPI (Fahrenberg, Selg und Hampel, 1970). Die Korrelation ist mit .15 zwar sehr niedrig, aber auf Grund der hohen Versuchspersonenzahl (N=624) signifikant. Es wäre dementsprechend zu erwarten, daß Personen, die aggressionsgehemmt sind, auch in anderen sozialen Bereichen höhere Hemmungen aufweisen.

Die Beziehung zwischen der Religiosität und der Gehemmtheit ist noch nicht eingehend untersucht worden. Einen Hinweis dafür, daß sich dies aber lohnen könnte, ist in einer Arbeit von Wolf und Deusinger (1992) zu sehen, die positive Zusammenhänge zwischen der Einstellung zu Gott und einer allgemeinen Selbstwertschätzung berichten, welche eng mit dem Konstrukt der Hemmung in Beziehung steht.

Betrachtet man sich die christlichen Religion und deren Aussagen zu den verschiedensten Erfahrungsbereichen des Menschen, so kann man bei einer oberflächlichen Betrachtungsweise zu dem Schluß kommen, man habe es hier mit einer Religion zu tun, die jeglichen Bereich des Lebens reglementiert und damit bei ihren Anhängern eine Hemmung bewirkt. Dazu könnte man die 10 Gebote anführen oder auch viele Stellen im Neuen Testament, die Richtlinien für das Verhalten vorgeben.

Wenn man diese Religion aber im Sinne Martin Luthers (1483-1546) begreift, so muß man zu einer anderen Schlußfolgerung kommen. Luther (1520) schreibt in einer seiner bekanntesten Reformationsschriften „Von der Freiheit eines Christenmenschen":

> „Ein Christenmensch ist ein freier Herr über alle Dinge und niemandem untertan.
> Ein Christenmensch ist ein dienstbarer Knecht aller Dinge und jedermann untertan."

Diese beiden Grundthesen beschreibt er in 30 kurzen Abschnitten und macht dabei deutlich, daß alleine der Glaube an Gott ausreichend ist, um Freiheit für seine Handlungen und Vorhaben zu erlangen. Die zweite These bedeutet aber, auch wenn dies auf den ersten Blick so scheint, keine Einschränkung, sondern zeigt lediglich auf, welche Einstellung ein solcher Mensch hat, der an Gott glaubt. Man kann diese Einstellung auch mit dem Begriff Altruismus beschreiben.

Nach Luther könnte man also behaupten, daß die christliche Religiosität nicht zu Einschränkungen im menschlichen Leben führt, sondern zu einer großen Freiheit und Unabhängigkeit. Es sind also nicht Rituale oder das Einhalten bestimmter Verhaltensregeln, die in der christlichen Religion als wesentlich zu betrachten sind, sondern der Glaube an den Gott, der in der Bibel beschrieben wird.

> „Also sagt St. Paulus, Römer 10.10: „Daß man von Herzen glaubt, das macht einen gerecht und fromm."

Luther äußert sich zu diesem Thema folgendermaßen:

> „Die Werke, gleichwie sie nicht gläubig machen, so machen sie auch nicht fromm; aber der Glaube, gleichwie er fromm macht, so macht er auch gute Werke."

Damit wandte sich Luther auch gegen die Einstellung, daß man immer darauf bedacht ist, sich möglichst perfekt zu verhalten. Man kann also, wie schon erwähnt, behaupten, daß die christliche Religion, in der Art und Weise wie auch Luther sie begriffen hat, nichts Einengendes oder Hemmendes ist, sondern zu einer größeren Freiheit führt.

4 Fragestellungen und Hypothesen

Die grundsätzliche Frage, die mich zu dieser Untersuchung motiviert hat lautet: Wie unterscheiden sich religiöse Personen von Personen, die nicht religiös sind ?

Die Frage, ob sich Religiöse überhaupt von nicht Religiösen unterscheiden, ist trivial, da mit der Fragestellung schon eine Unterscheidung vorgenommen wird. Aus diesem Grund interessiert es mich in welchen Bereichen sich diese beiden Gruppen unterscheiden.

Wie in dem Theorieteil dieser Arbeit schon erwähnt wurde, gibt es einige Forscher, die sich mit diesem Thema beschäftigt haben und auch schon Unterschiede in verschiedenen Bereichen gefunden haben.Da sich aber nur sehr wenige mit den Unterschieden hinsichtlich des Bereiches der Aggression und des Ärgers im Zusammenhang mit Religiosität befaßt haben, möchte ich mich diesem Thema zuwenden.

In dieser Untersuchung möchte ich mich mit den folgenden drei Bereichen näher beschäftigen:

1. Den Bereich der allgemeinen Aggression und des Ärgerausdrucks
2. Den Bereich der Aggressionshemmung und allgemeiner Hemmung
3. Den Bereich der experimentell induzierten Ärgersituation und der Reaktion bestimmter religiöser Gruppen bzw. einer nicht religiösen Gruppe

4.1 Fragestellungen

4.1.1 Zusammenhänge zwischen Religiosität, Aggression und Ärgerausdruck

Hier stellt sich zunächst die Frage, ob sich Zusammenhänge zwischen verschiedenen Maßen der Aggression und der Ausprägung in der Religiosität feststellen lassen.

Es wird erwartet, daß hinsichtlich der habituellen Aggression keine Zusammenhänge festgestellt werden können, daß sich aber Korrelationen mit der Psychotizismusdimension ergeben, da dieser Komponenten des kühlen emotional Unbeteiligten beinhaltet, die aber nicht mit einem religiösen Lebensstil in Einklang gebracht werden können.

Da bei den Fragebögen zur habituellen Aggression nur die gezeigten oder antizipierten Reaktionen abgefragt werden und dabei auf die Motive für ein solches Handeln unterschlagen werden, ist es durchaus möglich, daß Religiöse gleich hohe Werte in diesen Skalen erhalten, sich aber doch in ihren emotionalen Erleben bei solchen Handlungen unterscheiden.

Es wäre dann noch interessant zu sehen, ob Zusammenhänge zwischen der Art und Weise wie Ärger ausgedrückt wird und der Religiosität bestehen.

In der Literatur zu diesem Thema z.B. Klessmann (1992) ist zu entnehmen, daß Religiöse Ärger nicht offen äußern dürfen, was natürlich zu der Erwartung führt, daß ein negativer Zusammenhang zwischen dem offenen Ärgerausdruck und der Religiosität besteht. Da davon ausgegangen wird, daß weniger Ärger geäußert wird, führt dies zu der Schlußfolgerung, daß die bevorzugten Ärgerausdrucksweisen der nach innen gerichtete Ärger oder die Ärgerkontrolle sein werden.

4.1.2 Der Zusammenhang zwischen Religiosität, Aggressionshemmung und allgemeiner Gehemmtheit

Im experimentellen Teil dieser Arbeit soll die Aggressionshemmung als unabhängige Variable dienen. Dazu sollte aber etwas über einen möglichen Zusammenhang zwischen dieser Variablen und der anderen unabhängigen Variablen bekannt sein. In einer früheren Studie Thomas (1994) wurde festgestellt, daß Religiöse eine höhere Aggressionshemmung aufweisen als nicht-religiöse Personen.

So ging es hier zum einen darum, festzustellen, ob dieses Ergebnis in dieser Studie bestätigt werden kann, aber auch um die Frage, ob es spezielle Bereiche der Aggressionshemmung gibt, in denen ein solcher Zusammenhang eher aufzufinden ist.

Es wird zunächst erwartet, daß die Ergebnisse der vorherigen Studie hier bestätigt werden können. Es gibt demnach ein Zusammenhang zwischen Religiosität und Aggressionshemmung.

Des weiteren wird erwartet, daß sich dieser Zusammenhang aber vornehmlich in den Aspekten der Aggressionshemmung zeigt, die sich auf den Schuldgedanken beziehen, was auch bei einigen Autoren an der Religion bemängelt wird.

Da die Aggressionshemmung auch Anteile allgemeiner Gehemmtheit beinhalten soll (s. Hampel & Selg, 1975), ist die Vermutung naheliegend, daß die Religiösen auch höhere Werte in der allgemeinen Gehemmtheit erzielen. Es stellte sich also die Frage, ob sich ein Zusammenhang zwischen Religiosität und allgemeiner Hemmung feststellen läßt.

Da sich Meine Untersuchung aber mit christlicher Religiosität befaßt, möchte ich an dieser Stelle von einem biblischen Standpunkt aus argumentieren und daher behaupten, daß es sich schlecht mit einer freimachenden Religion vereinbaren läßt, daß ein positiver Zusammenhang zwischen der damit verbundenen Religiosität und einer allgemeinen Hemmung oder sozialen Hemmung besteht.

4.1.3 Ärgerreaktionen in einer experimentell induzierten Ärgersituation

Bei der experimentell induzierten Ärgerreaktion ist es interessant festzustellen, ob sich die untersuchten Gruppen hinsichtlich ihrer gezeigten Reaktionen unterscheiden und, ob die physiologischen Maße mit den Ergebnissen der Fragebögen übereinstimmen.

Zunächst ist erst einmal zu ermitteln, in wie weit es gelungen ist, überhaupt Ärger zu induzieren.

Als weitere Fragestellungen kommen Fragen nach den Unterschieden zwischen den einzelnen Experimentalgruppen in Betracht. Hier ist es interessant zu erfahren, ob sich die Gruppe der religiös/hoch aggressionsgehemmten Personen von der Gruppe der religiös/ niedrig aggressionsgehemmten Personen in Bezug auf ihre Ärgerreaktionen unterscheidet. Hier würde sich dann zeigen, ob die Aggressionshemmung sich auf das Ärgerverhalten der Religiösen Personen auswirkt. Außerdem wird der Vergleich zwischen den religiösen- und nicht-religiösen hoch aggressionsgehemmten Personen Aufschluß darüber geben, ob sich Religiosität auf das Ärgerverhalten von hoch Aggressionsgehemmten auswirkt.

Ob eine Interaktion der beiden unabhängigen Variablen vorliegt, kann aufgrund des sehr ökonomisch gestalteten Versuchsplans nicht entschieden werden.

4.2 Hypothesen

Aus den Fragestellungen lassen sich dann die nun folgenden Hypothesen ableiten.

- zu den Zusammenhängen zwischen Religiosität, Aggression und des Ärgerausdrucks:

1. Es wird kein Zusammenhang zwischen der Religiosität und habituellen Aggressionsfaktoren erwartet.
2. Es wird ein negativer Zusammenhang zwischen der Psychotizismusdimension und der Religiosität erwartet.
3. Es wird ein negativer Zusammenhang mit der offenen Äußerung von Ärger und der Religiosität erwartet und ein positiver Zusammenhang mit nach innen gerichteten Ärger, beziehungsweise mit der Kontrolle von Ärger und der Religiosität.

- zum Zusammenhang zwischen Religiosität, Aggressionshemmung und allgemeiner Gehemmtheit:

4. Es wird ein positiver Zusammenhang zwischen der Religiosität und der Aggressionshemmung erwartet.
5. Es wird erwartet, daß Religiosität einen stärkeren Zusammenhang mit dem Bereich der Schuldempfindung bei aggressiven Handlungen innerhalb der Aggressionshemmung aufweist.
6. Es wird erwartet, daß kein Zusammenhang zwischen der Religiosität und der allgemeinen Gehemmtheit auftritt.

- zu den Ärgerreaktionen in einer experimentell induzierten Ärgersituation:

7. Die Gruppe der religiösen Personen, die eine Ärgerinduktion erhalten haben, unterscheidet sich in ihren Ärgerreaktionen von der Kontrollgruppe.
8. Die Gruppe der religiösen und hoch aggressionsgehemmten Personen unterscheidet sich hinsichtlich ihrer Ärgerreaktionen von der Gruppe der religiösen und niedrig aggressionsgehemmten Personen.
9. Die Gruppe der religiösen und hoch aggressionsgehemmten Personen unterscheidet sich in ihren Ärgerreaktionen von der Gruppe der nicht-religiösen und hoch aggressionsgehemmten Personen.

II METHODISCHER TEIL

5 Methoden

5.1 Untersuchungszeitraum

Die Untersuchung erstreckte sich über den Zeitraum von Anfang Dezember 1996 bis Anfang Oktober 1997. Es nahmen insgesamt 98 Versuchspersonen im ersten Abschnitt der Untersuchung teil, welche die Gesamtstichprobe bilden. In dem darauf folgenden Experiment nahmen 40 Versuchspersonen teil, welche nach bestimmten Kriterien (s. Abschnitt 5.2) aus der ersten Stichprobe gewonnen wurden.

5.2 Versuchspersonencharakteristik

5.2.1 Gesamtstichprobe

Das Ziel der Untersuchung, Unterschiede zwischen religiösen und nicht-religiösen Personen aufzufinden, ließ es erforderlich erscheinen, Versuchspersonen zu gewinnen, die einen erkennbaren Bezug zu religiösen Inhalten haben. So wurden, nach Absprache mit einem Dozenten im Fachbereich 07 (Evangelische Theologie und Katholische Theologie und deren Didaktik) der Justus-Liebig-Universität Gießen, Studenten in der Vorlesung „Einführung in das Neue Testament I" als Versuchspersonen gewonnen. Weitere Versuchspersonen wurden in den Vorlesungen Statistik I und Differentielle Psychologie I im Fachbereich 06 (Psychologie) gewonnen. Den Studierenden wurden Fragebögen ausgeteilt, die sie ausfüllen sollten, so fern sie an der Untersuchung teilnehmen wollten. In den jeweiligen Vorlesungen stellten die Dozenten ca. 10 min zum Austeilen der Fragebögen zur Verfügung, dabei wurden die Teilnehmer kurz über die Ziele der Untersuchung und den Ablauf des Experiments aufgeklärt. Die Erläuterungen waren so gehalten, daß die Durchführung der Untersuchung nicht gefährdet wurde, und gingen nicht über die schriftlichen Erklärungen zu Beginn der ausgeteilten Fragebögen hinaus (s. Anhang A).

Damit die Versuchspersonen einen Anreiz hatten, an der Untersuchung teilzunehmen, wurde ihnen ein möglicher Gewinn von 50 DM in Aussicht gestellt. Für die Versuchspersonen, die aus dem Fachbereich Psychologie rekrutiert wurden, bestand ein zusätzlicher Anreiz zur Teilnahme darin, daß sie Versuchspersonenstunden für das Ausfüllen der Fragebögen und die Teilnahme am Experiment erhalten konnten.

Es wurden insgesamt 200 Fragebögen in den Vorlesungen verteilt. Zunächst 150 in den Vorlesungen „Einführungen in das Neue Testament" und „Statistik I". Da aber die Anzahl der zurückgegebenen Fragebögen zu niedrig war, um die erforderliche Anzahl an Versuchspersonen für das geplante Experiment aus dieser erzeugten Population zu gewinnen, wurden in der Vorlesung „Differentielle Psychologie I" nochmals 50 Fragebögen verteilt, die mit der Option verteilt wurden, an dem Folgeexperiment teilzunehmen. Es wurden insgesamt 109 Fragebögen zurückgegeben, wovon aber nur 98 in der Untersuchung berücksichtigt werden konnten, da einige Personen die Fragebögen mehrfach ausgefüllt, oder die Fragebögen nicht vollständig ausgefüllt hatten. Ausfälle von Versuchspersonen, die für das Experiment vorgesehen waren, wurden dadurch ausgeglichen, daß noch 5 Versuchspersonen durch persönliche Ansprache gewonnen wurden. Diesen wurden zunächst die Fragen vorgelegt, welche für die Auswahl am Experiment relevant waren (s. Abschnitt 5.2.2), damit direkt ermittelt werden konnte, ob sie als Versuchspersonen in Frage kommen, oder nicht. Wenn es sich bei den angesprochenen Personen um potentielle Versuchspersonen handelte, so wurden ihnen die restlichen Fragen in Form des Fragebogens (s. Anhang A) übergeben und gleichzeitig ein Termin für die Teilnahme am Experiment vereinbart.

An dem Versuch konnten Personen teilnehmen, die entweder einen Bezug zur christlichen Religion haben oder als nicht religiös bezeichnet werden können. Dies bedeutet, daß Versuchspersonen mit einer anderen Religionszugehörigkeit nicht an dem Versuch teilnehmen konnten. Darauf wurde bei Ausgabe der Fragebögen mündlich hingewiesen.

Von den 98 Versuchspersonen waren 16 Personen männlich, was einem prozentualen Anteil von 16,3% entspricht und 82 Personen waren weiblich, was einem Anteil von 83,7% entspricht, wie man Tabelle 5.2.1 entnehmen kann.

Tabelle 5.2.1 Geschlechtsverteilung der Gesamtstichprobe

Geschlecht	Anzahl	Anteile in Prozent
männlich	16	16,3
weiblich	82	83,7

Die untersuchten Studenten waren zwischen 18 und 38 Jahre alt. Der Altersmittelwert betrug 23,16 Jahre. Der Median lag bei 21 Jahren (s. Tab. 5.2.2), was sich dadurch erklären läßt, daß die Fragebögen in Veranstaltungen ausgeteilt wurden, welche die Studenten üblicher Weise im ersten oder zweiten Semester besuchen.

Tabelle 5.2.2 Deskriptive Maße zum Alter der Gesamtstichprobe

	Alter in Jahren
Mittelwert	23,21
Minimum	18
Maximum	38
Median	21

5.2.2 Experimentalgruppen mit Ärgerinduktion

Die Experimentalgruppen mit Ärgerinduktion bestanden aus 30 Versuchspersonen, die nach folgenden Kriterien aus der Gesamtstichprobe ausgewählt wurden:

1. religiöse Einstellung
2. Ausprägung in der Aggressionshemmung

Diese beiden Kriterien wurden durch entsprechende Fragebogenskalen erhoben und stellen auch zwei der unabhängigen Variablen im Experiment dar (siehe Abschnitt 5.3)

Die Versuchspersonen mußten auf den Fragebögen (s. Anhang) ihre Bereitschaft zur Teilnahme am Experiment kenntlich machen. Die endgültige Auswahl der Versuchspersonen richtete sich danach, ob sie zu den Zeitpunkten 8.00, 9.00 oder 10.00 Uhr Vormittags zur Verfügung stehen konnten. Die Versuchspersonen wiesen alle den gleichen Bildungsgrad „Hochschulreife" auf. Der Anteil der Frauen betrug 80%, derjenige der Männer 20%, wie aus Tabelle 5.2.2.1 hervor geht. Dies entspricht in etwa der Verteilung, die auch in der Gesamtstichprobe gefunden wurden (s. Tab. 5.2.1)

Tabelle 5.2.2.1 Geschlechtsverteilung in der Experimentalgruppen mit Ärgerinduktion

Geschlecht	Anzahl	Anteile in Prozent
männlich	6	20
weiblich	24	80

Die Versuchspersonen waren zwischen 19 und 35 Jahren alt. Der Mittelwert betrug 23,77 Jahre und der Median betrug 21 Jahre.

Tabelle 5.2.1.2 Deskriptive Maße zum Alter der Experimentalgruppen mit Ärgerinduktion

	Alter in Jahren
Mittelwert	23,77
Minimum	19
Maximum	35
Median	21

5.2.3 Kontrollgruppe

Die Kontrollgruppe sollte hinsichtlich des Alters, der Geschlechtsverteilung und des Bildungsgrades den entsprechenden Experimentalgruppen vergleichbar sein. Sie be-stand aus insgesamt 10 Versuchspersonen. Hinsichtlich der Kriterien der religiösen Einstellung, sowie des Grades der Aggressionshemmung sollte die Kontrollgruppe zu dem größeren Teil der Experimentalgruppe parallelisiert sein.

Diese Versuchspersonen wurden dementsprechend auch aus dem Pool der Ge-samtstichprobe ausgewählt und besaßen die „Hochschulreife". Das Verhältnis von männlichen zu weiblichen Versuchspersonen entsprach dem der Experimentalgruppe, 80% waren weiblich und 20% waren männlich.

Tabelle 5.2.3.1 Geschlechtsverteilung in der Kontrollgruppe

Geschlecht	Anzahl	Anteile in Prozent
männlich	2	20
weiblich	8	80

Die Altersverteilung entsprach auch in etwa der Verteilung der Experimentalgruppe. Mit einem Mittelwert von 23,4 Jahren, einem Minimum von 19 Jahren, dem Maximum von 32 Jahren und einem Median von 23 ist die Vergleichbarkeit durchaus gegeben.

Tabelle 5.2.3.2 Deskriptive Maße zum Alter der Kontrollgruppe

	Alter in Jahren
Mittelwert	23,4
Minimum	19
Maximum	32
Median	23

Zusammengefaßt sehen die deskriptiven Daten der Personen, die am Experiment teil-genommen hat wie folgt aus:

Tabelle 5.2.3.3 Deskriptive Daten zur Gesamtgruppe des Experiments

Alter in Jahren:	Geschlechtsverteilung in %:	Bildungsgrad:
Mittelwert 23,68	männlich 20	100 % Hochschulreife
Minimum 19	weiblich 80	
Maximum 35		
Median 22		

5.3 Unabhängige Variablen

Die im Fragebogen erhobenen Variablen *Religiosität* und *Aggressionshemmung* bilden die ersten unabhängigen Variablen für das Experiment (vgl. Abschnitt 5.6). Als weitere unabhängige Variable fungiert die *Ärgerinduktion*, welche das Treatment darstellt. Der Ärger wurde dadurch induziert, daß erstens ein in Aussicht gestellter Gewinn nicht ausbezahlt wurde, da die Aufgabe in der vorgegebenen Zeit nicht gelöst werden konnte und zweitens eine Frustration durch negatives Leistungsfeedback während der Spiel-phase gegeben wurde. In der Bedingung keine Ärgerinduktion (bei der Kontrollgrup-pe) wurde schon bei der Begrüßung erwähnt, daß eine Entlohnung stattfindet, und die Unterbrechung während der Spielphase wurde neutral gehalten (vgl. Abschnitt 5.7). Die Variable *Religiosität* bildet auch eine Art unabhängige Variable für den ersten Teil der Untersuchung, die lediglich auf den Daten des ersten Erhebungsfragebogens beruht.

5.4 Versuchsplan

Um den Einfluß der Aggressionshemmung auf die Ärgerreaktionen zu erfassen, mußten zwei Gruppen mit der gleichen religiösen Einstellung, aber mit unterschiedlich hoher Ausprägung hinsichtlich der Aggressionshemmung, untersucht werden.

Um einen möglichen Einfluß der Religiosität auf die abhängigen Variablen zu bestimmen, mußte mindestens ein Vergleich zwischen einer religiösen Gruppe und einer nicht religiösen Gruppe erfolgen. Außerdem war zur Überprüfung, ob das Treatment die erwünschte Wirkung gezeigt hat, eine Kontrollgruppe notwendig. Durch die Überprüfung anhand der Kontrollgruppe konnten auftretende Effekte der Langeweile und des Desinteresses am Experiment kontrolliert werden. Die Einteilung in die jeweiligen Gruppen, erfolgte gemäß den Merkmalsausprägungen in den unabhängigen Variablen. Im einzelnen bedeutet dies, daß Personen deren FAF-Werte in der Skala Aggressionshemmung ≥ 5 waren der Gruppe hoch gehemmten zugeordnet wurden.

Fünf Rohwertpunkte entsprechen auch in etwa den empirisch festgestellten Mittelwerten, bei der Population der Studenten, wie sie im Anhang des Handbuchs (Hampel & Selg 1975) angegeben sind: M männlich = 4.96 M weiblich = 5,32

Die Einteilung der Versuchspersonen im Hinblick auf die Religiosität erfolgte nach einem selbständig erstellen Verfahren (s. Abschnitt 5.6.1).

Da einige Vorversuche notwendig erschienen, um die Versuchsbedingungen möglichst zu optimieren, wurden Personen, die nicht die Bedingungen der Experimentalgruppen erfüllten, für diese Versuche benutzt. Daraus ergibt sich folgender Versuchsplan für das Experiment:

Tabelle 5.5.1 Versuchsplan der vorliegenden Untersuchung, mit der Einteilung der Versuchspersonen in die jeweiligen Gruppen und der Vorversuchsgruppe

Ärgerinduktion					
		ja		nein	
		Aggressionshemmung		Aggressionshemmung	
religiös		hoch	niedrig	hoch	niedrig
ja		Gruppe 1 (rel(+), hemm(+)) 8w + 2m Vpn	Gruppe 2 (rel(+), hemm(-)) 8w + 2m Vpn	Gruppe 4 a (Kontrollgruppe) 4w + 1m	Gruppe 4 b (Kontrollgruppe) 4w + 1m
nein		Gruppe 3 (rel(-), hemm(+)) 8w + 2m Vpn	Vorversuchsgruppe 6 Vpn		

Für die Experimentalgruppen gelten die gleichen Bedingungen, nur in der Kontroll-gruppe wurden Veränderungen im Versuchsablauf vorgenommen, die in dem Ab-schnitt 5.7 ausführlich dargestellt und auch begründet werden.

Für den ersten Untersuchungsteil wurde kein eigener Versuchsplan erstellt, da in diesem Teil nur auf deskriptive Maße eingegangen wird. An diesem Untersuchungsteil nahmen 98 Versuchspersonen teil, deren Daten dann für die Berechnung der Korrelationen verwendet wurden.

5.5 Abhängige Variablen

Als physiologische Maße wurden die typischen *kardiovaskulären Maße* des *Blutdrucks* (systolische und diastolische Werte) und der *Herzrate* erhoben, welche als prä- und als post-Werte vorliegen und die ersten abhängigen Variablen darstellen. Diese Werte wurden dreimal vor der Ärgerinduktion als *baseline (prä-Werte)* und dreimal nach der Ärgerinduktion in der Spielphase (*post-Werte)* erhoben. Die baseline- *Werte* und die post-Werte wurden gemittelt und diese Mittelwerte gingen dann in die späteren Berechnungen ein

Um die Beeinflussung der momentanen Befindlichkeit durch die Ärgerinduktion erheben zu können, wurde der *BSKE (Befindesskalierung nach Kategorien und Eigenschaftswörtern)* vor und nach dem Treatment erhoben. Diese abhängige Variable dient weiterhin dazu, zu kontrollieren, ob nicht eine andere Erregung, als die Ärger-Erregung, die Veränderung in den physiologischen Werten hervorgerufen hat.

Zur Erfassung des habituellen Ärgers wurde die Skala *Trait-Anger* des *STAXI* (State-Trait-Anger-Expression-Inventar) herangezogen, welche vor der Ärgerinduktion ausgefüllt werden mußte, um nicht durch den aktuellen Ärger in unzulässiger Weise beeinflußt zu werden.

Um Maße für den *aktuellen Ärger* zu erhalten, wurden sowohl die Skala *State-Anger* des *STAXI* als auch der *AggR retr.* erhoben. Die Skala State-Anger wurde vor und nach dem Treatment erhoben, um einen prä-post-Vergleich erstellen zu können.

Zusätzlich wurde die *Art und Weise des üblichen Ärgerausdrucks* mit Hilfe des *Anger-Expression-Teils* des STAXI erhoben. Diese abhängige Variable wurde erhoben, damit man klären konnte, ob sich ein Zusammenhang zwischen dem Ausmaß der Religiosität einer Person und deren bevorzugter Umgangsweise mit dem erlebten Ärger besteht.

Außer diesen Variablen wurden noch eine Reihe von Variablen im ersten Fragebogensatz erhoben, welche dazu dienen, Zusammenhänge zwischen diesen Variablen und der unabhängigen Variable Religiosität festzustellen und die Ergebnisse einer früheren Studie zu replizieren.

Zu diesem Zweck dienen:

Die FPI-Skala Gehemmtheit
Die Dimension 2 des BHDI Aggressionshemmung
Die FAF-Skala Aggressionshemmung
Die FPI-Skala spontane Aggression
Die FPI-Skala reaktive Aggression
Die P-Skala des EPQ-RK

Die Maße aller abhängigen Variablen werden in Abschnitt 5.6 näher beschrieben.

5.6 Erhebungsverfahren

Die Erhebungsverfahren, die in den Abschnitten 5.6.1 und 5.6.2 vorgestellt werden, sind zur Definition der unabhängigen herangezogen worden, in den übrigen Abschnitten 5.6.3 bis 5.6.9 werden Verfahren vorgestellt, die zur Definition der abhängigen Variablen herangezogen wurden.

5.6.1 Die ROS (Religious Orientation Scale) (I-E) von Allport und Ross (1967)

Die hier in der Untersuchung benutzte Form des Fragebogens, geht eigentlich auf die Extrinsic/Intrinsic Scale (IES) von Feagin (1964) zurück, da in der deutschen Fassung 21 Items zur Beantwortung vorliegen. Die IES wurde aber nach Zwingmann (1991) im Rahmen eines Seminars entwickelt, das von Allport geleitet wurde. Außerdem sti m-men die Inhalte und der Beantwortungsmodus von IES und der ROS überein, so daß der einzige Unterschied in den Fragebögen, in einem zusätzlichen Item zur extrins i-schen Religiosität bei dem IES besteht .

Um einer somit notwendigen zweifachen Bezeichnung des Fragebogens aus dem Wege zu gehen, wird der in der Untersuchung benutzte Fragebogen nur mit ROS bezeichnet. Dies wird vor allem dadurch begründet, daß das Konzept der intrinsischen und extrinsischen Orientierung der Religiosität, eindeutig Allport zugeschrieben we r-den kann. Warum Allport ein Item ausgeschlossen hat, wird nicht berichtet. Der Grund dafür, daß dieses Item aber in der deutschen Fassung mit aufgenommen wurde, liegt darin, daß dieses Item auf dem extrinsischen Faktor hoch lädt und von Allport & Ross keine Begründung für das Ausscheiden dieses Items geliefert wird.

Nachdem nun die Problematik der Namengebung angesprochen wurde, soll jetzt der wichtigere inhaltliche Teil des ROS (bzw. IES) dargestellt werden.

Die Religious Orientation Scale von Allport und Ross (1967) wurde in mehreren Schritten, in einer Arbeitsgruppe um Allport, entwickelt. Kennzeichnend für die Skala ist, daß zwei weitgehend unabhängige Faktoren mittels Faktorenanalyse ermittelt wu r-den (s. Abschnitt 1.4.4):

- die *Intrinsisch* religiöse Orientierung
- und die *Extrinsisch* religiöse Orientierung

In der vorliegenden deutschen Fassung wird der Faktor der intrinsischen religiösen Orientierung durch 9 Items in dem Fragebogen ermittelt, die besonders, die innere Verbundenheit mit den religiösen Inhalten zum Ausdruck bringen. Als Beispiel, sei hier das Item Nr. 18 genannt:

> *„Meine religiöse Überzeugung*
> *ist das, was wirklich hinter*
> *meiner ganzen Lebensauffassung*
> *steht."*

Der extrinsische Faktor hingegen wird von 12 Items gebildet, welche die Zweckgebundenheit und die Vorteile einer religiösen Einstellung im sozialen Kontext hervorheben.

Hierfür ist Item Nr. 11 ein recht anschauliches Beispiel:

> *„Ein Grund für meine Kirchen-*
> *Mitgliedschaft ist, daß man*
> *dadurch in einer Gemeinschaft*
> *Anerkennung finden kann."*

Die einzelnen Items können in einer 7 stufigen Skala beantwortet werden, welche mit „1 trifft gar nicht zu" beginnt und mit „7 trifft völlig zu" endet.

Mittels der zwei Faktoren (extrinsisch/intrinsisch) kann ein Vier-Felder-Schema erstellt werden, in dem man die vier verschiedene Arten der Religiosität erkennen kann (s. Tabelle 5.6.1.1).

Tabelle 5.6.1.1 Darstellung der religiösen Orientierungsmöglichkeiten in tabellarischer Form nach Allport und Ross (1967)

	extrinsische Religiosität	
	+	-
intrinsische Religiosität		
+	indifferent proreligiös	intrinsisch religiös
-	extrinsisch religiös	nicht religiös

Wenn man die oben stehende Tabelle betrachtet, so fällt auf, daß hier drei unterschiedlich motivierte religiöse Gruppen und eine nicht religiöse Gruppe vorliegen. Allport und Ross (1967) bezeichneten die nicht-religiöse Gruppe in ihrer Untersuchung als „Indiscriminately antireligious or nonreligious". Interessanter weise ist noch zu erwähnen, daß in deren Untersuchung keine Person als nicht-religiös bezeichnet werden konnte, da die Versuchspersonen dort alle aus einem kirchlichen Milieu stammten.

Zur Auswertung des Tests ist zu sagen, daß es dazu mehrere Methoden gibt, die von verschiedenen Autoren vorgeschlagen werden. Ross und Allport (1967) entwickelten ein eigenes Verfahren zur Auswertung, welches aber den Nachteil hat, daß es die Gruppe der nicht-religiösen, in der dazugehörigen Studie, nicht mit berücksichtigen konnte. Ein weiterer Vorschlag wurde von Hood (1970) gemacht. Er empfahl, die Subskalen am empirischen Median zu teilen. Dieser Vorschlag wird laut Zwingmann (1991) am häufigsten berücksichtigt, hat aber den Nachteil, daß er von der jeweiligen Stichprobe abhängig ist. Donahue (1985) schlug vor, die Gruppeneinteilung am theoretischen Median durchzuführen, was den Vorteil hat, von der Stichprobe unabhängig zu sein.

Da es also offensichtlich noch keine allgemeingültige Auswertungsvorschrift gibt, und die eben vorgestellten, alle in einigen Punkten zu kritisieren sind, habe ich zu Beginn der Untersuchung ein eigenes Auswertungskonzept erstellt, das für die Untersuchung zweckmäßig erschien:

Von der theoretisch zu erreichenden Punktzahl in der Skala wurde die Anzahl der Items der Skala subtrahiert. Danach wurde diese Punktzahl durch 2 dividiert. Dies bedeutet für die einzelnen Skalen:

Intrinsische Skala (I): 9 Items x je 7 Antwortpunkte = 63 zu erreichende Punkte
63 zu erreichende - 9 (Anzahl der Items) = 54
54:2 = 27   = *der Wert zur Einteilung*

Extrinsische Skala (E): 12 Items x je 7 Antwortpunkte = 84 zu erreichende Punkte
84 zu erreichende - 12 (Anzahl der Items) = 72
72:2 = 36   = *der Wert zur Einteilung*

- intrinsisch religiös $I >= 27$ und $E < 36$
- extrinsisch religiös $I < 27$ und $E >= 36$
- indifferent proreligiös $I >= 27$ und $E >= 36$
- nicht religiös $I < 27$ und $E < 36$

Die Begründung für dieses Vorgehen liegt darin, daß erstens, ein stichprobenunabhängiges Kriterium zur Einteilung verwendet wurde und zweitens, durch die Reduzierung der zu erreichenden Werte, um die Anzahl der Items einer Skala, das Kriterium für das Erreichen einer der religiösen Gruppen herabgesetzt wurde. Es war dadurch also leichter Personen zu finden, die laut Einteilung als religiös gelten konnten. Dieses Herabsetzen des Kriteriums erschien erforderlich, da lediglich der kleinere Teil der Versuchspersonen aus der Gruppe der Theologiestudenten rekrutiert werden konnte, und die Erwartung bestand, daß die übrigen Studenten, niedrigere Werte in den Skalen des ROS erreichen würden.

Im nachhinein hat sich dieses Vorgehen auch bestätigt, denn der empirische Median beträgt bei der extrinsischen Skala 33,0 und bei der intrinsischen Skala 26,5.

Im Anschluß an die oben beschriebene Einteilung wurden die drei religiösen Gruppen zu einer Gruppe zusammengefaßt, so daß in der Untersuchung die Unterscheidung zwischen einer religiösen Gruppe und einer nicht religiösen Gruppe vorgenommen werden konnte. Diese Vereinfachung war notwendig, um ein realisierbares Versuchsdesign zu erhalten und sie ist auch zulässig, da in dieser Untersuchung zunächst einmal die Frage nach Unterschieden zwischen religiösen und nicht religiösen Personen hinsichtlich ihres Umgangs mit Ärger behandelt werden sollte.

Es wurde also in der vorliegenden Untersuchung lediglich zwischen der Gruppe der religiösen und der nicht religiösen Personen unterschieden.

Da es zu diesem Zeitpunkt noch keine derartige Untersuchung gab, die sich mit experimenteller Ärgerinduktion im Zusammenhang mit Religiosität befaßt hat und man die vorliegende Arbeit als eine Explorationsstudie ansehen kann, ist diese Maßnahme wohl gerechtfertigt.

5.6.2 Der FAF (Freiburger Aggressions Fragebogen) von Hampel und Selg (1974)

Dem FAF liegt eine lernpsychologische Betrachtung der Aggression zugrunde. Er wurde aus den Skalen zur Aggression entwickelt, die im FPI (Freiburger Persönlichkeits Inventar) von Fahrenberg und Selg (1970) vorliegen. Sein Ziel ist es, Aussagen zu ermöglichen, die sich auf die Bereitschaft zu aggressiven Verhaltensweisen beziehen.

In dem Test wird neben 5 Faktoren der Aggression, der Faktor Offenheit abgefragt, um die Verwertbarkeit der Items zur Aggression zu überprüfen.

Der gesamte Test ist so aufgebaut, daß die Items in Form von Selbstaussagen vorliegen, denen zugestimmt werden kann, die aber auch abgelehnt werden können. Es liegt also eine zweistufige Antwortmöglichkeit vor, die folgendermaßen aussieht:

stimmt
53. Wenn ich wütend bin, sage ich Ungehöriges.................ja   nein

Die Faktoren der Aggression wurden mittels Faktorenanalyse gewonnen und sind folgendermaßen gekennzeichnet:

- Faktor 1 die spontane Aggression wird von 19 Items gebildet, die abfragen, ob die Probanden zu phantasierter, verbaler oder körperlicher Aggression neigen.

- Faktor 2 die reaktive Aggression mit 13 Items, beschreibt bei hohem Test-wert ein entschiedenes Durchsetzungsvermögen bei konformistischer Grundhaltung.

- Faktor 3, mit Erregbarkeit bezeichnet, besteht ebenfalls aus 13 Items und kennzeichnet Befragte als höher affizierbar, was zu vermehrten Wutausbrüchen oder Zornerlebnissen führt.

- Faktor 4 repräsentiert die Selbstaggression bzw. Depression. Hier wird mit 11 Items der Bereich des Mißtrauens, der Selbstvorwürfe, -mordabsichten und der depressiven Stimmung abgefragt.

- Faktor 5 wird von 10 Items gebildet, als Aggressionshemmung bezeichnet und beschreibt, neben der allgemeinen Hemmung besonders die Aggressionshemmung. Hier weisen hohe Werte auf selbstquälerische Gewissensaktivitäten hin.

Zur Operationalisierung der Aggressionshemmung wurde die 5. Skala des FAF genutzt. Sie diente auch zur Einteilung der Versuchspersonen in die Gruppe der hoch Aggressionsgehemmten und der niedrig Aggressionsgehemmten.

Zur Operationalisierung der habituellen Aggression wurden die Skalen spontane und reaktive Aggression des FAF von Hampel und Selg (1975) herangezogen. Damit wurde vor dem Experiment untersucht, ob es einen Grund für die Annahme gibt, daß zwischen Religiosität und Aggression ein Zusammenhang besteht.

5.6.3 Die kardiovaskulären Maße

Es wurden die beiden Maße des Blutdrucks, der systolische Blutdruck als der obere Wert bei Kontraktion des Herzens und der diastolische Blutdruck als unterer Wert nach der Kontraktion, mit einem digitalen Blutdruckmeßgerät der Marke „SANOQUELL QUELLE" erhoben.

Der Messung wurde am Handgelenk durchgeführt, der Arm mußte sich in Herzhöhe befinden, was durch eine weiche Auflage gewährleistet wurde, auf die der Arm der Versuchsperson gelegt wurde, während sie sich in aufrecht sitzender Position befand.

Gleichzeitig mit der Erhebung des Blutdrucks wurde die Herzrate, die Anzahl der Herzschläge pro Minute, gemessen und gespeichert.

Die Messungen wurden zweimal wiederholt, so daß die kardiovaskulären Meßwerte dreimal vorlagen. Dies wurde einmal vor (prä-Werte) und einmal nach (post-Werte) der Spielphase durchgeführt. Die Aufzeichnung der Meßwerte erfolgte automatisch und wurde nach Beendigung des Experiments auf Protokollbögen übertragen (s. Anhang)

Die Werte wurden anschließend gemittelt, und es wurden die Werte aus der Auswertung ausgeschlossen, welche eindeutig auf einer Fehlmessung beruhten. Die gemittelten prä- und post-Werte gingen dann in die weiteren Berechnungen ein.

5.6.4 Der BSKE-Fragebogen (Befindensskalierung nach Kategorien und Eigenschaftswörtern)

Dieser Fragebogen ist schon in vielen Experimenten eingesetzt worden, um die momentane Stimmung (subjektive Befindlichkeit) der Versuchspersonen zu ermitteln. Als Grundlage dieses Fragebogens dient die EWL (Eigenschaftswörterliste) von Janke und Debus (1978). In der vorliegenden Form (s. Anhang B) enthält die BSKE 24 Items zur momentanen Befindlichkeit. Die Antworten erfolgen auf siebenstufigen, verbal verankerten Werteskalen (Bereich 0 bis 6; „gar nicht" bis „sehr stark"). Der Fragebogen erfaßt retrospektiv die physische und psychische Befindlichkeit in einer bestimmten Situation und eignet sich damit gut zur Kontrolle situativer Störquellen, in einer experimentellen Situation.

Als Beispiel möchte ich die Items 17 und 18 anführen:

17. Gefühl der Benommenheit (z.B. benommen, dösig)

18. Gefühl des Ärgers (z.B. ärgerlich, gereizt)

Hier kann man sehen, daß zusätzlich zu den verschiedenen Kategorien der Befindlichkeit noch Eigenschaftswörter angeboten werden.

Damit wird eine weitere und konkretere Beschreibung des angesprochenen Befindensbereichs geliefert, was für die getesteten Personen die Beantwortung der Fragen erleichtert.

Da dieser Fragebogen aber noch nicht veröffentlicht wurde, können leider keine Aussagen über die Gütekriterien des Test gemacht werden. Der Test wurde aber schon in einigen Untersuchungen verwendet und hat sich dabei als hilfreich erwiesen. Es wäre wünschenswert, wenn diese Instrument demnächst standardisiert und publiziert würde.

5.6.5 Das STAXI (State-Trait-Anger-Expression-Inventar) Spielberger (1988) Schwenkmezger, Hodapp und Spielberger (1992)

Dieser Fragebogen spiegelt das Ärgermodell von Hodapp und Schwenkmezger wieder, in dem, wie schon gesagt, zwischen Zustandsärger, Ärger als Eigenschaft und dem Ausdruck des Ärgers unterschieden wird (s. Abschnitt 2.3.5).

Das STAXI ist in drei Teile gegliedert, die aus insgesamt 5 Skalen bestehen, wobei die Trait-Skala bei Bedarf noch in zwei Subskalen untergliedert werden kann.

Alle Items der Skalen liegen in Form von Selbstaussagen vor, die mit Hilfe einer vierfach abgestuften Antwortskala bewertet werden können. Folgende Antworten sind möglich:

1= überhaupt nicht, 2= ein wenig, 3= ziemlich und 4= fast immer

Die Validität der verschiedenen Skalen wurde, sowohl in Experimenten, als auch durch Untersuchungen zu Korrelationen mit anderen Skalen überprüft und von den Autoren als zufriedenstellend bewertet.

1. Der State-Teil des STAXI

Der erste Teil des Fragebogens besteht aus den Fragen zum State-Ärger. Er umfaßt 10 Items, welche die Intensität des subjektiven Ärgerzustands, zu einem Zeitpunkt bzw. einer definierten Situation, beschreiben. Die Versuchspersonen werden in der Instruktion ausdrücklich darauf hingewiesen, daß sich die Items auf die momentane Situation beziehen. Als ein Beispiel soll hier Item Nr.8 „Ich könnte vor Wut in die Luft gehen." genannt werden.

Im Handbuch werden zu diesem Testteil zwar Angaben zur Retestreliabilität gemacht, diese liegt zwischen .20 und .60, was erwartungsgemäß niedrig ist. Es liegen aber keine Normwerte oder Hinweise dafür vor, ab wann eine Person als verärgert angesehen werden kann.

2. Der Trait-Teil des STAXI

Der zweite Abschnitt des Fragebogens geht auf die interindividuellen Unterschiede hinsichtlich der Bereitschaft ein, in einer ärgerprovozierenden Situation, mit einer Erhöhung von Zustandsärger zu reagieren. Diese Ärgerdisposition wird durch 10 Items erfaßt und läßt sich noch in die Ärger-Temperamentsskala und in die Ärger-Reaktionsskala unterteilen. Die Temperamentsskala besteht aus 5 Items und erfaßt die allgemeine Neigung, Ärger ohne Provokation zu erfahren. Die Reaktionsskala enthält die übrigen 5 Items und mißt die interindividuellen Unterschiede, Ärger nach Kritik oder unfairer Behandlung zu äußern.

Die Retestreliabilität von .75 bis .76 ist zwar etwas niedrig, wenn man bedenkt, daß es sich hier um eine Skala zur Erfassung des habituellen Ärgers handelt, kann aber noch als zufriedenstellend angesehen werden.

3. Der Ärgerausdrucks-Teil des STAXI

Der Schlußteil des STAXI besteht aus 24 Items und ist zur Erfassung des Ärgerausdrucks gedacht. Folgende Möglichkeiten des Ärgerausdrucks werden dabei berücksichtigt:

- die Anger-In (AI) Skala, sie mißt die Häufigkeit, mit der ärgerliche Gefühle unterdrückt bzw. nicht nach außen abreagiert werden
- den Anger- Out (AO) Skala , sie erfaßt die Häufigkeit, mit der ein Individuum Ärger gegen andere Personen oder Objekte in der Umgebung richtet
- die Anger-Control (AC) Skala, sie ist ein Indikator für die Häufigkeit von Versuchen, Ärger zu kontrollieren oder ihn überhaupt nicht aufkommen zu lassen

Jede der drei Skalen wird von 8 Fragebogenitems gebildet, welche aber nicht in einer bestimmten, nach den Skalen geordneten Reihenfolge dargeboten werden.

Auch hier werden Angaben zur Retestreliabilität gemacht. Nach Angaben der Autoren liegt diese Reliabilität der Skalen zwischen .55 und .93, wobei die Werte nach 8 Wochen höchstens .72 erreichen.

Alle drei Testteile wurden in dieser Untersuchung erhoben, wobei lediglich die Werte des 3.Teils für die Gesamtstichprobe vorliegen. State- und Trait-Ärger wurden lediglich bei den Personen erhoben, die auch am Experiment teilgenommen haben.

5.6.6 Das BDHI (Buss und Durkee Hostility Inventar) Buss und Durkee (1957)

Bei diesem Fragebogen handelt es sich um einen der ersten Aggressionsfragebögen, die verschiedene Arten der Aggression erfassen.

Die in dieser Untersuchung verwendete Form geht auf die deutsche Form von Kornadt (1982) zurück, in der die ursprünglichen Skalen nach einer Faktorenanalyse in zwei Cluster unterteilt werden, welche als unabhängige Dimensionen angesehen werden.

Die erste Dimension, welche als Aggression (offene Aggression) bezeichnet wird, umfaßt die Skalen:

1. körperliche Aggression
2. verbale Aggression
3. indirekte Aggression
4. Oppositionsverhalten
5. aggressive Reizbarkeit

Die 2. Dimension, der gehemmten Aggressivität, beinhaltet die Skalen:

6. aggressives Mißtrauen
7. aggressive Eifersucht und Haß
8. Schuldgefühle

Einige Items dieses Tests gehen auf den MMPI von Hathaway und McKinley (1951) zurück, andere wurden eigens für diesen Test neu erstellt. Insgesamt besteht der Test aus 75 Items, die als Selbstaussagen vorliegen und von den Versuchspersonen als „zutreffend" oder „nicht zutreffend" bewertet werden können. Einige Items sind invertiert, was einen Auswertungsschlüssel erforderlich macht.

In dieser Untersuchung wurden nur die Items der 2. Dimension erhoben und ausgewertet. Dabei wurden die Items zusammen mit den Fragen des FPI, FAF und anderen Skalen dargeboten, was eine Angleichung der Antwortmöglichkeiten erforderte.

Es wurden die Bezeichnung „zutreffend" und „nicht zutreffend" in „stimmt ja" und „stimmt nein", gemäß den Skalen des FAF umgeändert, was aber wohl keine Veränderung der Ergebnisse zur Folge haben dürfte.

5.6.7 Der FPI-R (Freiburger Persönlichkeits Inventar) von Fahrenberg, Selg und Hampel (1984)

Bei dem FPI-R handelt es sich um eine revidierte Form des FPI (1970). Der FPI-R ist ein Persönlichkeitstest, der es mit Hilfe von 12 Skalen ermöglicht, eine Beschreibung von Personen hinsichtlich ihrer Eigenschaften vorzunehmen. Den Personen werden 138 Items vorgelegt, welche in Form von Aussagen vorliegen, zu denen die Testpersonen eine Stellungnahme abgeben sollen. Wie man an dem folgenden Beispielitem sehen kann, liegen zwei Antwortmöglichkeiten vor, von denen laut Instruktion diejenige angekreuzt werden soll, die am ehesten auf die eigene Person zutrifft.

stimmt

Ich werde ziemlich leicht verlegen.   ja   nein

Einige Items sind dabei negativ gepoolt, so daß für die spätere Auswertung der Einsatz der Auswertungsschablonen notwendig ist.

Die Items sind zu einzelnen Skalen zusammengefaßt, wobei eine Skala aus 12 oder 14 Items besteht, und erfassen folgende Persönlichkeitsmerkmale:

1. Lebenszufriedenheit
2. soziale Orientierung
3. Leistungsorientierung
4. Gehemmtheit
5. Erregbarkeit
6. Aggressivität
7. Beanspruchung
8. Körperliche Beschwerden
9. Gesundheitssorgen

10. Offenheit
11. Extraversion
12. Emotionalität

Die Skalen werden als valide beschrieben und sind mit einem Konsistenzkoeffizienten, der zwischen .71 und .84 liegt, als ausreichend reliabel bewertet worden. Die Durchführungs- und Auswertungsobjektivität wird dadurch gewährleistet, daß es eine detaillierte Anleitung sowohl für den Ablauf des Test als auch für dessen Auswertung vorliegt.

Für diese Untersuchung wurde lediglich die Skala Gehemmtheit erhoben, um zu überprüfen, ob es einen Zusammenhang zwischen dieser Eigenschaft und der Religiosität gibt.

5.6.8 Der EPQ-Rk (Eysenck Personality Questionaire) von Eysenck (1985)

Der EPQ von Eysenck, H.J. & Eysenck, S.B.G. (1975) ist ein Persönlichkeitsfragebogen, der die Bereiche Extraversion, Neurotizismus und Psychotizismus berücksichtigt. Zusätzlich erfaßt er mit einer Lügenskala die Tendenz zur sozialen Erwünschtheit.

In dieser Untersuchung kam eine Kurzform der revidierten Fassung zum Einsatz, da es für die Versuchspersonen zu zeitaufwendig gewesen wäre, die ausführliche Fassung mit ihren 100 Items auszufüllen. Doch selbst in der Kurzform enthält der Fragebogen noch 50 Items, wobei die Psychotizismusskala 14 Items enthält und die anderen drei Skalen 12 Items enthalten. Die Items liegen in Form von Statements vor, denen durch ankreuzen von ja oder nein zugestimmt werden kann, oder sie abgelehnt werden können. Einige dieser Items sind negativ verschlüsselt, wodurch die Ziele der Fragen nicht so leicht erkannt werden können. Dies bedeutet aber auch, daß man zur Auswertung der Skalen den dazugehörigen Auswertungsschlüssel benötigt, damit ein korrektes Auswerten möglich ist.

Zu den Testgütekriterien ist zu sagen, daß schon die erste veröffentlichte Form des EPQ im Bereich der Validität als zufriedenstellend angesehen wurde. Als problematisch wurde eher die Reliabilität der P-Skala angesehen, welche zwischen .68 (für Frauen) und .74 (für Männer) lag.

Dies war auch einer der Gründe für die Erstellung einer revidierten Fassung des Fragebogens. In der ausführlichen Form des EPQ-R ist das Ziel, die Erhöhung der Reliabilität, erreicht worden. Hier liegen die Werte zwischen .76 und .90, was man als sehr zufriedenstellend bezeichnen kann. In der Kurzfassung des Tests war ursprünglich vorgesehen, daß jede der 4 Skalen 12 Items besitzt. Eine Erklärung dafür, daß in der vorliegenden Form in der P-Skala 14 Items vorhanden sind, ist darin zu sehen, daß die Reliabilitätswerte der ursprünglich 12 Items umfassenden P-Skala mit .61 und .62 zu niedrig ausgefallen waren.

5.6.9 Der AggR retr. (Aggressions-Reaktionen retrospektiv)

Dieser Fragebogen wurde im Zusammenhang mit dem SRI-Ag (s. Abschnitt 3.2.3) in der Gruppe von Netter, Janke und Erdmann (1995) entwickelt. Bei diesem Fragebogen handelt es sich um ein Instrument zur Erfassung verschiedener aggressiver Reaktionen. Der Fragebogen wird dazu eingesetzt, um die eigenen aggressiven Gedanken, Gefühle oder Impulse in einer vorangegangenen Situation zu bestimmen. Es bestehen zwei verschiedene Versionen, wobei die längere Version 80 Items beinhaltet und die Kürzere aus 27 Items besteht, welche auch in dieser Untersuchung zum Einsatz kam.

Folgende Bereiche der Aggression werden dabei erfaßt:

1. ungerichtete Aggression
2. Aggression gegen Personen
3. Selbstaggression
4. Aggressionshemmung
5. Impunitivität

Die Items der einzelnen Skalen liegen in Form von Statements vor, denen zur Beantwortung eine 4 stufige Skala zur Verfügung steht, welche die Stufen „0 = auf keinen Fall", „1 = möglicher Weise", „2 = wahrscheinlich" und „3 = mit Sicherheit" umfaßt.

Der Beginn der Items ist immer gleich und weist darauf hin, daß nicht die momentane sondern die vorausgegangene Situation bewertet werden soll. Als Beispiel wird hier Item Nr. 1 vorgestellt:

In der vorangegangenen Situation hatte ich den Gedanken/das Gefühl/den Impuls...

1.... darüber hinwegzugehen.

Die Testgütekriterien können hier nicht vorgestellt werden, da der AggR retr. noch nicht veröffentlicht wurde. In der vorliegenden Untersuchung wurde dieser Test verwendet, um mögliche aggressive Tendenzen zu erfassen, die während der Spielsituation aufgetreten sein könnten.

5.7 Versuchsdurchführung

Die Gewinnung der Versuchspersonen begann Anfang Dezember 1996 und endete Mitte Juni. Den Versuchspersonen wurde ein Fragebogen mit insgesamt 253 Items vorgelegt, der die Verfahren zur Definition der unabhängigen Variablen enthielt und die Verfahren, welche zur Definition der abhängigen Variablen verwendet wurden, die zur Entscheidung der Hypothesen 1-6 herangezogen wurden. Von den 253 Items waren 113 Füllitems die notwendig waren, um die Versuchspersonen im Glauben zu lassen, daß hier viele verschiedene Persönlichkeitsmerkmale erhoben wurden.

Nachdem die erste Erhebung nahezu abgeschlossen war, folgten die Vorversuche für das Experiment, bei denen der endgültige Ablauf des Versuchs festgelegt wurde.

Das Experiment fand in der Zeit von Ende Juni bis Anfang Oktober 1997 in der Justus-Liebig-Universität Gießen statt. Um möglichst wenige Ärger-Situationen vor dem Versuch zu haben, wurde das Experiment Vormittags zwischen 8.00 und 11.00 Uhr durchgeführt.

Es stand dazu der Raum 508 im Gebäude F des Philosophikums I zur Verfügung, in dem die Geräte und Fragebögen, die für die Untersuchung notwendig waren, in ihrer, für das Experiment erforderlichen, Anordnung belassen werden konnten. In dem Versuchsraum befand sich ein Tisch, auf dem sich der Turm von Hanoi, die Fragebögen und das Meßgerät für den Blutdruck und die Herzrate befanden. Seitlich des Tisches befand sich noch Stuhl für den Versuchsleiter, so daß es für diesen leicht möglich war, die Anzahl der Züge während der Spielphase zu registrieren. Es wurden Termine mit den Versuchspersonen vereinbart, zu denen diese auch größtenteils erschienen.

Die Untersuchung dauerte im Durchschnitt 45 min, wobei die Variation der Untersuchungszeit auf die unterschiedliche Schnelligkeit der Versuchspersonen beim Ausfüllen der Fragebögen und die Geschwindigkeit beim Probedurchgang zurückzuführen ist.

Tabelle 5.7.1 Der Versuchsverlauf im Überblick dargestellt

1. Begrüßung (und eine erste Blutdruckmessung zur Probe, die nicht gespeichert wird)	
Experimentalgruppe	**Kontrollgruppe**
Neutrale Begrüßung	Maskierung als Vorversuch, um dadurch eine möglichst entspannte Situation zu schaffen
2. Abnahme einer Speichelprobe während Punkt 3 und 4	
3. Ausfüllen des Befindlichkeitsfragebogen BSKE	
4. Ausfüllen des STAXI Teil 1 und 2	
5. Blutdruck und Herzratenmessung (3X) (baseline)(prä-Werte)	
6. Instruktion wird vorgelesen, Klärung von auftretenden Fragen und Befragung zur Bekanntheit des Turm von Hanois	
7. Ein Probedurchgang mit 4 Scheiben	
8. „Spielphase" (Turm von Hanoi mit 6 Scheiben)	
Experimentalgruppe	**Kontrollgruppe**
Instruktion zum Spiel (leistungsbetont)	Instruktion zum Spiel (neutral)
1.5 Minuten Spielen mit dem Turm von Hanoi	1.5 Minuten Spielen mit dem Turm von Hanoi
unfreundliche Unterbrechung	neutrale Unterbrechung
1 Minute Spielen mit dem Turm von Hanoi	1 Minute Spielen mit dem Turm von Hanoi
unfreundliche Unterbrechung und negatives Feedback	neutrale Unterbrechung mit der Option, daß das Spiel fertig gespielt werden kann
9. Blutdruck und Herzratenmessung (3X) (post-Werte)	
10. Ausfüllen des STAXI (State-Teil)	
11. Ausfüllen des BSKE und AggR. Retr..	
12. Entnahme einer Speichelprobe	
13. Ausgabe des Geldes	

Nachdem die Versuchspersonen den Raum betreten hatten, wurde Ihnen die jeweilige Instruktion vorgetragen:

Begrüßung für die Kontrollgruppe

Vielen Dank, daß Du bei diesem Experiment teilnehmen möchtest. Wie Du sicher schon beim Ausfüllen der Fragebögen bemerkt hast, werden Persönlichkeitsmerkmale untersucht. Diese sollen mit den Ergebnissen einer „Denkaufgabe" in Beziehung gesetzt werden. Dazu werden auch die Puls- und Blutdruckmessungen und zur Messung von Hormonen die Speichelproben benötigt.

Leider gehörst Du nicht in die Gruppe, die von mir untersucht werden soll. Du nimmst aber an einem Vorversuch teil, der nahezu identisch mit dem eigentlichen Versuch ist und dazu dient, auszuprobieren, wie weit man mit der Bearbeitung dieses Spiels kommt. Aus diesem Grund testen wir verschiedene Zeiten und Scheibenanzahlen. Für Deine Teilnahme erhältst Du 15 DM.

Ich mache zunächst eine Probemessung mit dem Blutdruckmeßgerät.

Begrüßung für die Experimentalgruppe

Vielen Dank, daß Du bei diesem Experiment teilnehmen möchtest. Wie Du sicher schon beim Ausfüllen der Fragebögen bemerkt hast, werden Persönlichkeitsmerkmale untersucht. Diese sollen mit den Ergebnissen einer „Denkaufgabe" in Beziehung gesetzt werden. Dazu werden auch die Puls- und Blutdruckmessungen und zur Messung von Hormonen die Speichelproben benötigt.

Ich mache zunächst eine Probemessung mit dem Blutdruckmeßgerät.

Den Versuchspersonen wurde nicht mitgeteilt, daß es sich hier um eine Untersuchung zum Ärger handelt. Dies wurde so gehandhabt, um Verhalten im Sinne sozialer Erwünschtheit zu vermeiden.

Es folgte darauf die Probemessung mit dem Blutdruckmeßgerät, zunächst ohne die dazugehörigen Instruktionen aber mit dem Hinweis, daß überprüft werden soll, ob das Gerät funktionstüchtig ist.

Daraufhin wurden die Instruktionen für die Speichelproben und für die Bearbeitung des BSKE und des STAXI vorgetragen:

<u>Instruktion zu den Speichelproben 1. Teil</u>

Jetzt erfolgt zunächst die erste Abgabe von Speichel. Nimm dazu bitte das Watteröllchen aus der Salivette, auf der eine römisch I steht und lege die Watte in den Mund. Die Watte muß während des Ausfüllens der Fragebögen im Mund behalten werden

<u>Instruktion zu den Fragebögen BSKE, STAXI-Trait-Teil und STAXI-State-Teil</u>

Ich lege Dir nun einige Fragebögen vor. Die Instruktionen findest Du auf dem oberen Teil des Blattes. Lies sie Dir bitte durch und beginne dann mit dem Ausfüllen.

<u>Instruktion zu den Speichelproben 2. Teil</u>

Nimm jetzt bitte die Watte aus dem Mund und lege sie in die Salivette zurück.

Nachdem die Versuchsperson die Watte wieder in die Salivette zurückgelegt hatte, wurden die ersten Blutdruck- und Herzratenmessungen vorgenommen. Das Display des Meßgeräts wurde soweit mit Klebeband abgeklebt, daß die Störungsmeldungen noch sichtbar waren, die Werte des systolischen, des diastolischen Blutdrucks und die Herzratenmessung aber nicht zu sehen waren. Dies geschah, um eine Beeinflussung der Versuchspersonen durch ein visuelles Feedback auf Grund ihrer Werte zu verhindern. Die Werte konnten von dem Blutdruckmeßgerät automatisch gespeichert werden, so daß eine störende Verzögerung zwischen den drei Messungen vermieden werden konnte. Die Instruktion für die Messungen lautet:

Instruktion für die erste Blutdruckmessung

Jetzt nehme ich die erste Blutdruckmessung vor. Zur Sicherheit werde ich die Messung noch zweimal wiederholen.

Bei der Messung solltest Du Dich nicht bewegen und nicht sprechen. Der Arm muß in Herzhöhe liegen.

Außerdem ist eine gerade Sitzhaltung für eine korrekte Messung notwendig.

Nach den ersten Messungen, welche gemittelt wurden und die Baseline bilden, wurden die Versuchspersonen dazu aufgefordert, in dem Hefter, worin sich die Fragebögen und die Instruktion zum Turm von Hanoi befanden, die „Turm von Hanoi" Instruktion aufzuschlagen.

Diese wurde zusätzlich mündlich vorgetragen.

Instruktionen zum **Turm von Hanoi**

Der Turm von Hanoi ist ein altes asiatisches Denkspiel. Die Scheiben werden der Größe nach auf einen der Stifte gesteckt. Begonnen wird mit der größten Scheibe.

Aufgabe ist es nun, die Scheiben so um zu stecken, daß der gleiche Turm zum Schluß auf einem der anderen Stifte steckt, wobei aber niemals eine größere Scheibe auf einer kleineren liegen darf. Dies kann bei 6 Scheiben in 63 Zügen geschafft werden. Das Zurücknehmen eines Zuges ist nicht gestattet und wird daher als normaler Zug gezählt.

Um Dich mit dem Spiel vertraut zu machen, sollst Du zunächst einmal mit vier Scheiben üben. Nach dem Probedurchgang steckst Du bitte die 6 Scheiben auf einen Stab Deiner Wahl.

Dieser Instruktion folgte der Probedurchgang. Bevor dieser von den Versuchspersonen begonnen wurde, fand eine kurze Befragung darüber statt, inwieweit die Versuchsperson mit dem Spiel vertraut ist. Dies wurde auf dem Protokollbogen für das Experiment festgehalten (s. Anhang).

Den Versuchspersonen wurden Fragen zum Spielablauf beantwortet, und es wurde ihnen freigestellt, einen zweiten Übungsdurchgang zu absolvieren. Nach dem Übungsdurchgang wurde eine kurze Instruktion zur Spielphase vorgetragen.

Instruktion zur Spielphase der Kontrollgruppe

Versuche jetzt, den Turm um zu stecken. Falls Du es schaffst keinen Fehler zu machen, dann kannst Du nach 63 Zügen fertig sein. Das ist bis jetzt aber nur einer Person geglückt.

Du wirst während des Spiels einmal kurz unterbrochen, damit ich mir die Anzahl der Züge notieren kann, die Du bis zu diesem Zeitpunkt gemacht hast.

Instruktion zur Spielphase der Experimentalgruppen

Versuche jetzt, möglichst zügig den Turm um zu stecken. Du hast 2 Chancen dies in den 61 Zügen zu schaffen. Dir steht dazu aber nur eine begrenzte Zeit zur Verfügung.

Die erste Unterbrechung erfolgte dann nach einer Minute und dreißig Sekunden. Während der Unterbrechung wurde die Anzahl der benötigten Züge vom Versuchsleiter auf dem Protokollbogen notiert. Bei der Kontrollgruppe wurde die Unterbrechung damit begründet, daß die Anzahl der Züge notiert werden sollte. Bei der Experimentalgruppe hingegen, bestand die Unterbrechung aus einem negativen Feedback über die Leistung, wie man im Folgenden sehen kann:

1. Unterbrechung bei der Kontrollgruppe

Stop. Du mußt das Spiel jetzt für einen Moment unterbrechen, damit ich mir die Anzahl der Züge notieren kann.

Du kannst jetzt weiter spielen.

1. Unterbrechung bei den Experimentalgruppen

Stop, so geht das nicht weiter, so wird das nie was, der erste Versuch ist für Dich beendet.

Versuch' es noch mal, leg' die Scheiben in ihre Ausgangsposition zurück und streng' Dich diesmal bitte etwas mehr an.

Nach einer weiteren Minute wurden die Versuchspersonen dann nochmals unterbrochen, und das Spiel war für die Experimentalgruppen beendet.

Die Kontrollgruppe durfte das Spiel aber, soweit dies gewünscht wurde, am Ende des Versuchs so lange weiterspielen, bis sie die Pyramide auf einen der anderen Stäbe aufgebaut hatten.

2. Unterbrechung bei der Kontrollgruppe

Stop. Stell den Turm bitte zur Seite. Ich muß jetzt eine Blutdruckmessung vornehmen. Du kannst das Spiel aber gleich noch beenden.

Die Experimentalgruppen wurden wieder unfreundlich unterbrochen (mit negativem Leistungs-Feedback) und ihnen wurde nochmals verdeutlicht, daß der in Aussicht gestellte Geldgewinn nicht ausbezahlt werden kann.

2. Unterbrechung bei den Experimentalgruppen

Stop, das war wieder nichts. Die Aufgabe ist damit beendet. Die 50 DM können Dir dafür natürlich nicht ausbezahlt werden.

Direkt im Anschluß an die zweite Unterbrechung erfolgte dann die zweite Serie von Blutdruckmessungen:

Instruktion für die 2. Blutdruckmessung

Jetzt erfolgt die zweite Messung Deines Blutdrucks. Auch diesmal werde ich dies zweimal wiederholen.

Und auch jetzt sollst Du Dich wieder ruhig verhalten und die günstigste Position für die Blutdruckmessung einnehmen.

Im Anschluß an diese Messungen wurden der State-Teil des STAXI und der BSKE zum zweiten Mal von den Versuchspersonen ausgefüllt. Außerdem wurde hier der AggR retr. erhoben, um mögliche aggressive Tendenzen der Versuchspersonen während des Experiments zu ermitteln.

Instruktionen zu den Fragebögen BSKE, STAXI-State-Teil und AggR retr.

Ich lege Dir jetzt noch einmal ein paar Fragebögen vor.

Lies Dir bitte die Instruktionen durch und beginne dann mit dem Ausfüllen.

Darauf hin erfolgte die Erhebung der zweiten Speichelprobe, was in einem Abstand von ca. 15 Minuten nach der Beendigung der Spielphase statt fand. Damit keine Langeweile entstehen konnte, war es den Versuchspersonen gestattet, sich mit einer Illustrierten zu beschäftigen.

Instruktion zur 2. Speichelprobe Teil 1

Nun erfolgt die zweite Speichelabgabe. Lege bitte das Watteröllchen aus der zweiten Salivette ein. Die Watte darf erst nach 5 Minuten wieder herausgenommen werden. Wenn du möchtest, dann kannst du dir in der Zwischenzeit ein Illustrierte anschauen.

Nach 5 Minuten wurden die Versuchspersonen dazu aufgefordert, die Watte wieder in die Salivette zurückzulegen.

Instruktion zur 2. Speichelprobe Teil 2

Leg' die Watte bitte wieder in die Salivette zurück.

Nach Abgabe der letzten Speichelprobe wurde den Versuchspersonen 15 DM für die Teilnahme an dem Experiment ausgezahlt, was von diesen darauf per Unterschrift bestätigt wurde. Diese Summe wurde der Kontrollgruppe, aber auch den Experimentalgruppen ausgehändigt.

Damit war das Experiment beendet. Den Versuchspersonen der Kontrollgruppe wurde aber noch gestattet, das Spiel „Turm von Hanoi" zu beenden.

5.8 Statistische Auswertung

Die statistische Auswertung der erhobenen Daten erfolgte mit Hilfe des Programms ystems SPSS 7.0 für Windows.

1. Um die Zusammenhänge zwischen der Variablen Religiosität und den Variablen, die anhand der Gesamtstichprobe (N = 98) erhoben wurden, der Aggression, des Ärgerausdrucks, der Aggressionshemmung und der allgemeinen Gehemmtheit zu überprüfen, wurden zunächst die Produktmomentkorrelationen bestimmt. Diese Korrelationen wurden anhand der Rohwerte der jeweiligen Fragebögen oder der jeweiligen Skalen berechnet. Für die Religiosität war es dabei notwendig aus den Werte der Skala extrinsische Religiosität und der Skala intrinsische Religiosität einen Gesamtwert der Religiosität zu bilden, welcher dann in die Berechnungen einging. Auch bei der 2. Dimension des BDHI wurde zunächst der Gesamtwert aus den Skalen 6, 7 und 8 gebildet und mit der Religiosität in Beziehung gesetzt. Alle Korrelationsergebnisse wurden im Anschluß einer Signifikanzprüfung unterzogen (s. Anhang), als Signifikanzniveau auf α-Adjustierung wurde verzichtet, da die Auswertung nur explorativen Charakter hat.

2. Zur Feststellung von Gruppenunterschieden hinsichtlich der Ärgerreaktion zwischen der Kontrollgruppe und der Gruppe der Religiösen, die eine Ärgerinduktion erhalten haben, wurden zweifaktorielle Varianzanlysen der Werte nach der Spielsituation (post-Werte) berechnet. Da dieser Untersuchung aber kein vollständiger Versuchsplan zu Grunde liegt, können nur die oben genannten Teilgruppen verglichen werden (s. auch Abschnitt 5.4) Dabei wurde zunächst mittels t-Tests für unabhängige Stichproben überprüft, ob sich diese Gruppen in ihren Ausgangswerten (prä-Werte) unterscheiden. War dies der Fall, so wurde eine Ausgangswert-bereinigung mit Hilfe einer zweifaktoriellen Covarianzanalyse durchgeführt. Die Faktoren der Varianzanalysen bestanden aus dem Treatmentfaktor Ärgerinduktion (ja oder nein) und dem Faktor der Aggressionshemmung (hoch oder niedrig), wobei der zweite Faktor für die Überprüfung der 7. Hypothese keine Informationen liefert.

Die Werte der kardiovaskulären Maße lagen in Form von Mittelwerten vor Abschnitt 5.6.3), bei den Werten des BSKE handelt es sich um die Rohwerte der einzelnen Items, die in die Berechnung eingingen und bei den Werten des STAXI und des AggR retr. handelt es sich um die Rohwerte von einzelnen Skalen, die in den Varianzanalysen auf Mittelwertsunterschiede zwischen den Gruppen hin untersucht wurden.

3. Um die Unterschiede zwischen der Gruppe der religiösen/hoch aggressions-gehemmten Personen und der Gruppe der religiösen/niedrig aggressionsge-hemmten Personen zu ermitteln, wurde auch hier zunächst überprüft, ob sich die abhängigen Variablen in ihren Ausgangswerten (prä-Werte) unter-scheiden. Dazu wurden t-Tests für unabhängige Stichproben durchgeführt. Wurde ein Unterschied festgestellt, so mußte auch hier darauf geachtet wer-den, daß die post-Werte, von dem Einfluß der prä-Werte bereinigt, ausge-wertet werden konnten. Dazu war dann die Durchführung einer einfaktori-ellen Covarianzanalyse notwendig. Konnte kein signifikanter Unterschied der Ausgangswerte festgestellt werden, oder handelte es sich um abhängige Variablen, die nur einmal erhoben wurden, so konnte auf die Durchführung einer Varianzanalyse zugunsten von t-Tests für unabhängige Stichproben verzichtet werden. Die gleiche Vorgehensweise wurde auch bei der Unter-suchung von Gruppenunterschieden zwischen der Gruppe der religiö-sen/hoch aggressionsgehemmten Personen und der Gruppe der nicht-religiösen/hoch aggressionsgehemmten Personen gewählt.

4. Zusätzlich wurden bei den abhängigen Variablen, welche vor und nach der Spielsituation erhoben wurden, getrennt für die jeweiligen Gruppen, t-Tests für abhängige Stichproben berechnet, damit auch die Veränderung der Werte von den prä-Werten zu den post-Werten einer Variable innerhalb je-der Gruppe dokumentiert werden konnte.

6 Darstellung der Ergebnisse

Die Darstellung der Ergebnisse folgt den Hypothesen in der Reihenfolge, wie sie in Kapitel 4 formuliert worden sind. Ergebnisswerte, die in dieser Darstellung nicht berücksichtigt werden konnten, sind im Anhang zu finden.

6.1 Ergebnisse hinsichtlich der Hypothesen über die Zusammenhänge von Religiosität mit Aggression und mit Ärgerausdruck

ZU HYPOTHESE 1: Der Zusammenhang zwischen Religiosität und Aggression

Diese erste Hypothese bezieht sich auf die Zusammenhänge der Religiosität, welche sich aus der I und der E Skala des ROS zusammensetzt, und der Aggression, gemessen durch die beiden Skalen spontane und reaktive Aggression des FAF. Es wurden bei den Skalen die Rohwerte zu der Berechnung der Korrelationen herangezogen.

Tabelle 6.1.1 Korrelationswerte zu dem Zusammenhang zwischen Religiosität und habitueller Aggression (N=98)

	Spontane Aggression	Reaktive Aggression
	Korrelationswert	Korrelationswert
Religiosität	0,031	- 0,147

Anhand der niedrigen Korrelationswerte von 0,031 und -0,147 kann man davon ausgehen, daß zwischen dem Ausmaß an Religiosität einer Person und deren Aggressivität keine Zusammenhänge bestehen.

Diese Annahme wird auch dadurch unterstrichen, daß sich die Korrelationen nach statistischer Überprüfung als nicht signifikant erwiesen.

Interessant an diesen Ergebnissen ist, daß die Korrelation zwischen Religiosität und reaktiver Aggression ein negatives Vorzeichen aufweist.

Zu HYPOTHESE 2: „Negativer Zusammenhang zwischen dem P-Faktor des EPQ-RK und der Religiosität"

Hier wurde überprüft, ob die Annahme gerechtfertigt ist, daß die Religiosität einen Zusammenhang mit einer Persönlichkeitsdimension aufweist, die durch emotionale

Kälte, Egozentrik oder eine antisozialen Einstellung beschrieben werden kann und auch Beziehungen zur Aggression aufweist.

Die christliche Religion propagiert ein liebevolles Verhältnis zu allen Mitmenschen und wendet sich auch gegen die Anwendung von Gewalt. Demzufolge müßte auch ein negativer Zusammenhang mit dieser Persönlichkeitsdimension bestehen, was auch schon in einigen Untersuchungen Gegenstand der Betrachtung war (s. Abschnitt 1.7) und bestätigt werden konnte. Diese P-Dimension wurde nochmals mit erhoben, um dies in der vorliegenden Untersuchungsgruppe zu bestätigen. In der unten stehenden Tabelle 6.1.2 sind die Ergebnisse dazu wiedergegeben.

Tabelle 6.1.2 Korrelationswerte zu dem Zusammenhang zwischen Psychotizismus und Religiosität (N=98)

	EPQ-Rk P-Dimensionr
Religiosität	- 0,327**

** $p<=0,01$

Wie man der Tabelle entnehmen kann, besteht ein deutlich negativer Zusammenhang zwischen Religiosität und Psychotizismus. Der gefundene Zusammenhang ist sehr signifikant, kann also als gesichert angesehen werden.

Zu HYPOTHESE 3: Negativer Zusammenhang zwischen der Skala Anger-Out des STAXI, positiver Zusammenhang zwischen Anger-In/Anger-Control und der Religiosität.

Die Erwartung eines negativen Zusammenhangs zwischen dem Anger-Out Konzept von Spielberger (1988) und der Religiosität lassen sich aus einigen Stellen der Literatur ableiten.

Stellvertretend sei hier Klessmann (1992) genannt, der bemängelt, daß es in den Kirchengemeinden üblich ist den Ärger zu verbergen. Da er sich aber nicht auf Untersuchungen zum Ärgerausdruck bezieht, wurde in dieser Untersuchung die Gelegenheit genutzt, einer solchen Behauptung nachzugehen und sie zu überprüfen.

Der Vollständigkeit halber wurden die anderen Ausdrucksarten und ihre Zusammenhänge mit der Religiosität mit erhoben und ausgewertet. Da Anger-Out und Anger-Control im negativ miteinander korrelieren und auch nach Klessmann der Ärger in der Kirche eher heruntergeschluckt wird, erschien es sinnvoll eine gerichtete Hypothese, das heißt einen positiven Zusammenhang zwischen den beiden anderen Äuße-rungsarten von Ärger, zu formulieren.

Die Ergebnisse sind in Tabelle 6.1.3 zusammengefaßt.

Tabelle 6.1.3 Korrelationswerte zu den Zusammenhängen zwischen Religiosität und Ärgerausdruck (N=98)

	Anger-Out	Anger-In	Anger-Control
Religiosität	0,051	0,052	0,006

Die Korrelationen zwischen der Religiosität und den verschiedenen Formen des Ärgerausdrucks lassen keine andere Schlußfolgerung zu als die, daß hier keine Zusammenhänge vorliegen. Die Korrelationen sind nicht signifikant und bewegen sich so nahe an der Grenze zur Null-Korrelation, daß man nicht einmal von Tendenzen sprechen kann.

Die Hypothese, daß Religiosität mit einer bestimmten Art und Weise der Ärgeräußerung einhergeht, muß also zurückgewiesen werden. Man kann also nicht von einer negativen Beziehung zwischen offenem Ärgerausdruck und Religiosität reden. Auch die Behauptung, daß Religiosität und Anger-In oder Anger-Control einen positiven Zusammenhang besitzen, kann durch die Ergebnisse in keiner Weise gestützt werden.

6.2 Ergebnisse zu den Hypothesen über den Zusammenhang zwischen Religiosität und Aggressionshemmung/allgemeiner Gehemmtheit

Zu HYPOTHESE 4: "Positiver Zusammenhang zwischen Religiosität Aggressionshemmung"

Um das Ergebnis einer früheren Studie nochmals zu überprüfen, - die religiöse Gruppe hatte dort nach Thomas (1994) höhere Werte im Faktor 5 (Aggressionshemmung) des FAF - wurde nochmals überprüft, ob sich ein Zusammenhang zwischen der Religiosität und der Aggressionshemmung feststellen läßt. Neben der Skala Aggressionshemmung aus dem FAF, wurde aus dem Aggressionsfragebogen von Buss und Durkee (1957) die 2. Dimension „gehemmte Aggression" mit ihren Unterskalen erfaßt. Diese beiden Maße wurden dann mit der Religiosität korreliert, was zu folgenden Ergebnissen führte:

Tabelle 6.2.1 Korrelationswerte zu dem Zusammenhang zwischen Religiosität und Aggressionshemmung (N=98)

	Faktor 5 (FAF) Aggressionshemmung	2. Dimension (BDHI) gehemmte Aggression
Religiosität	0,316**	0,204*

* $p <= 0.05$ ** $p <= 0,01$

Wie man sehen kann, besteht ein eindeutiger Zusammenhang zwischen dem Ausmaß der Religiosität einer Person und deren Hemmung hinsichtlich der Aggression.

Bei der genaueren Betrachtung der beiden Werte fällt aber auf, daß der Zusammenhang mit der im FAF gemessenen Aggressionshemmung stärker ausfällt. Hier liegt ein sehr signifikanter Zusammenhang (0,316**) vor, welcher bei der durch den BDHI gemessenen Aggressionshemmung nicht in gleicher Stärke bestätigt werden konnte, da hier ein Zusammenhang gefunden wurde, der nur als signifikant bezeichnet werden kann.

Die Unterschiede sollten sich idealer Weise durch Unterschiede in der Zusammensetzung der Items in den einzelnen Verfahren erklären lassen.

Es kann aufgrund der unterschiedlich starken Zusammenhänge vermutet werden, daß in den beiden Verfahren unterschiedliche Schwerpunkte der Aggressionshemmung abgefragt werden. Dieses Ergebnis kann also als ein Hinweis dafür angesehen werden, daß es sinnvoll war, die folgende Hypothese zu überprüfen.

Zu HYPOTHESE 5: Stärkerer Zusammenhang zwischen Schuldaspekt der Aggressionshemmung

Hier wird überprüft, ob die Religiosität möglicherweise mit spezifischen Aspekten der Aggressionshemmung in einem stärkeren Zusammenhang steht. Da in der Literatur unter anderem von Klessmann (1992) darauf hingewiesen wird, daß Schuldempfindung oder Gewissensbisse mit dem Erleben des Ärgers besonders in religiösen Kreisen einher gehen können, wurde dies in der vorliegenden Untersuchung mit berücksichtigt.

Da die 2. Dimension des BDHI aus drei Unterskalen besteht, von der eine Skala gezielt die Schuldgefühle abfragt, wurde zunächst dieser Test als Maß verwendet. Hier sollte sich zeigen, ob die verschiedenen Aspekte der Aggressionshemmung in gleicher Weise mit der Religiosität korrelieren, oder, ob dabei Unterschiede festzustellen sind.

Die Ergebnisse zu den verschiedenen Skalen sind in der folgenden Tabelle 6.2.2 dargestellt.

Tabelle 6.2.2 Zusammenhang der Religiosität mit unterschiedlichen Teilbereichen der gehemmten Aggression. (N=98)

	Skala 6 (BDHI) aggressives Mißtrauen	Skala 7 (BDHI) aggressive Eifersucht u. Haß	Skala 8 (BDHI) Schuldgefühle
Religiosität	0,040	0,169	0,223*

sign. $\alpha=0.05$

Der Tabelle ist zu entnehmen, daß lediglich die Skala Schuldgefühle einen signifikanten Zusammenhang mit der Religiosität aufweist. Die beiden anderen Unterskalen korrelieren zwar auch positiv mit der Religiosität, dennoch ist die Stärke des Zusammenhangs nicht so ausgeprägt, daß man von einem signifikanten Zusammenhang sprechen kann. Da sich beim Überprüfen der vorherigen Hypothese herausgestellt hat, daß die Aggressionshemmung nach dem FAF eine noch deutlichere Beziehung zur Religiosität als die Unterskala Schuldgefühle des BDHI hat, sollen hier die einzelnen Items gegenüber gestellt werden.

FAF-Items	BDHI Skala 8 Schuldgefühle
1. Wenn man mir beim Geldwechseln eine Mark zuviel zurückzahlt, und wenn ich dann die Mark einstecke, bekomme ich später große Gewissensbisse. 2. Ich glaube, die meisten bösen Handlungen finden einmal ihre Strafe. 3. Der Begriff Sünde ist notwendig, und ich glaube, daß Sünden bestraft werden. 4. In den Fällen, in denen ich gemogelt habe, bekam ich unerträgliche Gewissensbisse 5. Leute, die sich vor der Arbeit drücken, müßten eigentlich ein schlechtes Gewissen haben.Wenn ich etwas unrechtes tue, straft mich mein Gewissen heftig. .... 6. Lieber gebe ich mal in einem Punkt nach, als daß ich mich darüber streite. 7. Ich schlage selten zurück wenn man mich schlägt 8. Ich kann mir keinen Triftigen Grund dafür denken,	1. Wenn ich etwas falsches tue, quält mich mein Gewissen sehr. 2. Die wenigen Mal, wenn ich betrogen habe, litt ich unter unerträglichen Gewissensbissen. 3. Leute, die sich vor ihrer Arbeit drücken, müssen starke Schuldgefühle haben. 4. Ich tue viele Dinge, die mir Später Gewissensbisse verursachen. 5. Wenn ich versage, habe ich anschließend Gewissensbisse. 6. Ich mache mir Gedanken über die Vergebung meiner Sünden. .... 7. Es bedrückt mich, daß ich nicht mehr für meine Eltern getan habe. 8. Ich denke oft, daß ich in meinem Leben manches unterlassen habe. 9. Ich habe manchmal schlechte Gedanken und schäme mich dann über mich selbst

daß man jemanden schlagen muß. 9. Ich glaube, daß man Böses mit Gutem vergelten soll, und handle auch dementsprechend.	

Man kann in beiden Skalen einen Bereich ausmachen der sich mit Schuld/ Gewissensbissen, Strafe und Sünde auseinandersetzt.

Der FAF aber enthält noch Items, die in Richtung von Aggressionvermeidung, insbesondere reaktiver Aggression, zu interpretieren ist. Dagegen enthält der BDHI in seiner Skala Schuldgefühle noch Items, die eher das Empfinden von Schuld nach passiven schuldhaften Handeln abfragen.

Zu HYPOTHESE 6: Kein Zusammenhang zwischen Religiosität und allgemeiner Gehemmtheit des FPI

Da im Handbuch des FAF der Faktor 5 als eine Skala beschrieben wird, die Aggressionshemmungm, aber auch allgemeine Gehemmtheit erfassen soll, liegt die Vermutung nahe, daß sich auch bei einer direkten Erhebung der allgemeinen Gehemmtheit, wie sie in dem FPI erhoben wird, ein positiver Zusammenhang zeigen könnte. Im weiteren Verlauf des FAF-Handbuchs wird aber bei den Normierungs- und Validierungsstudien, eine Null-Korrelation zwischen der Aggressionshemmung (FAF) und der Gehemmtheit (FPI) berichtet. Dadurch ist die Frage noch offen, ob die Religiosität einen spezifischen Zusammenhang mit der Hemmung der Aggression hat oder, ob Religiosität mit der Hemmung auch in anderen Lebensbereichen einher geht. Das Ergebnis ist in Tabelle 6.2.3 zu sehen.

Tabelle 6.2.3 Korrelationswert zu dem Zusammenhang zwischen Religiosität und allgemeiner Gehemmtheit (N=98)

	FPI Skala Gehemmtheit
Religiosität	0,101

Da sich es sich hier aber um keinen signifikanten Zusammenhang handelt, kann die Hypothese bestätigt werden. Es ist also nicht anzunehmen, daß ein hohes Ausmaß an Religiosität bei einer Person, zu der Annahme berechtigt, daß diese Person auch in anderen Bereichen gehemmt sein könnte.

6.3 Ergebnisse zu den Hypothesen hinsichtlich der Ärgerreaktionen in einer experimentell induzierten Ärgersituation

Zu *HYPOTHESE 7*: Die Gruppe der Religiösen unterscheidet sich in ihren Ärgerreaktionen von der Kontrollgruppe

Diese Hypothese bezieht sich auf Gruppenunterschiede zwischen den religiösen Personen, die in der experimentellen Bedingung eine Ärgerinduktion erhalten haben und der entsprechenden Kontrollgruppe, welche im Experiment einer neutralen Bedingung ausgesetzt wurde. Es werden die Ergebnisse der kardiovaskulären Maße, sowie Ergebnisse der im Experiment vorgegebenen Fragebögen betrachtet. Bei den kardiovaskulären Maßen werden in den folgenden Abbildungen die Mittelwerte nach der Spielsituation dargestellt, so wie sie sich nach dem Treatmenteinfluß darstellen. Soweit aber schon vorher signifikante Unterschiede auftreten, werden diese zusätzlich dargestellt. Die Mittelwerte, die sich bei einer Einteilung nach dem Grad der Hemmung ergeben, werden nicht nochmals in Abbildungen vorgestellt, da die Hypothese 7 sich auch nur auf die Unterschiede bezieht, welche durch das Treatment ausgelöst werden. Bei den Ergebnissen der Fragebögen, werden die Mittelwerte des STAXI-State-Teils in einer Abbildung dargestellt und hier auch nur die für die Hypothese 7 relevanten Mittelwerte nach Einteilung des Treatmentfaktors. Die Ergebnisse der übrigen abhängigen Variablen werden nur dann dargestellt, wenn sie zusätzliche Ergebnisse liefern, die zur Entscheidung über die Hypothese beitragen.

Im einzelnen stellen sich die Werte der verschiedenen Meßverfahren folgendermaßen dar:

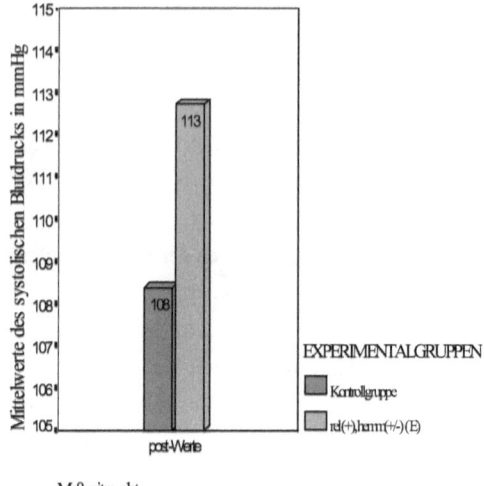

Abbildung 6.3.1 Mittelwerte im systolischen Blutdruck der Gruppe der religiösen Personen im Experiment ((rel(+),hemm(+/-)(E)) mit und ohne Ärgerinduktion nach der Spielsituation

Wie man der Abbildung entnehmen kann, haben die Personen, welche im Experiment eine Ärgerinduktion erfahren haben, einen um ca. 4 mmHg höheren systolischen Blutdruck. Dieser Unterschied ist aber statistisch nicht signifikant, was man auch in Tabelle 6.3.1 sehen kann. Bei beiden Gruppen ist zusätzlich zu beobachten, daß sie im Durchschnitt eher einen niedrigen Wert im systolischen Blutdruck erreichen. Dies ist etwas verwunderlich, da man erwarten würde, daß zumindest der systolische Blutdruck der Gruppe, die geärgert worden ist, etwas über dem ansonsten angegebenen Normalwert von 120 mmHg liegt.

Tabelle 6.3.1 Ergebnisse einer zwei-faktoriellen Varianzanalyse mit den Faktoren Ärgerinduktion und Hemmung und der abhängigen Variablen systolischer Blutdruck (post)

Effekt	Mittelwerte	F	df	p
Ärgerinduktion ja nein	112,72 108,37	1,04	1	n.s.
Hemmung hoch niedrig	113,16 109,78	2,09	1	n.s.
Interaktion Ärgerinduktion (ja) Hemmung hoch/niedrig Ärgerinduktion (nein) Hemmung hoch/niedrig	112,23/113,20 115,00/101,73	2,79	1	n.s.

Man kann anhand der Tabelle sehen, daß es einen Unterschied im systolischen Blutdruck zwischen den Gruppen Ärgerinduktion „ja und nein gibt", dieser aber nicht signifikant ist. Der gefundene Unterschied von 4,05 mmHg, liegt also noch im Bereich der Beibehaltung der H0: „*Es gibt keine Unterschiede zwischen den Mitteln der Gruppen*", wie sie üblicherweise formuliert wird.

Außerdem ist der Tabelle zu entnehmen, daß weder der Faktor Hemmung, noch die Interaktion der beiden Faktoren Hemmung und Ärgerinduktion zu statistisch signifikanten Unterschieden im Bereich des systolischen Blutdrucks führen.

Wenden wir uns nun dem diastolischen Blutdruck zu, der in der Literatur öfter als der entscheidende Parameter des Ärgers angesehen wird, was schon im Theorieteil eingehend besprochen wurde (s. Abschnitt 2.4.1).

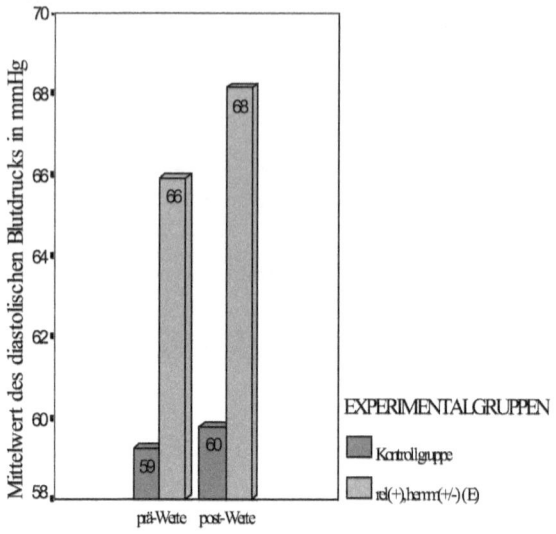

Abbildung 6.3.2 Mittelwerte des diastolischen Blutdrucks bei den religiösen Personen im Experiment mit und ohne Ärgerinduktion, vor und nach der Spielsituation. Beide dargestellten Unterschiede sind signifikant (p<.05).

In der Abbildung 6.3.2 ist zu sehen, daß es einen großen Unterschied zwischen der Gruppe mit Ärgerinduktion (rel(+),hemm(+/-)(E)) und der Kontrollgruppe, von 8 mmHg im diastolischen Blutdruck nach der Spielsituation (post), gibt, der auch statistisch signifikant ist. Es ist aber auch zu sehen, daß ein nahezu gleich großer Unterschied in der Höhe von 7 mmHg schon vor der Spielsituation vorhanden war (p<=0,05), so daß es notwendig erschien, die post-Werte nochmals in Form von ausgangswertbereinigten Mittelwerten darzustellen.

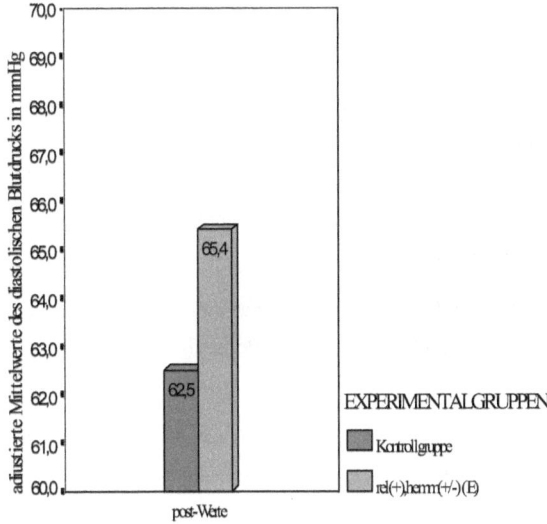

Abbildung 6.3.3 Adjustierte Mittelwerte des diastolischen Blutdrucks bei den religiösen Personen im Experiment mit und ohne Ärgerinduktion nach der Spielsituation.

In dieser Abbildung, welche die ausgangswertbereinigten Mittelwerte darstellt kann man erkennen, daß es noch einen geringen Mittlewertsunterschied gibt. Die Gruppe mit Ärgerinduktion hat zwar höhere Werte als die Kontrollgruppe, dieser Unterschied im diastolischen Blutdruck von 2,9 mmHg, ist aber nicht mehr statistisch signifikant, wie man in Tabelle 6.3.2 sehen kann.

Tabelle 6.3.2 Ergebnisse einer zwei-faktoriellen Covarianzanalyse mit den Faktoren Ärgerinduktion und Hemmung und der abhängigen Variablen diastolischer Blutdruck (post)

Effekt	adjustierte Mittelwerte	F	df	p
Ärgerinduktion ja nein	65,40 62,50	1.21	1	n.s.
Hemmung hoch niedrig	65,05 62,85	0,82	1	n.s.
Interaktion Ärgerinduktion (ja) Hemmung hoch/niedrig Ärgerinduktion (nein) Hemmung hoch/niedrig	65,47/65,34 64,64/60,36	0,73	1	n.s.

Der Tabelle 6.3.2 kann man entnehmen, daß es keinen statistischen Unterschied, bei der Gruppe mit und der Gruppe ohne Ärgerinduktion, zwischen den adjustierten Mittelwerten des diastolischen Blutdrucks gibt. Die Gruppe, welche eine Ärgerinduktion erhalten hat, erreicht zwar mit 65,40 mmHg den numerisch höheren Wert, dennoch ist der Unterschied mit 3,2 mmHg nicht ausreichend, um eine Verwerfung der Annahme, daß kein Unterschied zwischen den Mitteln besteht, zu begründen. Auch der Faktor Hemmung hat keinen Einfluß auf diese Mittel, der sich mit einer statistischen Signifikanz zwischen den beiden Mitteln feststellen läßt.

Wenn man sich die Interaktion der beiden Faktoren ansieht, so muß man auch hier zu dem Schuß kommen, daß nahezu keine Unterschiede im diastolischen Blutdruck auftreten.

Der Unterschied zu den Ergebnissen bei dem systolischen Blutdruck sollte aber nochmals betont werden. Denn hier wurden nicht einmal signifikante Unterschiede ohne das Herausfiltern der prä-Blutdruckwerte festgestellt, wohingegen im diastolischen Blutdruck ein solcher Unterschied auftrat, der aber erst durch die Maßnahme, der Bereinigung um den Einfluß des Ausgangswertes, in den statistisch nicht signifikanten Bereich fiel.

Bei den Ergebnissen zur Herzrate kann man sehen, daß es hier eigentlich keinen Unterschied zwischen den Gruppen der Religiösen im Experiment und der Kontrollgruppe gibt.

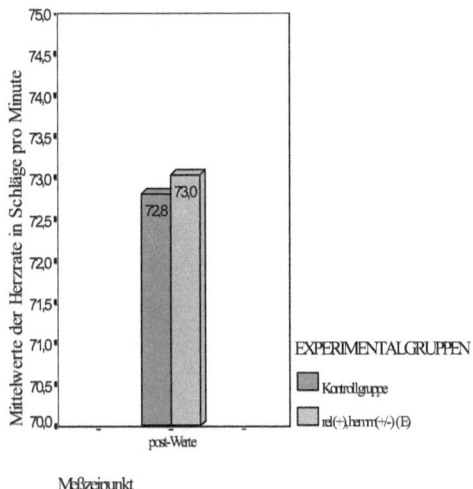

Abbildung 6.3.4 Mittelwerte der Herzrate bei den religiösen Personen im Experiment mit und ohne Ärgerinduktion nach der Spielsituation.

Man kann laut Abbildung zwar einen Unterschied von 0,2 Schlägen pro Minute zwischen der Gruppe der religiösen Personen im Experiment und der Kontrollgruppe feststellen, doch dies ist kein signifikanter Unterschied. Dennoch kann man hier, wie auch in den anderen kardiovaskulären Maßen, erkennen, daß diese minimale Abweichung, in Richtung erhöhter kardiovaskulärer Werte der Gruppe der religiösen Personen im Experiment mit Ärgerinduktion weist.

Tabelle 6.3.3   Ergebnisse einer zwei-faktoriellen Varianz analyse mit den Faktoren Ärgerinduktion und Hemmung und der abhängigen Variablen Herzrate (post)

Effekt	Mittelwerte	F	df	p
Ärgerinduktion ja nein	 73,03 72,80	0,00	1	n.s.
Hemmung hoch niedrig	 74,02 71,89	0.20	1	n.s.
Interaktion Ärgerinduktion (ja) Hemmung hoch/niedrig Ärgerinduktion (nein) Hemmung hoch/niedrig	 74,60/71,47 72,87/72,73	0,17	1	n.s.

Der Unterschied der Mittelwerte, bei der Gruppe mit Ärgerinduktion und der Gruppe ohne Ärgerinduktion, ist mit den Werten 73,03 Herzschläge pro Minute und 72,80 Herzschläge pro Minute denkbar gering, so daß es nicht verwundert, wenn hier in der Tabelle 6.3.3 der p-Wert als nicht signifikant angegeben wird. Und auch bei den Mittelwerten des Faktors Hemmung und der Interaktion der beiden Faktoren ergibt sich kein statistisch signifikanter Unterschied.

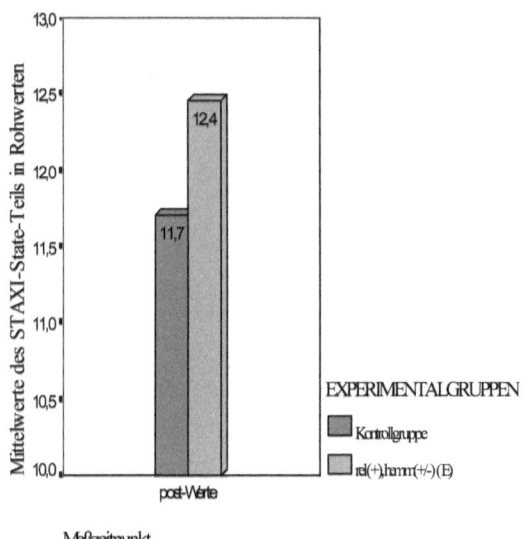

Abbildung 6.3.5 Mittelwerte der STAXI-State-Werte bei den religiösen Personen im Experiment mit Ärgerinduktion und deren entsprechender Kontrollgruppe nach der Spielsituation

In der Darstellung der STAXI-State-Werte (Abbildung 6.3.5) ist zu sehen, daß die Gruppe der Religiösen, welche einer Ärgerinduktion ausgesetzt waren, den höheren Wert von 12,4 im STAXI-State-Teil erreichen, die Kontrollgruppe erreicht lediglich einen Wert von 11,7. Wie aber aus der folgenden Tabelle 6.3.4 zu ersehen ist, ist diese Differenz von exakt 0,75 Punkten in den Rohwerten aber nicht signifikant.

Tabelle 6.3.4   Ergebnisse einer zwei-faktoriellen Varianzanalyse mit den Faktoren Ärgerinduktion und Hemmung und der abhängigen Variablen State-Anger (post)

Effekt	Mittelwerte	F	df	p
Ärgerinduktion ja nein	12,45 11,70	0,96	1	n.s.
Hemmung hoch niedrig	12,2 12,2	0,11	1	n.s.
Interaktion Ärgerinduktion (ja) Hemmung hoch/niedrig Ärgerinduktion (nein) Hemmung hoch/niedrig	12,20/12,70 12,20/11,20	0,96	1	n.s.

Ebenso sind die Mittelwertsunterschiede nicht signifikant, welche durch den Faktor Hemmung oder die Interaktion beider Faktoren zustande kommen. Bei dem Faktor Hemmung kann man dies schon anhand der, in der Tabelle dargestellten, Mittelwerte sehen, beide Gruppen haben einen Wert von 12,2 Punkten im State-Anger.

Bei den anderen Fragebogendaten ergaben sich auch keine signifikanten Unterschiede. Sowohl in den Skalen des retrospektiven Aggressionsfragebogen als auch im Trait-Teil des STAXI, konnten keine Unterschiede festgestellt werden, die nicht auch als zufallsbedingt angesehen werden können. Betrachtet man sich die BSKE Items, so fällt auf, daß auch hier nur in dem Item Nr. 7 ein Mittelwertsunterschied gefunden werden kann, der nicht zufallsbedingt ist.

Tabelle 6.3.5   Ergebnisse einer zwei-faktoriellen Varianzanalyse mit den Faktoren Ärgerinduktion und Hemmung und der abhängigen Variablen BSKE7 (post) „Gefühl der Aggressivität"

Effekt	Mittelwerte	F	df	p
Ärgerinduktion ja nein	1,00 1,30	0,36	1	n.s.
Hemmung hoch niedrig	1,47 0,73	5,80	1	<.05
Interaktion Ärgerinduktion (ja) Hemmung hoch/niedrig Ärgerinduktion (nein) Hemmung hoch/niedrig	0,90/1,10 2,60/0,00	7,90	1	<.01

In Tabelle 6.3.5 kann man sehen, daß der Faktor Hemmung einen signifikanten Einfluß auf die Intensität hat, mit der das Gefühl der Aggressivität auftritt. Interessanter Weise ist die Gruppe der höher Gehemmten auch die Gruppe mit dem höheren Mittelwert in dem Item zur Aggression. Sie erreicht einen Mittelwert von 1,47 gegenüber einem Mittelwert von 0,73 bei den niedrig Gehemmten. Wenn wir uns die anderen Mittel-werte ansehen, so entdecken wir ein paradoxes Ergebnis. Die Gruppe ohne Ärgerin-duktion hat den höheren Mittelwert von 1,3 in Item 7 gegenüber der Gruppe ohne Ärgerinduktion mit 1,0. Diese nicht erwartungsgemäßen Ergebnisse setzen sich auch bei Betrachtung der Interaktion fort. Hier ist bei der Kombination „keine Ärgerinduktion und Hemmung hoch", der höchste Mittelwert, 2,60 Rohwertpunkte zu entdecken. Diese Interaktion der beiden Faktoren ist hoch signifikant, was wohl das überraschendste Ergebnis, welches bei Überprüfung der 7. Hypothese aufgetreten ist. Es wird auch in der Diskussion näher betrachtet werden.

Die BSKE-Skalen liefern aber noch weitere Ergebnisse, die hier vorgestellt werden sollen.

Tabelle 6.3.6 Ergebnisse von t-Tests für abhängige Stichproben bei Item 1 (innere Erregtheit) der BSKE-Skala für die Kontrollgruppe und bei Item 18 (Ärger) für die Gruppe der religiösen Personen die eine Ärgerinduktion erhalten haben

BSKE Itemnummer	Mittelwerte der Kontrollgruppe		t-Werte	p-Werte
	prä	post		
1	2,00	3,10	-2,703	0,024*

BSKE Itemnummer	Mittelwerte der Gruppe rel(+), hemm(+/-)(E)		t-Werte	p-Werte
	prä	post		
18	0,75	1,15	-2,179	0,042*

*=p<0,05

Man kann anhand der Tabelle 6.3.6 sehen, daß die innere Erregtheit der Kontrollgruppe nach der Spielphase (3,10) signifikant höher ist als vorher (2,00) ist (p=0,024).

Demgegenüber ist aber ein signifikanter Anstieg des Ärgers bei der Gruppe der Religiösen (rel(+), hemm(+/-)(E)) zu beobachten, die während ihrer Spielphase die Ärgerinduktion erhalten hat.

Ihre Werte stiegen in dem Item „Gefühl des Ärgers" von vorher 0,75 auf nachher 1,15 an, was auf Grund des zugehörigen p-Werts von 0,042 als signifikant bezeichnet werden muß.

Zu *Hypothese 8:* Die Gruppe der religiösen und hoch gehemmte Personen unterscheidet sich von der Gruppe der Personen, die religiös und niedrig aggressionsgehemmt sind

Im Rahmen dieser Hypothese soll untersucht werden, ob sich ein Unterschied zwischen aggressionsgehemmten und nicht aggressionsgehemmten Personen innerhalb der religiösen Personen feststellen läßt. Es wird dabei davon ausgegangen, daß sich ein Unterschied in der Ärgerreaktion abzeichnet, der auf den Faktor Hemmung zurückgeht. Es werden dabei, wie in Hypothese 7, die Ergebnisse der kardiovaskulären Maße und diejenigen der verschiedenen Fragebogenmaße herangezogen. Auch hier erfolgte eine Prüfung der Unterschiede in den Ausgangswerten (prä-Werte), so daß eine Ausgangswertbereinigung vorgenommen wurde, wenn Anlaß zu der Annahme bestand, daß die Differenzen der Ausgangsmittelwerte, nicht mehr als zufällig zu bezeichnen sind.

Zunächst folgen die Darstellungen der kardiovaskulären Maße, und im Anschluß werden Ergebnisse der Fragebögen vorgestellt.

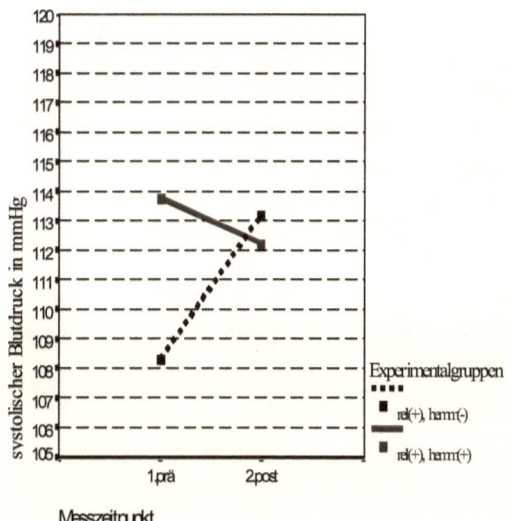

Abbildung 6.3.6 Veränderung des systolischen Blutdrucks in der Experimentalgruppe der Religiösen, die hoch aggressionsgehemmt sind, und der Experimentalgruppe der Religiösen, die niedrig aggressionsgehemmt sind

In Abbildung 6.3.6 sieht man, daß vor der Spielsituation noch größere Unterschiede zwischen den beiden Gruppenmitteln bestanden. Die Gruppe der religiösen und aggressionsgehemmten Personen hatten im Mittel einen systolischen Blutdruck, der mit 114 mmHg über dem Mittel der Gruppe der religiösen und nicht aggressionsgehemmten Personen (108mmHg) lag.

Nach der Ärgerinduktion in der Spielphase, liegen die Mittelwerte aber sehr dicht zusammen. Interessanter weise ist es jetzt aber, so daß die „Religiös-Gehemmten" nun mit 112 mmHg unter dem Mittelwert der „Religiös-Nicht-Gehemmten" 113 mmHg liegen.

Beide Mittelwertsvergleiche, der Vergleich der Mittel vor und nach der Ärgerinduktion, erweisen sich aber als nicht signifikant. In Tabelle 6.3.7 kann man die Ergebnisse der Signifikanzprüfung ablesen.

Tabelle 6.3.7: Mittelwerte der religiösen und aggressionsgehemmten Personen und der religiösen und nicht aggressionsgehemmten Personen im systolischen Blutdruck und die zugehörigen Ergebnisse der t-Tests für unabhängige Stichproben

Mittelwerte			Ergebnisse der Signifikanztests	
	rel(+), hemm(+)	rel(+), hemm(-)	t-Wert	p-Wert
systol-prä	113,76 mmHg	108,33 mmHg	1,160	0,261
systol-post	112,23 mmHg	113,20 mmHg	-0,177	0,861

Es wird hier deutlich, daß selbst der Unterschied von über 5mmHg, welcher vor der Ärgerinduktion bestanden hat, mit einer Wahrscheinlichkeit von über 26% zufallsbedingt ist und der viel geringere Unterschied nach der Induktion von Ärger (< 1mmHg), mit über 85% Wahrscheinlichkeit auf zufälligen Abweichungen beruht.

Wenn wir uns nun den Verlauf der Werte im diastolischen Blutdruck betrachten, so fällt hier auf, daß die Veränderung der Werte in den beiden Gruppen nahezu parallel verläuft.

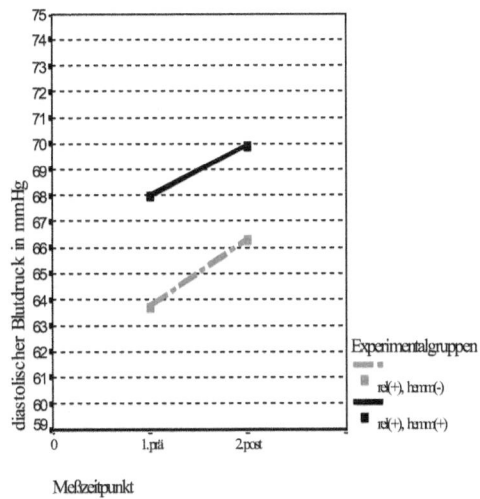

Abbildung 6.3.7 Veränderung des diastolischen Blutdrucks in der Experimentalgruppe der religiösen Personen, die hoch aggressionsgehemmt sind und der Experimentalgruppe der religiösen Personen, die niedrig aggressionsgehemmt sind

Aus der Abbildung 6.3.7 geht hervor, daß die Gruppe der „Religiös-Gehemmten" sowohl vor als auch nach der Ärgerinduktion im Mittel einen höheren diastolischen Blutdruck haben. Sie liegen vorher bei 68 mmHg, gegenüber den „Religiös-Nicht-Gehemmten" 64 mmHg und nachher bei 70 mmHg, gegenüber 66 mmHg. Damit ist ein nahezu konstanter Unterschied von ca. 4 mmHg gegeben, welcher aber nicht ausreichend ist, um statistisch signifikant zu werden.

Tabelle 6.3.8: Mittelwerte der religiösen und aggressionsgehemmten Personen und der religiösen und nicht aggressionsgehemmten Personen im diastolischen Blutdruck und die zugehörigen Ergebnisse der t-Tests für unabhängige Stichproben

Mittelwerte			Ergebnisse der Signifikanztests	
	rel(+), hemm(+)	rel(+), hemm(-)	t-Wert	p-Wert
diastol-prä	68,00 mmHg	63,76 mmHg	1,245	0,229
diastol-post	69,93 mmHg	66,33 mmHg	0,965	0,347

Die Tabelle 6.3.8 zeigt, daß die Wahrscheinlichkeiten zu groß sind, daß die Mittelwertsunterschiede auf zufälligen Unterschieden beruhen. Aufgrund der p-Werte von 0,229 und 0,347 ist also zu schlußfolgern, daß sich die Mittelwerte der beiden Gruppen weder vor noch nach der Ärgerinduktion statistisch signifikant unterscheiden.

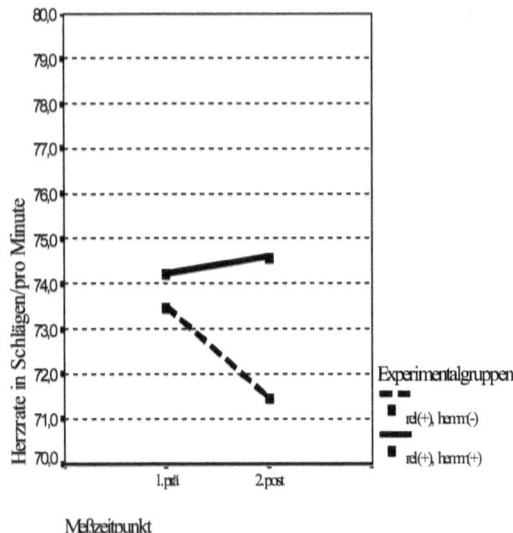

Abbildung 6.3.8 Veränderung der Herzrate in der Experimentalgruppe der religiösen Personen, die hoch aggressionsgehemmt sind und der Experimental-gruppe der religiösen Personen, die niedrig aggressionsgehemmt sind

Abbildung 6.3.8 zeigt, daß die Herzrate vor der Ärgerinduktion bei beiden Gruppen um 74 Schläge pro Minute liegt, danach aber, eine leicht entgegengesetzte Tendenz zu beobachten ist. Die religiösen und hoch aggressionsgehemmten Personen haben im Mittel einen minimalen Anstieg in der Herzrate. Die andere Gruppe der religiösen und niedrig aggressionsgehemmten Personen hat nach der Ärgerinduktion eine niedrigere Herzrate als vorher.

Tabelle 6.3.9: Mittelwerte der religiösen und hoch aggressionsgehemmten Personen und der religiösen und niedrig aggressionsgehemmten Personen im diastolischen Blutdruck und die zugehörigen Ergebnisse der t-Tests für unabhängige Stichproben

Mittelwerte			Ergebnisse der Signifikanztests	
	rel(+), hemm(+)	rel(+), hemm(-)	t-Wert	p-Wert
Herzrate-prä	74,23	73,50	0,155	0,879
Herzrate-post	74,60	71,46	0,786	0,442

Die oben stehende Tabelle zeigt, daß weder der Unterschied vor, noch der Unterschied nach der Ärgerinduktion groß genug ist, um einen signifikantes Ergebnis zu erzeugen.

Obwohl der Mittelwertsunterschied nach der Ärgerinduktion auf mehr als 3 Schläge pro Minute angewachsen ist, kann auch hier noch mit einer Wahrscheinlichkeit von mehr als 44% davon ausgegangen werden, daß diese Differenz zufällig zustande gekommen ist.

Die Situation bei den Ergebnissen der verbalen Maße, unterscheidet sich nicht von der, bei den kardiovaskulären Maßen. Aus diesem Grund werden hier auch lediglich die Ergebnisse im Bereich des Zustandsärgers dargestellt.

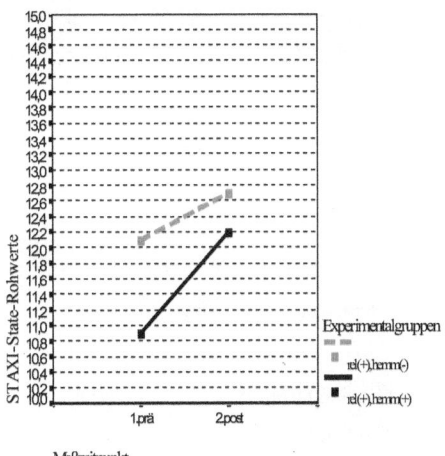

Abbildung 6.3.9 Veränderung des Zustandsärgers in der Experimentalgruppe der religiösen Personen, die hoch aggressionsgehemmt sind und der Experimentalgruppe der religiösen Personen, die niedrig aggressionsgehemmt sind

Der Zustandsärger befindet sich, nach der oben stehenden Abbildung bei der Gruppe der Religiösen und hoch Aggressionsgehemmten, auf einem etwas niedrigeren Niveau. Die Mittelwerte liegen mit 10,8 Punkten gegenüber 12 Punkten (prä) und mit 12,2 Punkten gegenüber 12,6 Punkten (post) stets unter denen der weniger aggressionsgehemmten Gruppe.

Tabelle 6.3.10: Mittelwerte der religiösen und hoch aggressionsgehemmten Personen und der religiösen und niedrig aggressionsgehemmten Personen im State-Teil des STAXI und die zugehörigen Ergebnisse der t-Tests für unabhängige Stichproben

Mittelwerte			Ergebnisse der Signifikanztests	
	rel(+), hemm(+)	rel(+), hemm(-)	t-Wert	p-Wert
STAXI-State-prä	10,9	12,10	-0,805	0,431
STAXI-State-post	12,20	12,70	-0,495	0,626

Wie sich aber schon aus den geringen Abständen in der Abbildung vermuten läßt, sind die Unterschiede von 1,2 Punkten vorher und 0,5 Punkten nach der Ärgerinduktion nicht signifikant. Dies läßt sich auch eindeutig anhand der Ergebnisse der t-Tests belegen, welche in der Tabelle 6.3.10 wieder gegeben sind.

Hier zeigen die p-Werte, prä=0,431 und post=0,626, deutlich an, daß es sich hier um zufällige Unterschiede handelt.

Die weiteren Fragebogenergebnisse hinsichtlich der Unterschiede vor und nach der Ärgerinduktion waren alle nicht signifikant und liefern auch keine weiteren Erkenntnisse (s. Anhang), so daß hier auf deren Darstellung verzichtet wurde.

Hypothese 9: Die Gruppe der religiösen und hoch aggressionsgehemmten Personen unterscheidet sich von der Gruppe der nicht-religiösen und hoch aggressionsgehemmten Personen

Diese Hypothese wurde bezieht sich auf die Frage, ob der Faktor Religiosität einen Einfluß auf die Ärgerreaktionen im physiologischen und im Bereich verbaler Verfahren hat. Dazu wurde der Vergleich der beiden Gruppen herangezogen, die sich in der Höhe der Aggressionshemmung gleichen, sich aber hinsichtlich der Religiosität unterscheiden. Zur Prüfung der Hypothese wurden wiederum kardiovaskuläre Maße und verschiedene Fragebogenskalen herangezogen.

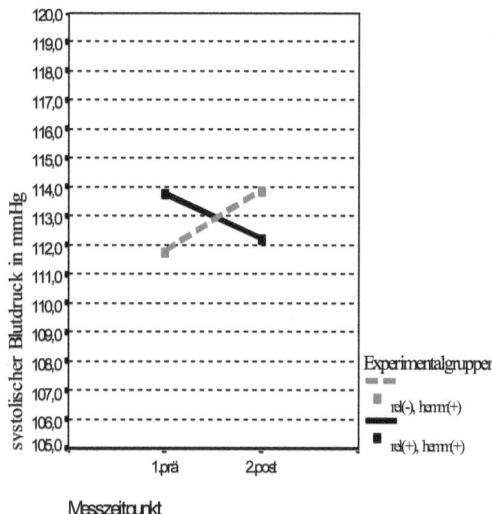

Abbildung 6.3.10 Veränderung des systolischen Blutdrucks in der Experimentalgruppe der Religiösen, die hoch aggressionsgehemmt sind und der Experimentalgruppe der nicht-Religiösen, die hoch aggressionsgehemmt sind

Hier in dieser Abbildung zeigt sich eine entgegengesetzte Tendenz im systolischen Blutdruck. Die religiösen und hoch aggressionsgehemmten Personen haben einen Wert von 114 mmHg vor der Ärgerinduktion und einen Wert von 112 mmHg danach. Bei der Gruppe der nicht religiösen und hoch aggressionsgehemmten Personen, ist ein entgegengesetzter Verlauf der Veränderung zu beobachten. Sie haben vorher einen systolischen Blutdruckwert von 112 mmHg und nachher einen Wert von 114 mmHg.

Tabelle 6.3.11: Mittelwerte der religiösen und hoch aggressionsgehemmten Personen und der religiösen und hoch aggressionsgehemmten Personen im systolischen Blutdruck und die zugehörigen Ergebnisse der t-Tests für unabhängige Stichproben

Mittelwerte			Ergebnisse der Signifikanztests	
	rel(+), hemm(+)	rel(-), hemm(+)	t-Wert	p-Wert
systol-prä	113,76 mmHg	111,80 mmHg	0,405	0,690
systol-post	112,23 mmHg	113,90 mmHg	-0,353	0,728

Diese oben dargestellten Mittelwertsunterschiede erwiesen sich aber als nicht signifikant, wie man anhand der Prüfwerte des Signifikanztests in Tabelle 6.3.11 sehen kann.

Die p-Werte zeigen an, daß mit einer Wahrscheinlichkeit von ca. 70% davon auszugehen ist, daß die Mittelwertsunterschiede der Gruppen zufallsbedingt sind.

Auch bei dem wichtigen Parameter des diastolischen Blutdrucks, kann auf Grund der Ergebnisse nicht davon ausgegangen werden, daß sich die Gruppen unterschiedlich stark geärgert haben. Die folgende Darstellung der Ergebnisse wird dies deutlich machen.

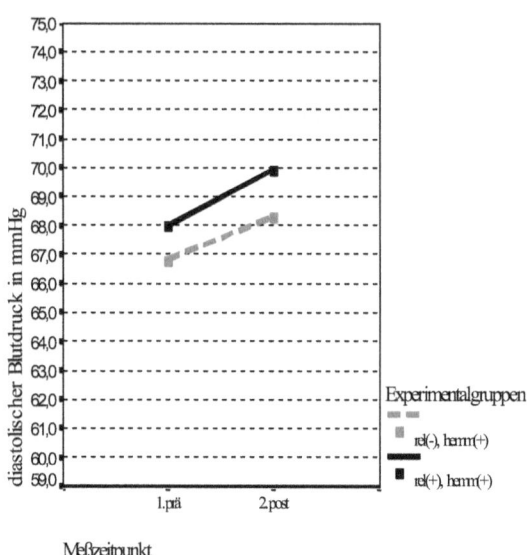

Abbildung 6.3.11 Veränderung des diastolischen Blutdrucks in der Experimentalgruppe der religiösen Personen, die hoch aggressionsgehemmt sind und der Experimentalgruppe der nicht-religiösen Personen, die hoch aggressionsgehemmt sind

Die Mittelwerte der beiden Gruppen im diastolischen Blutdruck liegen vor der Ärgerinduktion mit 1 mmHg Unterschied sehr dicht zusammen. Dies ändert sich auch nicht nach der Ärgerinduktion.

Dadurch, daß bei der Gruppe Nicht-Religiösen der Wert von 67 mmHg nur um 1 mmHg nach oben geht und der Wert der Religiösen von 68 mmHg um 2 mmHg nach oben geht, beträgt die Differenz zwischen den Mittelwerten nach der Ärgerinduktion nach der Abbildung 2 mmHg.

Bei Betrachtung der exakten Werte in Tabelle 6.3.12 zeigt sich aber, daß die genaue Differenz der post-Werte lediglich 1,60 mmHg beträgt.

Hier ist auch kein entgegengesetzter Effekt zu beobachten, wie dies beim syst o-
lischen Blutdruck der Fall war, so daß die Religiösen sowohl vor als auch nach der
Ärgerinduktion die höheren Werte im diastolischen Blutdruck erreichen.

Tabelle 6.3.12: Mittelwerte der religiösen und hoch aggressionsgehemmten Personen und der religi ö-
sen und hoch aggressionsgehemmten Personen im diastolischen Blutdruck und die zugehörigen E r-
gebnisse der t-Tests für unabhängige Stichproben

Mittelwerte			Ergebnisse der Signifikanztests	
	rel(+), hemm(+)	rel(-), hemm(+)	t-Wert	p-Wert
diastol-prä	68.00	66.83	0.303	0.765
diastol-post	69.93	68.33	0.391	0.700

Die in der Abbildung 6.3.12 gezeigten Unterschiede, sind aber nicht ausreichend, um
statistische Signifikanz zu erreichen. Die Tabelle 6.3.12 zeigt dies anhand der Erge b-
nisse des Signifikanztests. Hier liegt ein p-Wert für die Unterschiede vor der Ärgeri n-
duktion von 0,765 vor und auch der p-Wert nach der Ärgerinduktion ist mit 0,700 nur
geringfügig niedriger, so daß kein signifikanter Unterschied festgestellt werden konnte.

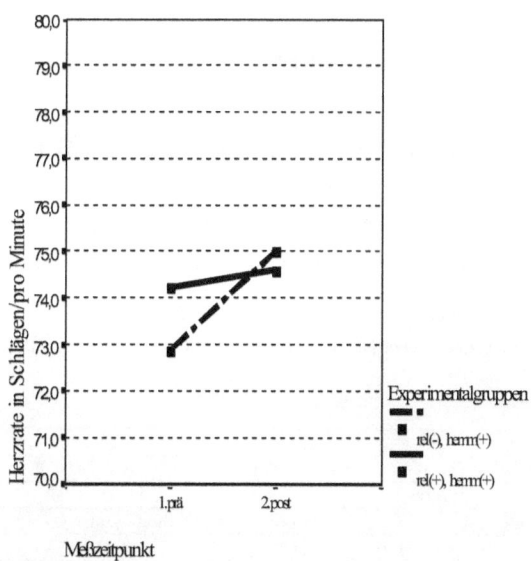

Abbildung 6.3.12 Veränderung der Herzrate in der Experimentalgruppe der religiösen Personen, die
hoch aggressionsgehemmt sind und der Experimental-gruppe der nicht-religiösen Personen, die hoch
aggressionsgehemmt sind

Bei dieser Darstellung der Herzratenmittelwerte fällt auf, daß hier zunächst die Gruppe der Religiösen mit 74 Schlägen pro Minute eine geringfügig höhere, aber nicht signifikante, Herzrate als die Nicht-Religiösen mit 73 Schlägen pro Minute aufweist.

Nach der Ärgerinduktion erreicht aber die nicht-religiöse Gruppe die höheren Werte. Deren Mittelwert liegt nun mit 75 Schlägen pro Minute, wenn auch nur geringfügig, über dem Mittelwert der Religiösen Gruppe, welcher bei 74,5 Schlägen pro Minute liegt. Diese geringen Mittelwertsunterschiede sind aber nicht ausreichend, um signifikant zu werden.

Tabelle 6.3.13: Mittelwerte der religiösen und hoch aggressionsgehemmten Personen und der religiösen und hoch aggressionsgehemmten Personen in der Herzrate und die zugehörigen Ergebnisse der t-Tests für unabhängige Stichproben

Mittelwerte			Ergebnisse der Signifikanztests	
	rel(+), hemm(+)	rel(-), hemm(+)	t-Wert	p-Wert
Herzrate-prä	74,23	72,86	0,290	0,775
Herzrate-post	74,60	75,06	-0,113	0,911

Dies belegen auch die Ergebnisse der t-Tests aus Tabelle 6.3.13, da hier die p-Werte beide deutlich über dem üblichen Signifikanzniveau von p=0.05 liegen.

Betrachtet man sich jedoch die Veränderung der Werte innerhalb der Gruppen, so ist ein Unterschied feststellbar.

In Tabelle 6.3.14 sieht man, daß der Anstieg der Herzrate bei der Gruppe der nicht religiösen und hoch aggressionsgehemmten Personen mit einem p-Wert von 0,036 signifikant ist, wohingegen der Anstieg der Herzrate bei der Gruppe der religiösen und hoch aggressionsgehemmten Personen nicht signifikant ist (p=0,874).

Tabelle 6.3.14: Mittelwerte der religiösen und hoch aggressionsgehemmten Personen und der religiösen und hoch aggressionsgehemmten Personen in der Herzrate und die zugehörigen Ergebnisse der t-Tests für abhängige Stichproben

Mittelwerte der Gruppe rel(-), hemm(+)			Ergebnisse der Signifikanztests	
	prä-Wert	post-Wert	t-Wert	p-Wert
Herzrate	72,86	75,06	-2,455	**0,036***
Mittelwerte der Gruppe rel(+), hemm(+)			Ergebnisse der Signifikanztests	
	prä-Wert	post-Wert	t-Wert	p-Wert
Herzrate	74,23	74,6	-0,163	0,874

*=p<0,05

Bei den Werten zum Zustandsärger kann man nun aber einen einheitlichen Verlauf, in den Veränderungen der Werte feststellen.

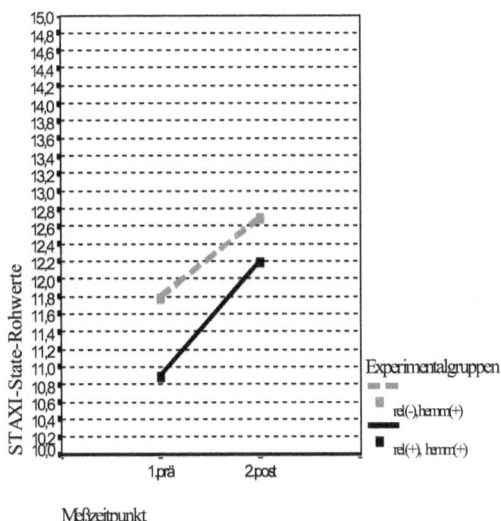

Abbildung 6.3.13 Veränderung des Zustandsärgers in der Experimentalgruppe der religiösen Personen, die hoch aggressionsgehemmt sind und der Experimentalgruppe der nicht-religiösen Personen, die hoch aggressionsgehemmt sind

In Abbildung 6.3.13 ist zu sehen, daß zunächst noch ein etwas größerer Mittelwertsunterschied zwischen den beiden Gruppen besteht, welcher sich aber nach der Ärgerinduktion reduziert hat, wobei die Gruppe der Nicht-Religiösen stets höhere Mittelwerte in den STAXI-State-Werten aufweist.

Tabelle 6.3.15: Mittelwerte der religiösen und hoch aggressionsgehemmten Personen und der religiösen und hoch aggressionsgehemmten Personen in den STAXI-State Werten und die zugehörigen Ergebnisse der t-Tests für unabhängige Stichproben

Mittelwerte			Ergebnisse der Signifikanztests	
	rel(+), hemm(+)	rel(-), hemm(+)	t-Wert	p-Wert
STAXI-S-prä	10,9	11,8	-0,843	0,410
STAXI-S-post	12,20	12,7	-0,485	0.634

Die angesprochenen Unterschiede zwischen den Gruppen, der nicht-religiösen und aggressionsgehemmten Personen und den religiösen und aggressionsgehemmten Personen sind weder vorher (11,8 vs. 10,9) noch nachher (12,7 vs. 12,2) ausreichend groß, um signifikant zu werden. Dies kann man anhand der zugehörigen p-Werte von 0,410 und 0,634 sehen.

Die Ergebnisse der Mittelwertsunterschiede in den Fragebogenmaßen des BSKE und des AggR retr. haben in Hypothese 8 zu keinen neuen Erkenntnissen geführt, weswegen sie auch nicht dargestellt wurden. Hier sollen aber einige Ergebnisse des BSKE vorgestellt werden, da sie neue Erkenntnisse für die Entscheidung über die Hypothese liefern.

Tabelle 6.3.16 Ergebnisse der abhängigen t-Tests für die Gruppe der nicht-religiösen und hoch aggressionsgehemmten Personen in verschiedenen Items der BSKE-Skala

BSKE Itemnummer	Mittelwerte der Gruppe rel(-), hemm(+)		t-Werte	p-Werte
	prä	post		
1	1,60	2,80	-3,087	0,013
7	0,40	1,60	-2,343	0,044
10	4,00	2,60	3,096	0,013
11	0,60	1,30	-2,333	0,045
16	0,20	1,10	-2,377	0,041

*=p<0,05

Inhalt der Items
Item 1: Gefühl der inneren Erregtheit (z.B. aufgeregt, erregt)
Item 7: Gefühl der Aggressivität (z.B. aggressiv, angriffslustig)
Item 10: Gefühl der inneren Entspannung (z.B. gelöst, entspannt)
Item 11: Gefühl der Mißstimmung (z.B. mißgestimmt, übellaunig)
Item 16: Gefühl der Feindseligkeit (z.B. feindselig mißtrauisch)

Der Tabelle 6.3.16 zufolge waren die Personen, welche als nicht religiös und hoch aggressionsgehemmt bezeichnet werden können, nach der Ärgerinduktion aufgeregter, aggressiver, mißgestimmter und feindseliger als vorher. Dies zeigt die Gegenüberstellung der Mittelwerte prä und post, wobei die prä-Werte in den Items 1,7,11 und 16 immer niedriger waren als die post-Werte.

Der daraus hervorgegangene Mittelwertsunterschied war in allen Fällen signifikant, wie aus den zugehörigen p-Werten hervorgeht.

Einzig bei dem Item Nr. 10 ist der prä-Wert signifikant höher als der post-Wert, was bedeutet, daß diese Gruppe der Versuchspersonen sich vor der Ärgerinduktion signifikant entspannter gefühlt hat als danach.

Diese oben dargestellte Überprüfung der Mittelwertsunterschiede in den BSKE Items, wurde auch für die Gruppe der religiösen und hoch aggressionsgehemmten Personen durchgeführt, doch hier zeigten sich keine signifikanten Unterschiede (s. Anhang).

7 Diskussion

Die Diskussion der Ergebnisse orientiert sich an der Reihenfolge der Hypothesen und der Reihenfolge, in der die Ergebnisse dargestellt wurden. Dabei werden die Ergebnisse nochmals kurz wiederholt, interpretiert und im Zusammenhang mit den schon beschriebenen Befunden oder Ansichten aus der Literatur diskutiert. Im Anschluß daran werden in einem kurzen Ausblick Anregungen für weitere Untersuchungen geliefert.

7.1 Diskussion der Ergebnisse zu dem Zusammenhang von Religiosität mit Aggression und mit Ärgerausdruck

Die *erste Hypothese* befaßt sich mit dem Zusammenhang zwischen Religiosität und habitueller Aggression, genauer gesagt, einiger Teilbereiche der habituellen Aggression. Es wird vermutet, daß kein Zusammenhang zwischen diesen Bereichen besteht.

Diese Annahme kann als bestätigt gelten, da zwischen der habituellen Aggression, repräsentiert durch die Skalen spontane Aggression und reaktive Aggression des FAF, und der Religiosität keine signifikanten Korrelationen festgestellt werden konnten.

Es ist jedoch interessant zu sehen, daß die Korrelationswerte entgegengesetzte Tendenzen aufweisen. Die Korrelation zwischen Religiosität und spontaner Aggression ist minimal und in positiver Richtung, wohingegen die Korrelation mit der reaktiven Aggression ein negatives Vorzeichen besitzt und hier schon ein stärkerer Zusammenhang besteht.

Dies kann man möglicherweise dahingehend deuten, daß die christliche Lehre mit ihren Anweisungen, erlittenes Unrecht nicht durch Aggressionen zu rächen, einen Einfluß auf die religiösen Versuchspersonen hat.

Diese Ergebnisse können also, als eine Bestätigung der Ergebnisse einer früheren Studie von Thomas (1994) angesehen werden, in der keine Gruppenunterschiede zwischen Religiösen und Nicht-Religiösen im Bereich der Aggression gefunden wurden.

Die Ergebnisse widersprechen aber damit auch den Ansichten von Meadow und Kahoe (1984), welche religiösen Personen einen Mangel an Aggressivität attestieren. Man kann zwar vermuten, daß einige Teilbereiche der Aggression, wie reaktive Aggression oder instrumentelle Aggression, von den religiösen Personen eher abgelehnt werden. Dadurch ist aber nicht gesagt, daß sie einen Mangel an Aggression besitzen, soweit es überhaupt einen Mangel an Aggression gibt.

Im Rahmen der *zweiten Hypothese* wird der Zusammenhang der Religiosität mit der Persönlichkeitsdimension Psychotizismus untersucht. Hier wurde angenommen, daß ein negativer Zusammenhang zwischen den beiden Variablen besteht.

Diese Annahme kann als bestätigt gelten, da die berechnete Korrelation zur Religiosität einen negativen Wert aufweist ($r = -0{,}327$), welcher als sehr signifikant bezeichnet werden kann (s. Tabelle 6.1.2).

Anhand dieser Ergebnisse kann man sehen, daß die Religiosität mit einer niedrigen Ausprägung der P-Dimension einher geht, also nach Eysenck (1992) mit Eigenschaften wie Altruismus oder Empathie und nicht mit emotionaler Kühle, antisozialer Einstellung oder Egozentrik.

Das Ergebnis bestätigt damit auch die Ergebnisse aus den Untersuchungen von Francis oder von Maltbey (Fracis,1993, Maltby, Talley, Cooper & Leslie 1995, Francis & Kay 1995 und Maltby & Lewis 1997), welche darin über ähnlich starke negative Korrelationen von Religiosität (hier der Einstellung zum Christentum) und Psychotizismus berichten. Die gefundenen Zusammenhänge unterstützen auch die Ansicht Eysencks, daß Religion dem Bereich der empfindlich, einfühlsam gesinnten sozialen Einstellung (Eysenck, 1975, 1976) zuzuordnen ist.

Dies stimmt auch mit den Forderungen der christlichen Religion überein, in der zum Beispiel Nächstenliebe eine der zentralen Anforderungen darstellt.

Man kann zwar nicht durch die Feststellung eines einfachen negativen Zusammenhangs, zwischen Religiosität und Psychotizismus, Aussagen über die allgemeinen aggressiven Verhaltensweisen machen, aber dieses Ergebnis gibt doch Anlaß zu der Vermutung, daß Religiosität und das Konzept der instrumentellen Aggression nicht in Einklang zu bringen sind.

Wenn wir instrumentelle Aggression als Aggression ohne emotionale Beteiligung (s. Selg, 1982, 1988) verstehen, so ist zu erwarten, daß diese Aggressionsform nicht mit Religiosität einher geht.

Insgesamt kann man sagen, daß die Religiosität keinen Zusammenhang mit der allgemeinen Aggression aufweist, daß aber die Vermutung nahe liegt, daß in bestimmten Teilbereichen der Aggression eine negative Beziehung zur Religiosität aufzufinden ist.

Ob eine bestimmter Zusammenhang zwischen der Religiosität und den verschiedenen Formen des Ärgerausdrucks besteht, war die Fragestellung, die der *dritten Hypothese* zugrunde liegt.

Dabei wurde vermutet, daß ein negativer Zusammenhang zwischen Religiosität und der offenen Ärgeräußerung und ein positiver Zusammenhang zwischen den defensiveren Formen, des nach innen gerichteten Ärgers und der Ärgerkontrolle besteht.

Diese Vermutungen konnten nicht bestätigt werden, da in allen Bereichen des Ärgerausdrucks, die mit der Religiosität in Beziehung gesetzt wurden, Korrelationswerte errechnet wurden, die nahe der Nullkorrelation liegen und somit nicht signifikant sind. Die Beobachtungen von Klessmann (1992), daß in den Kirchengemeinden der Ärger verborgen wird und es hier zu einem qualitativ unterschiedlichen Umgang mit Ärger kommt, können durch diese Ergebnisse nicht gestützt werden.

Die Ergebnisse zeigen, daß man den religiösen Personen keine der drei untersuchten Arten des Ärgerausdrucks in besonderer Weise zuordnen kann. Diese Personen benutzen offensichtlich die verschiedenen Formen des Ärgerausdrucks und es kann nicht behauptet werden, daß sie dabei eine besondere Präferenz für oder gegen eine der Ausdrucksweisen zeigen. Dies gilt zumindest für die religiösen Personen, welche unter den Studierenden zu finden sind.

7.2 Diskussion der Ergebnisse zu dem Zusammenhang von Religiosität mit Aggressionshemmung und allgemeiner Gehemmtheit

Sowohl die vierte als auch die fünfte Hypothese beschäftigen sich mit dem Zusammenhang zwischen Religiosität und Aggressionshemmung. Zunächst sollen aber die Ergebnisse zur *vierten Hypothese* diskutiert werden, nach der davon ausgegangen wird, daß zwischen Religiosität und Aggressionshemmung ein positiver Zusammenhang besteht.

Die Ergebnisse dazu bestätigen diese Hypothese eindeutig, da bei der Dimension gehemmte Aggression des BDHI ein signifikant positiver Zusammenhang festgestellt wurde und bei der Aggressionshemmung nach dem FAF sogar ein sehr signifikanter Zusammenhang in gleicher Richtung festgestellt wurde. Diese Ergebnisse bestätigen nochmals, die von Thomas (1994) berichteten Ergebnisse zu den Mittelwertsunterschieden zwischen Religiösen und Nicht-Religiösen hinsichtlich der Aggressionshemmung. Dort wurde festgestellt, daß die Gruppe der Religiösen höhere Aggressionshemmungswerte erreichen. Da das Religiositätsmodell von Allport (1950) besonders die unterschiedliche religiöse Orientierung betont (s. Abschnitt 1.2.4), wurde dies in einer nachträglichen Auswertung berücksichtigt. Dabei wurden vorallem Unterschiede im Bereich der Aggressionshemmung gefunden. Denn lediglich bei der intrinsisch religiösen Orientierung, läßt sich ein signifikant positiver Zusammenhang mit der Aggressionshemmung nach der FAF-Skala feststellen (r=0,321 p=0,001). Dies zeigt sich in ähnlicher Weise in der Dimension 2 des BDHI, denn auch in dieser Dimension geht der größte Teil des Zusammenhangs mit der Religiosität auf die intrinsisch motivierte Religiosität zurück (s. Anhang).

In der *fünften Hypothese* wird dann vermutet, daß eine Aggressionshemmung, die aufgrund von Schuld oder Gewissenskonflikten entsteht, in einem stärkeren Zusammenhang mit der Religiosität steht.

Diese Annahme wird durch die Ergebnisse gestützt, da bei der Betrachtungen der einzelnen Skalen, der Dimension Aggressionshemmung (BDHI), auffällt, daß lediglich bei der Skala 8 „Schuldgefühle" eine signifikant positive Korrelation zu der Religiosität besteht (s. Tabelle 6.2.2). Zusätzlich fällt bei näherer Betrachtung der einzelnen Items des FAF auf, daß bei 4 von 10 Items sehr deutlich ein Schuld beziehungsweise Gewissenskonflikt angesprochen wird, so daß dieser Bereich auch in dieser Fragebogenskala deutlich repräsentiert ist.

Diese Ergebnisse legen die Vermutung nahe, daß bei den religiösen Personen nicht so sehr die Furcht vor Strafe als Ursache für die Aggressionshemmung im Vordergrund steht, sondern eher einen interne Hemmung der Aggression vorhanden ist, die sich auf emotionale und moralische Aspekte gründet. In der psychologischen Literatur wird sich zwar kein Hinweis auf einen solchen Zusammenhang finden, wenn man sich aber das moralische System der christlichen Religion betrachtet, so kann man dort ohne Schwierigkeiten feststellen, daß die Aggression als wenig vorteilhaft und daher als ein zu vermeidender Zustand betrachtet wird (s. Abschnitt 2.6). Von daher ist es nicht verwunderlich, daß die religiösen Personen eine starke Aggressionshemmung besitzen und diese, in dem dargestellten Bereich besonders ausgeprägt ist.

Auch hier muß man Einschränkungen aufgrund der nachträglichen Auswertung vornehmen. Lediglich die intrinsisch Religiosität zeigt diese Zusammenhänge mit der

Skala Schuldgefühle (r=0,229 p=0,024). Die extrinsische Religiosität zeigt keinen signifikanten Zusammenhang mit dieser Skala. Dies muß nicht überraschen, wenn davon ausgegangen wird, daß der Schuld und Gewissenskonflikt ein intrinsischer ist (s. „Modell von Kornadt (1982)" Abschnitt 3.2.2). So ist es nachvollziehbar, daß eine Form der Religiosität, die vornehmlich auf die Erhaltung einer äußeren Fassade bedacht ist, aber nicht die inhaltlichen Werte der Religion übernimmt, auch keine, wie oben beschrieben, besonders ausgeprägte Form der Aggressionshemmung entstehen lassen kann.

Der Zusammenhang zwischen allgemeiner Gehemmtheit und Religiosität war Gegenstand der *sechsten Hypothese*. Hier wurde vermutet, daß kein Zusammenhang zwischen den beiden Variablen besteht. Das Ergebnis bestätigt diese Vermutung, da die errechnete Korrelation nicht signifikant ist.

Damit ist ein Hinweis dafür gefunden, daß religiöse Personen nicht als gehemmte Personen zu bezeichnen sind auch, wenn sie in bestimmten Verhaltensweisen, wie der Aggression gehemmter sind, als andere Personen. Die Beschreibung der Skala Aggressionshemmung im FAF hatte die Vermutung nahegelegt, daß hohe Werte in dieser Skala auch hohe Werte im Bereich allgemeiner Gehemmtheit bedeuten (s. Abschnitt 3.2.4).

Da die christliche Religion aber als ein befreiender Faktor wirksam werden möchte (s. Abschnitt 3.2.4), wurde die Hypothese 6 als Nullhypothese formuliert. Man kann zwar aus dem vorliegenden Ergebnis nicht den Schluß ziehen, daß ein eindeutiger Hinweis dafür gefunden wurde, daß christliche Religiosität eine befreiende Wirkung hat, aber es gibt auch keinen Hinweis dafür, daß sich christliche Religiosität als allgemein hemmendes Element auf deren Anhänger wirkt, wie dies zumindest in den Medien öfter suggeriert wird.

7.3 Diskussion der Ergebnisse zu den Ärgerreaktionen in einer experimentell induzierten Ärgersituation

In der *siebten Hypothese* wird die Frage nach der Wirksamkeit der Ärgerinduktion angesprochen. Es wurde hier die Vermutung überprüft, daß die Gruppe der religiösen Personen, die eine Ärgerinduktion erhalten hat, auch die stärkeren Ärgerreaktionen als die Kontrollgruppe zeigt.

Die zweifaktoriellen Varianzanalysen erbrachten bei dem systolischen Blutdruck, der Herzrate, dem STAXI-State-Teil und aller sonstigen Skalen und Items keine signifikanten Ergebnisse, die diese Vermutung unterstützen würden.

Dies steht im Gegensatz zu den Ergebnissen aus Studien die schon im Theorieteil angesprochen wurden (Dembo, 1931, Hokanson, 1961 oder Gentry, 1970). Nach diesen theoretischen Vorlagen, ist bei einer Kombination von Frustration und Provokation im Rahmen einer unlösbaren Aufgabe eine deutliche Ärgerreaktion zu erwarten. Warum dies nicht so eingetroffen ist, wird im Anschluß an die differenziertere Diskussion von Einzelergebnissen zu dieser Hypothese erörtert.

Bei dem Item Nr. 7 (Aggression) des BSKE wurde ein signifikanter Effekt gefunden der sich aber nicht für eine Entscheidung über die Bestätigung oder Verwerfung der Hypothese eignet, da hier keine Aussage über den zweiten Faktor der Aggressionshemmung gemacht wurde. Die Erklärung dafür, warum die hoch gehemmten Personen signifikant höhere Werte in diesem Item erreichen, könnten die zwei Ausreiserwerte liefern, welche in dieser Gruppe zu finden sind, denn 90% der Personen, die am Experiment teilgenommen haben, weisen niedrigere Werte auf als 4 oder gar 5 in diesem Item auf.

Bei dem diastolischen Blutdruck zeigte sich bei der zweifaktoriellen Varianzanalyse zwar ein signifikanter Mittelwertsunterschied zwischen den Gruppen, da dieser aber schon zu Beginn des Experiments vorhanden war, mußte eine Covarianzanalyse durchgeführt werden. Nachdem die post-Werte dann ausgangswertbereinigt waren, konnte aber kein signifikanter Effekt der Ärgerinduktion festgestellt werden.

Es ist aber auffällig, daß die Tendenzen dieser Werte in der erwarteten Richtung liegen. Bei den kardiovaskulären Maßen ist ein Reaktionsmuster zu erkennen, welches in der Literatur öfter als das Reaktionsmuster des Ärgers bezeichnet wird. Der diastolische Blutdruck zeigt die größte Abweichung nach oben gegenüber der Kontrollgruppe, die hier den ärgerfreien Zustand repräsentiert. Der systolische Blutdruck und die Herzfrequenz liegen auch in ihren Mittelwerten über denen der Kontrollgruppe. Somit ist zumindest der Anstieg in den kardiovaskulären Maße, wie sie auch von Janke (1974) berichtet worden sind, tendenziell zu beobachten.

Auch in den verbalen Maßen gibt es Hinweise darauf, daß hier eine Ärgerinduktion stattgefunden hat. Bei dem State-Teil des STAXI kann man sehen, daß die Richtung der Mittelwertsabweichung in der vorausgesagten Richtung liegt, aber auch hier nicht stark genug ausgeprägt ist, um statistische Signifikanz zu erreichen.

Betrachtet man sich nun die Reaktionen innerhalb der jeweiligen Gruppen getrennt, so fällt dabei auf, daß alleine die Gruppe der religiösen Personen, die eine Ärgerinduktion erhalten haben, im BSKE Item Nr. 18 (Ärger) mit einem signifikanten Anstieg reagiert haben. Die Kontrollgruppe verzeichnete einen solchen Anstieg, lediglich bei dem BSKE Item Nr. 1 (innere Erregtheit), was aber durch die Anstrengung in der Spielsituation verursacht sein könnte.

Man kann demzufolge die siebte Hypothese unter Vorbehalt als bestätigt ansehen.

Die Gründe für solch schwache Effekte in den abhängigen Variablen, können in verschiedenen Bereichen liegen. Zunächst einmal war die Stichprobe des Experiment, aus der Population von Theologie und Psychologiestudenten gewonnen worden, also aus einer Population, die man sicher nicht als aggressiv und leicht zu verärgernd beschreiben würde. Außerdem könnte es sein, daß die Unterbrechung zwischen den Spielphasen entweder vom Inhalt oder von der Vortragsform her nicht hinreichend provozierend war. Man könnte auch im Sinne von Mees (1992) oder Schwenkmezger und Hodapp (1993) davon ausgehen, daß die Versuchspersonen Entschuldigungsgründe für das Verhalten des Versuchsleiters gefunden haben und sich aus diesem Grund keine starken Effekte aufgetreten sind.

Was einen etwas verwundern kann, ist die Tatsache, daß es einigen Studenten völlig gleichgültig war, ob sie nun den in Aussicht gestellten Geldbetrag erhalten würden oder nicht. Ein Zitat aus den Protokollbögen möchte ich hier anführen: (Nach der Spielphase) „Das macht nichts, ich hab' gestern schon 50 Mark von meiner Oma bekommen." Hier war zumindest die Frustrationsbedingung, das Nicht-Erreichen des Zieles „Geldgewinn", außer Kraft gesetzt worden. Zu den Werten der kardiovaskulären Maße muß erwähnt werden, daß die vorteilhafte Handhabung des Geräts, kein Ausgleich für die fehlerhaften Meßwerte des Geräts darstellt. Während dieser Untersuchung wurden bei den Versuchspersonen auffällig niedrige Blutdruckwerte festgestellt, was alleine zu keinem Problem für die Auswertung der Werte geführt hätte. Da jedoch in anderen Untersuchungen, welche mit diesem Gerät durchgeführt häufiger auch unsystematische Fehler auftraten, ist es nicht verwunderlich, daß hier keine eindeutigen Effekte festgestellt wurden.

Das Ergebnis in den BSKE Items 7 und 18 zeigt auf, daß es hier auf physiologischer Seite sehr auf genaue Meßwerte angekommen wäre, da es hier notwendig war, zwischen einer Erregung auf Grunde der Spielsituation und einer Erregung durch Ärger zu trennen. Dies konnte aber aus den eben genannten Gründen nicht realisiert werden.

Die *achte Hypothese* befaßt sich mit dem Unterschieden in den Ärgerreaktionen zwischen der Gruppe der religiösen und hoch aggressionsgehemmten Personen und der Gruppe der religiösen und niedrig aggressionsgehemmten Gruppe. Es wurde vermutet, daß hier Unterschiede in den Ärgerreaktionen festgestellt werden können.

Die Ergebnisse in den abhängigen Variablen zu dieser Hypothese lassen sich am treffendsten mit der Bewertung zufallsbedingt und in den Tendenzen uneinheitlich kennzeichnen. Da sich keine statistisch signifikanten Mittelwertsunterschiede ergaben kann diese Hypothese nicht bestätigt werden. Es ist in dieser Untersuchung demzufolge nicht gelungen, einen signifikanten Effekt der Aggressionshemmung auf die Ärgerreaktionen bei religiösen Personen festzustellen.

Es ist aber interessant zu sehen, in welche Richtung die tendenziellen Veränderungen in den Ärgerreaktionen weisen.

Beim systolischen Blutdruck ist es, so daß es bei der hoch aggressionsgehemmten Gruppe der Religiösen zu einem Abfall der Werte kommt, wohingegen die niedrig Gehemmten einen Anstieg im systolischen Blutdruck erfahren. Im diastolischen Blutdruck steigen die Werte in beiden Gruppen an, bei der Herzrate kann man bei den religiösen und hoch aggressionsgehemmten Personen keine Veränderung feststellen und in der Vergleichsgruppe, die niedrig aggressionsgehemmt sind, wird nach der Ärgerinduktion eine geringere Anzahl von Herzschlägen pro Minute gemessen. Ob sich eine Überprüfung dieser Ergebnisse lohnt, ist sehr fraglich, da, wie schon erwähnt, Meßungenauigkeiten von seiten des Blutdruckmeßgeräts vorliegen. Im übrigen ist mir keine Forschungsarbeit bekannt, in denen es zu entgegengesetzten Effekten in kardiovaskulären Maßen kam, wenn diese nach der Induktion von Ärger gemessen wurden. Die Werte des STAXI-State-Teils weisen darauf hin, daß beide Gruppen ein wenig verärgert wurden, ein Unterschied im Grad der Verärgerung ist aber nicht festzustellen

Da es keine plausible Erklärung dafür gibt, warum die Aggressionshemmung für diese uneinheitlichen Änderungstendenzen in der kardiovaskulären Maßen verantwortlich sein könnte und sich auch in den verbalen Verfahren keine Unterschiede zwischen den untersuchten Gruppen zeigten, kann man davon ausgehen, daß der Grad der Aggressionshemmung bei religiösen Personen keinen großen Einfluß auf die Ärgerreaktionen hat.

Im Rahmen der *neunten Hypothese* wurde untersucht, ob sich Unterschiede in den Ärgerreaktionen zwischen der Gruppe der religiösen und hoch aggressionsgehemmten Personen und der Gruppe der nicht-religiösen und hoch aggressionsgehemmten Personen feststellen lassen. Es ging hier also darum, Effekte der Religiosität auf die Ärgerreaktionen innerhalb der Gruppe der aggressionsgehemmten Personen zu untersuchen.

Die Ergebnisse zeigen auch hier keine signifikanten Gruppenunterschiede in den abhängigen Variablen der kardiovaskulären Maße und der verbalen Ärgermaße, wenn man lediglich die Mittelwertsunterschiede in den post-Werten betrachtet. Man müßte demzufolge die Hypothese als nicht bestätigt betrachten.

Wenn man aber zusätzlich die Veränderung von den prä-Werten zu den post-Werten innerhalb dieser beiden Gruppen betrachte, so fällt auf, daß es sowohl in der Herzrate, als auch in bestimmten Bereichen des Befindens, zu signifikanten Veränderungen der Werte gekommen ist.

Interessanter Weise war dies aber nur in der Gruppe der nicht-religiösen und hoch aggressionsgehemmten Personen der Fall, so daß durchaus ein Hinweis dafür gegeben ist, daß sich die beiden Gruppen in ihren Ärgerreaktionen nicht völlig gleichen.

Die Herzrate erfährt in dieser Gruppe eine Steigerung nachdem der Ärger induziert wurde, was aber nach den Befunden der Literatur nicht zwingend auf eine Erhöhung des Ärgers schließen läßt.

Wenn man sich jedoch die Ergebnisse in den BSKE Skalen ansieht, so fällt auf, daß in den Items, welche dem Bereich des Ärgers zugeordnet werden können, eine signifikante Erhöhung der Werte eintritt. Sowohl das Gefühl der Aggression als auch die Gefühle der inneren Erregtheit, der Mißstimmung und der Feindseligkeit sind nach der Ärgerinduktion erhöht, wohingegen die innere Entspannung signifikant abgenommen hat. Da diese Veränderungen lediglich in der Gruppe der nicht-religiösen Personen auftritt, kann man davon ausgehen, daß die Ärgerinduktion bei den Religiösen Personen nicht in der selben Weise gewirkt hat, wie dies bei der Vergleichsgruppe der Fall war.

Man könnte demzufolge, unter Berücksichtigung der schon bei der siebten Hypothese diskutierten Störeinflüsse, zu dem Schluß kommen, daß hier Unterschiede in der Ärgerreaktion vorliegen, welche aber nicht in allen abhängigen Variablen so stark ausgeprägt waren, daß ein signifikanter Effekt festgestellt werden konnte. Die Hinweise aus der Literatur für ein verändertes Ärgerverhalten der religiösen Personen, die im Theorieteil vorgestellt wurden, haben eine geringe Bestätigung erhalten, welche aber weiterer Untersuchungen bedarf.

Ein Grund dafür, daß die vorhandenen Effekte so schwach ausgefallen sind, liegt sicher in der niedrigen Anzahl der Personen, die am Experiment teilgenommen haben. So erscheint es für künftige Untersuchungen unerläßlich sowohl die Anzahl der Versuchspersonen pro Zelle zu erhöhen, als auch besonders im Hinblick auf die kardiovaskulären Maße, Verbesserungen in den Instrumenten der Untersuchung vorzunehmen.

7.4 Ausblick

Der Zusammenhang der Religiosität mit der Aggressionshemmung und die leichten Unterschiede in den Ärgerreaktionen, welche in dieser Untersuchung festgestellt wurden, geben Anlaß zu weiteren Untersuchungen, in denen die Religiosität und deren Einfluß auf den Bereich Ärger und Aggression nochmals betrachtet werden kann. Bedenkt man, daß es sich bei dieser Studie um einen ersten Versuch handelt, die Zusammenhänge zwischen diesen Bereichen darzustellen, so gibt es noch einige Fragen, bei denen es sich lohnt weitere Untersuchungen durchzuführen. Die Religiosität wurde in dieser Studie in einer stark vereinfachten Art und Weise operationalisiert, was aber für die hier vorgestellten Hypothesen sinnvoll erschien. Dennoch wäre es sehr interessant auch dem Konzept von Allport entsprechend, eine Untersuchung mit den Variablen Religiosität, Ärger und Aggression durchzuführen, in der die religiöse Gruppe nochmals in extrinsisch und intrinsisch religiöse Personen aufgeteilt ist.

Da in dieser Untersuchung die Mittlewertsunterschiede größtenteils nicht signifikant waren, scheint es notwendig zu sein, die Form der Ärgerinduktion zu verändern. Es müßte also die Art der Unterbrechung so gestaltet werden, daß sie eine stärkere Provokation für die Versuchspersonen darstellt. Inwieweit dies unter Berücksichtigung von ethischen Grundsätzen noch möglich ist, sollte aber vorher sorgfältig bedacht werden, da es meiner Ansicht nach problematisch ist, wenn Versuchspersonen beispielsweise beleidigt werden oder ihnen eine experimentelle Situation zugemutet wird, in der sie als Person abgewertet werden.

Zudem scheint es mir sinnvoller zu sein, den Versuch zu unternehmen, Ärger nicht in einer experimentellen Situation einzuführen, sondern ihn zunächst einmal in der Alltagssituation zu erheben, soweit dies untersuchungstechnisch zu realisieren ist. Wie nämlich das Beispiel einer der Untersuchungsteilnehmer zeigt, sind die Reaktionen dort stärker ausgeprägt. Die untersuchte Person zeigte in ihren prä-Werten des Zustandsärgers deutlich erhöhte Werte und gab am Ende der Untersuchung aufgrund von Nachfragen an, daß sie sich schon vor dem Experiment über ein Ereignis in der Vorlesung geärgert hätte.

Insgesamt kann man sagen, daß es sich wohl lohnt sowohl im Bereich der Ärgerreaktionen als auch im Bereich der Religiosität, noch weitere Untersuchungen durchzuführen. Es ist zu hoffen, daß durch diese Untersuchung weitere Personen dazu motiviert werden, den Ärger und vor allem die Religiosität im psychologischen Kontext zu beforschen.

Zusammenfassung

Die vorliegende Arbeit beschäftigt sich mit dem Thema Religiosität und setzt diese in Beziehung zur Aggressionshemmung und zum Ärger. Dazu wird zunächst das Konstrukt Religiosität definiert und die Verbindung zur Psychologie im theoretischen Teil der Arbeit dargestellt. Dies geschieht, indem verschiedene Sichtweisen der Religiosität, durch Bestimmung ihrer Dimensionen und die Erläuterung verschiedener Konzepte zur Religiosität, vorgestellt werden. Danach werden die Möglichkeiten zur Messung dieses Konstrukts aufgezeigt und nach einer kurzen Erläuterung dazu, wie sich Religiosität entwickelt, wird nochmals direkt auf den Zusammenhang von Religion und Psychologie eingegangen. Dies wird durch die Vorstellung einiger Ergebnisse von psychologischen Untersuchungen zum Bereich Religion abgeschlossen.

Der zweite Abschnitt beginnt mit der Definition von Ärger, woran sich eine Darstellung verschiedener Ärgerkonzepte anschließt. Es werden darauf folgend, die verschiedenen Methoden zur Messung des Ärgers vorgestellt und ein Überblick zur den Möglichkeiten der Induktion von Ärger erstellt. Am Ende dieses Abschnitts wird dann die Verbindung zwischen Ärger und der christlichen Religion aufgezeigt.

Ein dritter Teil beschäftigt sich dann mit der Aggressionshemmung. Hier wird zunächst der Bereich der Aggressionstheorien angesprochen, um den Kontext in dem die Aggressionshemmung zu sehen ist, zu erläutern. Im Anschluß daran wird das Konstrukt Aggressionshemmung beschrieben, zugehörige Modelle vorgestellt und Instrumente zur Messung der Aggressionshemmung beschrieben. Auch bei diesem Konstrukt wird dann am Schluß die Beziehung zur Religiosität dargestellt.

Im Rahmen dieser Arbeit, wird die Religiosität auf Zusammenhänge mit verschiedenen Variablen überprüft. Im Anschluß daran werden in einem Experiment die Ärgerreaktionen der verschiedenen Gruppen anhand kardiovaskulärer und verbaler Maße untersucht. Die Ärgerreaktionen wurden dabei durch eine experimentelle Ärgerinduktion ausgelöst.

Die Fragestellung, von der ausgegangen wird lautet: Unterscheiden sich religiöse und nicht-religiöse Personen im Bereich der Aggression und der Ärgerreaktion? Es wurden zu diesem Bereichen 9 Hypothesen formuliert, welche durch verschiedene statistische Methoden überprüft wurden. Zur Prüfung der Hypothesen 1-6 wurden Korrelationen berechnet, bei den Hypothesen 7-9 wurden zweifaktorielle Varianzanalysen/Co-varianzanalysen, t-Test für unabhängige Stichproben und t-Tests für abhängige

Stichproben eingesetzt, um Mittelwertsunterschiede bei den verschiedenen Gruppen zu berechnen.

Folgende Ergebnisse wurden vorgestellt:

1. Zu den Zusammenhängen zwischen Religiosität und Aggression sowie Ärgerausdruck:

Es zeigten sich, wie erwartet, keine Zusammenhänge der Religiosität mit der Aggression. Die verschiedenen Formen des Ärgerausdrucks zeigten auch keinen Zusammenhang mit der Religiosität, was zwar aufgrund der Angaben in der Literatur nicht erwartet wurde, aber anhand der Ergebnisse als ein gesicherter Befund gelten kann.

2. Zu den Zusammenhängen zwischen Religiosität und Aggressionshemmung/ allgemeiner Gehemmtheit:

Es kann ein eindeutiger Zusammenhang zwischen Religiosität und Aggressionshemmung festgestellt werden. Dabei ist der Bereich Schuld in der Aggressionshemmung in besonderer Weise zu berücksichtigen. Diese Ergebnisse sind aber auf den Bereich der intrinsischen Religiosität einzuschränken. Ein Zusammenhang mit der allgemeinen Gehemmtheit konnte erwartungsgemäß nicht festgestellt werden.

3. Zu den Ärgerreaktionen in einer experimentell induzierten Ärgersituation:

Hier kann man lediglich äußerst schwache Ärgerreaktion feststellen, es sind keine signifikanten Gruppenunterschiede bei dem Vergleich zwischen Kontrollgruppe und Treatmentgruppe aufgetreten. Im Rahmen der Diskussion werden mögliche Faktoren genannt, die es verhindert haben, daß es zu deutlicheren Reaktionen und Mittelwertsunterschieden kam. Es wird jedoch anhand der Ergebnisse nachgewiesen, daß zumindest von einer schwachen Ärgerreaktion ausgegangen werden kann.

Die Variable Aggressionshemmung erzielte keine feststellbaren Effekte auf die Ärgerreaktionen in den jeweiligen Gruppen.

Die Religiosität hingegen, löste unterschiedliche Ärgerreaktionen aus. Da dieser Befund aber lediglich anhand der Herzrate und den BSKE Items 1,7,10,11 u.16 festgestellt werden konnte, welche z.B. Gefühle der Aggressivität und der Feindseligkeit erfassen, kann dieses Ergebnis nicht als gesichert gelten. Es bedarf demzufolge weiterer Untersuchungen, um eine eindeutige Aussage über diesen Sachverhalt zu treffen.

Für weitergehende Untersuchungen wird eine wirksamerer Ärgerinduktion gefordert und es wird angeregt, in einer solchen Untersuchung, die Gruppe der religiösen Personen, entsprechend dem Konzept von Allport, differenzierter zu betrachten.

8 Literaturverzeichnis

Alexander, F. (1939). Emotional factors in essential hypertension. *Psychosomatic Medicine,* 1, 175-179

Alexander, F. (1950). *Psychosomatic Medicine: Its principles and applications.* New York: Norton

Alexander, F. (1951). *Psychosomatische Medizin.* Bern: de Gruyter

Allen, R.O. (1965). Religion and prejudice: An attempt to clarify the patterns of relationship. Unveröffentlichte Dissertation, Universität von Denver. Aus Meadow, M.J. & Kahoe, R.D. (1984). *Psychology of religion in individual lives.* Cambridge usw.: Harper & Row

Allport, G.W. (1937). Personality: *A psychological interpretation.* New York: Holt, Rinehart & Winston

Allport, G.W., Vernon, P.E. & Lindzey, G. (1960). *A study of values. A scale for measuring the dominant interests in personality.* (3rd ed.) Boston: Houghton Mifflin.

Allport, G.W. (1950). *The individual and his religion: A psychological interpretation.* New York: Macmillan

Allport, G.W. (1959). Religion and prejudice. *Crane Review,* 2, 1-10

Allport, G.W. (1960). *Personality and social encounter.* Boston: Beacon Press

Allport, G.W. & Ross, J.M. (1967) Personal Religious Orientation and Prejudice. *Journal of Personality and Social Psychology,* 4, 432-443

von Aquin, T. *Summa Theologiae.* (1964) New York: McGraw-Hill

Augustinus, A. *De vera religione* (1983) Stuttgart: Phillip Reclam Jun.GmbH & Co.

Averill, J.R., Opton, E.M. & Lazarus, R.S. (1969). Cross-cultural studies of psychophysiol o-gical responses during stress and emotion. *International Journal of Psychology,* 4, 83-102

Averill, J.R. (1982) *Anger and Aggression. An essay on emotion.* New York: Springer

Averill, J.R. (1979) Anger. In R.A. Dienstbier (Hrsg.), *Nebraska Symposium on motivation.* (1978) Lincoln: University of Nebraska Press

Ax, A.F. (1953). The physiological differentiation between fear and anger in humans. *Psychosomatic Medicine,* 15, 433-442

Bandura, A. & Walters, R.H. (1959). *Adolescent aggression.* New York: Ronald

Bandura, A. (1969). *Principles of behavior modifikation.* London: Holt, Rinehart & Winston

Bandura, A. (1977). *Social learning theory.* Engelwood Cliffs: Prentice-Hall

Baither, R.C. & Saltzberg, L (1978) Relationship between religious attitude and rational thin-king, *Psychological Reports,* 43, 853-854

Balswick, J.O. & Balkwell, J.W. (1978). Religious orthodoxy and emotionality. *Review of Religious Research.* 19, 308-319

Baron, R.A. (1971a). Magnitude of victim's pain cues and level of prior anger arousal as determinants of adult aggressive behavior. *Journal of Personality and Cocial Psychology,* 17, 236-234

Baron, R.A. (1977). *Human Aggression.* New York: Plenum

Bateman, M.M. & Jensen, J.S. (1958) The effect of religious backround on modes of handling anger, *The Journal of Social Psychology,* 47, 133-141

Benson, P. & Spilka, B. (1973). God-image as a function of self-esteem and locus of control. *Journal for the Scientific Study of Religion,* 12, 297-310

Berkowitz, L. (1962). *Aggression: A social psychological analysis.* New York: McGraw-Hill

Berkowitz, L. (1993). *Aggression: Ist causes, consequences and control.* New York: McGraw-Hill

Biaggio, M.K. & Maurio, R.D. (1985). Recent advances in anger assesment. In C.D. Spielberger & J. Butcher (Hrsg.), *Advances in personality assessment.* 71-111. Hillsdale, N.J.: Erlbaum

Biaggio, M.K., Suplee, K. & Curtis, N. (1981). Reliability and validity of four anger scales. *Journal of Personality Assessment,* 45, 639-648

Boos-Nünning, U. (1972). *Dimensionen der Religiosität. Zur Operationalisierung und Messung religiöser Einstellungen.* München/Mainz: Kaiser/Grünewald

Boerner, K. (1995). *Das psychologische Gutachten: ein praktischer Leitfaden* (6. Aufl.). Weinheim: Beltz

Buss, A.H. & Durkee, A. (1957). An invwntory for assessing different kinds of hostility. *Journal of Consulting Psychology,* 21, 343-349

Buss, A.H. (1961). *The Psychology of aggression.* New York: Wiley

Buss, A.H. (1966). Instrumentality of aggression, feedback, and frustration as determinants of physical aggression. *Journal of Personality and Social Psychology,* 3, 153-162

Clark, W.H. (1958). *The Psychology of Religion.* New York: Macmillan

Deffenbacher, J.L., Oetting, E.R., Huff, M.E. & Thwaites, G..A. (1995) Fifteen-Month Follow-Up of Social Skills and Cognitive-Relaxation Approaches to General Anger Reduction *Journal of Counseling Psychology* 42, 3, 400-405

Darwin, C. (1872). *The expression of the emotions in man and animals.* London: Murray (Nachdruck, Chicago: University Chicago Press, 1965)

Dembo, T. (1931). Der Ärger als dynamisches Problem. *Psychologische Forschung* 15, 1-144

Deusinger, F.L. & Deusinger, I.M. (1976). Einstellung zu Gott. *Ansätze August 1976,*38-53

Deusinger, I.M. (1986). *Die Frankfurter Selbstkonzeptskalen FSKN. Handanweisung.* Göttingen: Hogrefe

Dewey, J. (1934). *A common faith.* New Haven: Yale University Press

Die Bibel. (1984). *Thompson Studien-Bibel.* Neuhausen-Stuttgart: Hässler

Dimsdale, J.E., Pierce, C., Schoenfeld, D., Brown, A., Zusman, R. & Graham, R. (1986). Suppressed anger and blood pressure: The effects of race, sex, social class, obesity, and age. *Psychosomatic Medicine,* 48, 430-436

Dollard, J., Doob, L.W., Miller, N.E., Mowrer, O.H. & Sears, R.R. (1939). *Frustration and aggression.* New Haven: Yale University Press

Donahue, M.J. (1985). Intrinsic and Extrinsic religiousness: Review and meta-analysis. *Journal of Personality and Social Psychology,* 48, 400-419

Dorsch, F. (1994). *Psychologisches Wörterbuch.* (12. Aufl.) Bern, Göttingen, Toronto, Seatle: Huber

Eibel-Eibesfeldt, I. (1973). *Der vorprogrammierte Mensch.* Wien: Molden

Ekman, P. & Friesen, W.V. (1978). *The facial action coding system.* Palo Alto, CA: Consulting Psychologists' Press

Ellis, L. & Peterson, J (1996) Crime and religion: An international comparision among thirteen industrial nations, *Personality and individividual Differences,* 6, 761-768

Engbertson, T.O. Scheier, M.F. & Matthews, K.A. (1989). Relations between anger expression and cardiovascular reaktivity: Reconciling inconsistent findings through a matching hypothesis. *Journal of Personality and Social Psychology,* 57, 513-521

Erdmann, G. (1983). *Zur Beeinflußbarkeit emotionaler Prozesse durch vegetative Variationen.* Weinheim: Beltz

Erdmann, G., Janke, W. & Netter, P. (1994). *Situations-Reaktions-Inventar zur Erfassung von aggressiven Reaktionen unter verschiedenen Situationen.* Berlin, Würzburg, Gießen: unveröffentlichtes Manuskript.

Evans, D.R. & Strangeland, M. (1971). Development of the reaction inventory to measure anger. *Psychological Reports,* 29, 412-414

Eysenck, H.J. (1952b). *The Scientific Study of Personality.* London: Routledge & Kegan Paul

Eysenck, H.J. (1975). The structure of social attitudes. *British Journal of Social and Clinical Psychology,* 14, 323-331

Eysenck, H.J. & Eysenck, S.B.G. (1975). *Manual of the Eysenck Personality Questionnaire.* San Diego: Educational and Industrial Testing Service.

Eysenck, H.J. (1976). Structure of social attitudes. *Psychological Reports,* 39, 463-466

Eysenck, S.B.G., Eysenck, H.J. & Barret, P. (1985). A revised version of the psycoticism scale. *Personality and individual Differences,* 6, 21-29

Eysenck, H.J. (1992). The definition and measurement of Psychoticism. *Personality and individual Differences,* 13, 757-785

Fahrenberg, J., Selg, H. & Hampel, R. (1970). *Das Freiburger Persönlichkeitsinventar FPI. Handanweisung.* Göttingen: Hogrefe

Fahrenberg, J., Selg, H. & Hampel, R. (1984). *Das Freiburger Persönlichkeitsinventar FPI. Handanweisung* (4. rev. Aufl.). Göttingen: Hogrefe

Faulkner, J.E. u. DeJong, G.F. (1966). Religiosity in 5-D: An empirical analysis. *Social Forces,* 45, 246-254

Feagin, J.R. (1964). Prejudice and religious (sic) types: A focused study of southern fundamentalists. *Journal for the Scientific Study of Religion,* 4, 3-13

Ferguson, T.J. & Rule, B.R. (1983). An attributional perspective on anger and aggression. In R.G. Geen & E.L. Donnerstein (Hrsg.) *Aggression. Theoretical and empirical reviews.* 1, 41-74, New York: Academic Press

Fisseni, H.-J. (1984). *Persönlichkeitspsychologie. Auf der Suche nach einer Wissenschaft: Ein Theorieüberblick.* Göttingen: Hogrefe

Francis, L.J. (1993). Personality and religion among college students in the U.K. *Personality and individual Differences,* 14, 619-622

Francis, L.J. & Kay, W.K. (1995). The personality characteristics of Pentecostal ministry candidates, *Personality and individual Differences,* 18, 581-594

Francis, L.J. & Stubbs, M.T. (1987). Measuring attitudes towards Christianity: from childhood to adulthood, *Personality and individual Differences,* 8, 741-743

Freud, S. (1939). *Der Mann Moses.* Surkamp Verlag: Frankfurt a.M. (1964)

Freud, S. (1940). *Die Zukunft einer Illusion.* Gesammelte Werke, London Erstdruck 1927

Freud, S. (1927) *Die Zukunft einer Illusion.* Studienausgabe XIV, 1974, S 323-380. Frankfurt am Main: Fischer

Freud, S. (1924). *Neurose und Psychose.* Studienausgabe III, 1974, S 385-391. Frankfurt am Main: Fischer

Freud, S. (1913). *Totem und Tabu.* Studienausgabe IX, 1974, S.136-170. Frankfurt am Main: Fischer

Freud, S. (1930). *Das Unbehagen in der Kultur.* Studienausgabe XIV, 1974, Frankfurt am Main: Fischer

Fromm, E. (1950a). *Psychoanalysis und religion.* New Haven:Yale University Press

Fromm, E. (1973). *The anatomy of human destructiveness.* New York: Holt, Rinehart & Winston

Fromm, E, (1980). *Religion.* Gesammelte Werke Band 6. S. 277-292 (Hrsg. R. Funk) Stuttgart: Deutsche Verlags-Anstalt GmbH

Funkenstein, D.H., King, S.H. & Dorlette, M.E. (1954). The direction of anger during a laboratory stress-inducing situation. *Psychosomatic Medicine,* 16, 404-413

Gentry, W.D. (1970). Effekts of frustration, attack, and prior trainig in aggressiveness behavior. *Journal of Personality and Social Psychology,* 9, 316-321

Glock, Ch.Y. (1962). On the study of religious commitment. *Religious Education (Resurch Suppl.),* 57, 98-110

Glock, Ch.Y. u. Stark, R. (1965) (Eds.) *Religion and society in tension.* Chicago: Rand McNally

Gorsuch, R.L. & Venable, G.D. (1983). Developement of an „Age Universal" I-E Scale. *Journal for the Scientific Study of Religion,* 22, 181-187

Hampel, R. & Selg, H. (1975). *Der Freiburger Aggressionsfragebogen (FAF).* Göttingen: Hogrefe

Hatheway, S. & McKinley, J. (1951). *Minnesota Multiphasic Personality Inverntory* (rev. Edition). New York

Haub, E. (1992) Die Messung der Religiosität in Religionspsychologie Eine Bestandsaufnahme des gegenwärtigen Forschungstandes. In E. Schmitz, (Hrsg.), *Religionspsychologie: Eine Bestandsaufnahme des gegenwärtigen Forschungsstandes.* 263-281 Hogrefe: Göttingen

Hellmeister, G., Straube, E. u. Wolfradt, U. (1996). Religiosität, magisches Denken und Affinität zu Sekten bei Jugendlichen in den neuen Bundesländern. In H. Moosbrugger, Ch. Zwingmann & D. Frank (Hrsg.), (1996). *Religiosität Persönlichkeit und Verhalten: Beiträge zur Religionspsychologie,* 59-65 Münster, New York: Waxmann

Hellpach, W. (1951). Grundriss der Religionspsychologie: Glaubensseelenkunde. Stuttgart: Enke

Henry, J.P. (1986). Neuroendocrine patterns of emotional response, In: R. Plutchik & H. Kellermann (Eds.). *Emotion: Theory, Research, and Experiences,* 3, 37-60. San Diego: Academic Press

Hodapp, V. & Schwenkmezger, P. (Hrsg.) (1993). *Ärger und Ärgerausdruck.* Bern: Huber

Hokanson, J.E. (1961). The effekts of frustration and anxiety in overt aggression. *Journal of Abnormal and Social Psychology,* 62, 346-351

Hokanson, J.E. &. Burgess, M. (1962). The effekt of status, type of frustration, and aggression on vascular processes. *Journal of abnormal and social Psychology,*65, 232-237

Huber, H.P., Hauke, D. & Gremer, M. (1988). Frustrationsbedingter Blutdruckanstieg und dessen Abbau durch aggressive Reaktionen. *Zeitschrift für experimentelle und angewandte Psychologie*, 35, 427-440

Hunt, J.M., Cole, M.W. & Reis, E.E. (1958). Situational cues distinguishing anger, fear, and sorrow. *American Journal of Psychology*, 71, 136-151

Heim, E., Augustiny, K., Blaser, A. & Schaffner, L. (1991). *Berner Bewältigungsformen (BEFO)*. Bern: Huber

Izard, C.E. (1981). *Die Emotion des Menschen*. Weinheim: Beltz

Janke, W. (1974). Psychophysiologische Grundlagen des Verhaltens. In M.v. Kerekjarto (Hrsg.), *Medizinische Psychologie*, (1-101). Berlin: Springer

Janke, W. & Debus, (1978). *Die Eigenschaftwörterliste (EWL)*. Göttingen: Hogrefe

Kahoe, R.D. (1974a). Personality and achievement correlates of intrinsic and extrinsic religious orientations. *Journal of Personality and Social Psychology*, 29, 812-818

Kecskes, R u. Wolf, Ch. (1993) Christliche Religiosität: Konzepte, Indikatoren, Meßinstrumente. *Kölner Zeitschrift für Soziologie und Sozialpsychologie*, 45, 270-287.

King, L.A., Emmons, R.A. & Woodley, S. (1992). The structure of inhibition. *Journal of Research in Personality*, 26, 85-102

Klauer, T. & Filipp, S.H. (1993). *Trierer Skalen zur Krankheitsbewaeltigung (TSK). Testmappe*. Goettingen: Hogrefe

Klessmann, M. (1992) *Ärger und Aggression in der Kirche* Göttingen: Vanderhoek und Ruprecht

Kornadt, H.-J. (1982). *Aggressionsmotiv und Aggressionshemmung*. Band 1-2. Bern: Huber

Knight, R.G., Ross, R.A., Collins, J.I. & Paramenter, S.A. (1985). Some norms, reliability, and preliminary validity data for a s-r inventory of anger: The Subjective Anger Scale (SAS). *Personality and Individual Differences*, 6, 331-339

Lenski, G. (1961). *The religious Factor*. Garden City NY: Doubleday

Lorenz, K. (1963). *Das sogenannte Böse. Zur Naturgeschichte der Aggression*. Wien: Borotha-Schoeler

Lorenz, K. (1966). *On aggression*. New York: Harcourt, Brace & World

Luther, M. (1520). Von der Freiheit eines Christenmenschen. In: H.H. Borcherdt (Hrsg.) *Martin Luther, Ausgewählte Werke Band 2* (1983) 7-28 Gütersloh: Kaiser

Maltby, J., Talley, M., Cooper, C. & Leslie, J.C. (1995), Personality effects in personal and public orientations toward religion. *Personality and individual Differences*,19, 157-163

Maltby, J. & Christopher, A.L. (1997). The reliability and validity of a short scale of attitude towards christianity among U.S.A., English, Republic of Ireland, and Northern Ireland adults. *Personality and individual Differences,* 22, 649-654

Meadow, M.J. & Kahoe, R.D. (1984). *Psychology of religion: Religion in individual lives.* New York: Harper & Row

Mees, U. (1991). *Die Struktur der Emotionen.* Göttingen: Hogrefe

Mees, U. (1992) (Hrsg.). *Psychologie des Ärgers.* Göttingen Hogrefe

Megargee, E.T. (1966). Undercontrolled and overcontrolled personality types in extreme antisocial aggression. *Psychological Monographs* 80, 1-611

Meyers Großes Taschenlexikon (1981): in 24 Bd./hrsg. u. bearb. von d, Lexikonred. d. B i-bliograph. Inst. (Chefred.: Werner Digel u. Gerhard Kwiatowski) Mannheim, Wien Zürich: Bibliograpisches Institut Bd. 18

Milgram, S. (1966). Einige Bedingungen von Autoritätsgehorsam und seiner Verweigerung. *Zeitschrift für experimentelle und angewandte Psychologie,* 13, 433-463

Milgram, S. (1974). *Das Milgram-Experiment. Zur Gehorsamsbereitschaft gegenüber Autorität.* Reinbeck: Rowohlt

Moosbrugger, H., Zwingmann, Ch. & Frank, D. (Hrsg.) (1996). Religiosität, Persönlichkeit und Verhalten: *Beiträge zur Religionspsychologie,* Münster, New York: Waxmann

Montada, L. (1989). Bildung der Gefühle? *Zeitschrift für Pädagogik,* 35, 293-311

Montagu, A. (1976). *The nature of human aggression.* New York: Oxford University Press

Müller-Freifels, R. (1920). *Psychologie der Religion.* Bd 1 Die Entstehung der Religion. Berlin, Leipzig: Vereinigung wissenschaftlicher Verleger Walter de Gruyter & Co.

Müller, M.J. & Netter, P. (1992). Unkontrollierbarkeit und Leistungsmotivation - Einflüsse auf Cortisol- und Testosteronkonzentrationsänderungen während einer mental-leistungsbezogenen und einer psychisch-aversiven Belastungssituation. *Zeitschrift für Medizinische Psychologie,* 1, 103-113

Murray, H.A. (1943). *Thematic apperception test manual.* Cambridge: Harvard University Press

Netter, P., Janke, W. & Erdmann, G. (1995). Experimental models for aggression and inve n-tories for the assessment of aggressive and autoaggressive behavior. *Pharmacopsychiatry,* 28, 58-63

Nock, A.D. (1961). *Conversion.* New York: Oxford University Press

Nolting, H.-P. (1997). *Lernfall Aggression. Wie sie entsteht - wie sie zu vermindern ist.* Reinbek: Rowohlt

Novaco, R.W. (1975). *Anger control: The development and evaluation of an experimental treatment.* Lexington: Lexington Books

Novaco, R.W. (1978). Anger and coping with stress. Cognitive behavioral interventions. In J.P. Foreyt & D.P. Rathjen (Hrsg.), *Cognitive behavior therapy. Research and application* 135-174. New York: Plenum Press

Oser, F. & Reich, K.H. (1992). Entwicklung und Religiosität. In E. Schmitz (Hrsg.), *Religionspsychologie: Eine Bestandsaufnahme des gegenwärtigen Forschungsstandes.* 65-101 Göttingen: Hogrefe

Ouweneel, W.J. (1993) *Psychologie ein bibelorientiert-wissenschaftlicher Entwurf.* Bielefeld; Dillenburg: CLV und CDV

Rohracher, H. (1965) *Einführung in die Psychologie.* 9. unveränderte Auflage Wien, Innsbruck: Verlag Urban und Schwarzenberger

Rohracher, H. (1963) *Kleine Charakterkunde* Wien, Innsbruck: Verlag Urban und Schwarzenberger

Rotter, J.B. (1966). Generalized expectancies for internal vs. external control of reinforcement. *Psychological Monographs,* 80, 1

Salz, E. & Epstein, S. (1963). Thematic hostility and guilt responses as related to self-reported hostility guilt and conflict. *Journal of abnormal and social Psychology,*67, 469-479

Schachter, J. (1957). Pain, fear, and anger in hypertensives and normotensives: A psychophysiological study. *Psychosomatic Medicine*, 19, 17-29

Schellenberg, D. (1996). *Vergleich aggressiven Verhaltens bei jugendlichen Strafgefangenen und Soldaten.* Unveröffentlichte Diplomarbeit. Universität Gießen

Scherer, K.R. (1990). Theorien und aktuelle Probleme der Emotionspsychologie. In. Scherer, K.R (Hrsg.), *Psychologie der Emotion* (S.2-40). Göttingen: Hogrefe

Schmitz, E. (Hrsg.) (1992). *Religionspsychologie: Eine Bestandsaufnahme des gegenwärtigen Forschungsstandes.* Göttingen: Hogrefe

Schwarz, G.E., Weinberger, D.A. & Singer, J.A. (1981). Cardiovascular differentiation of happiness, sadness, anger, and fear following imagery. *Psychosomatic Medicine*, 43, 343-364

Schwenkmezger, P., Hodapp, V. & Spielberger, C.D. (1992). *Das State-Trait-Ärgerausdrucks-Inventar STAXI.* Bern: Huber

Selg, H. (1982). *Zur Aggression verdammt?: Ein Überblick über die Psychologie der Aggression.* (6.Aufl.). Stuttgart: Kohlhammer

Selg, H., Mees, U. &Berg, D. (1988). *Psychologie der Aggressivität.* Göttingen: Hogrefe

Selg, H. (1992). Ärger und Aggression. In U. Mees (Hrsg.), *Psychologie des Ärgers*, 190-205, Göttingen :Hogrefe

Seneca ca. 40-50 n.Chr. *De Ira.* In Seneca (1995) Philosophische Schriften Hrsg.Rosenbach, M. Darmstadt: Wissenschaftliche Buchgesellschaft

Siebert, M. (1977). *Ärger: Theorie, Messung und Kontrolle. Beiträge zu einem erziehungsrelevanten Gegenstand.* Unveröffentlichte Dissertation, Universität Oldenburg

Siegel, J.M. (1986). The Multidimensional Anger Inventory. *Journal of Personality and Social Psychology*, 51, 191-200

Spielberger, C.D., Gorsuch, R.L. & Lushene, R. (1970). *Manual for the Stait-Trait-Anxiety-Inventory: STAI.* Palo Alto C.A.: Consulting Psychologists Press

Spielberger, C.D. (1980). *Preliminary manual for the State-Trait Anger Scale (STAS).* Center for Research in Community Psychology, College of Social and Behavioral Science, University of South Florida, Tampa, Florida

Spielberger, C.D., Jacobs, G.A.,Russell, S.F. & Crane, R.J. (1983). Assessment of anger: The State-Trait-Anger-Scale. In: J.N. Butcher & C.D. Spielberger (Hrsg.), *Advances in personality assessment.* 159-187 Hillsdale N.J.: LEA

Spielberger, C.D., Johnson, E.H., Russel, S.F., Crane, R.J., Jacobs, G.A. & Worden, T.J. (1985). The experience and expression of anger: Construction and validation of an Anger Expression Scale. In: M.A. Chesney & R.H. Rosenman (Hrsg.), *Anger and hostility in cardiovascular and behavioral disorders.* 5-30. Washington D.C.: Hemisphere

Spielberger, C.D.(1988). *STAXI. State-Trait-Anger-Expression Inventory. Professional Manual.* Tampa, FL: Psychological Assessment Resources

Spilka, B., Hood, R.W. u. Gorsuch, R.L. (1985). *The Psychology of Religion: An empirical approach.* Engelwood Cliffs, NJ: Prentice-Hall

Spranger, E. (1930). *Lebensformen.* (6. Aufl.). Halle: Niemeyer

Spring, H., Moosbrugger, H., Zwingmann, C. und Frank, D. (1993) Kirchlicher Dogmatismus und ekklesiogene Neurosen, *ZKPPP* 41, 31-42

Steffgen, G. (1993) *Ärger und Ärgerbewältigung.* Münster New York: Waxmann

Stemmler, G. (1992). Peripherphysiologische Spezifität. In: M.M. Müller (Hrsg.). *Psychophysiologische Risikofaktoren bei Herz-/Kreislauferkrankungen: Grundlagen der Therapie.* Göttingen: Hogrefe

Sturgeon, R.S. & Hamley, R.W. (1979) Religiosity and Anxiety, *The Journal of Social Psychology* 108, 137-138

Sumner, R.B. (1898) A statistical study of belief. *Psychological Review.* 5, 616-631

Thomas, M. (1994) *Religiosität und Aggression,* unveröffentlichte Semesterarbeit Fachbereich 06 Psychologie: Justus-Liebig-Universität Gießen

Thurstone, L.L. u. Cave, E.J. (1929). *The measurement of attitude: A psychophysical method and some experiments with a scale for measuring attitude toward the church.* Chicago: University of Chicago Press

Vergote, A. (1992). Religion und Psychologie. In E. Schmitz (Hrsg.), *Religionspsychologie: Eine Bestandsaufnahme des gegenwärtigen Forschungsstandes*, 1-23, Göttingen: Hogrefe

Weber, H. (1994). *Ärger: Psychologie einer alltäglichen Emotion.* Weinheim, München: Juventa Verlag

Wallbott, H.G. (1993). Soziale Bedingungen von Ärger und Ärgerausdruck. In Hodapp, V. und Schwenkmezger, P. (Hrsg.) *Ärger und Ärgerausdruck*. Bern: Huber

Wallbott, H.G. & Scherer, K.R. (1985). Differentielle Situations- und Reaktionscharakteristika in Emotionserinnerungen: Ein neuer Forschungsansatz. *Psychologische Rundschau*, 36, 83-101

Weidman Gibbs, H. & Achterberg-Lawlis, J. (1978) Spiritual values and death anxiety: Implications for counseling with terminal cancer Patients. *Jorunal of Counseling Psychology*, 6, 563-569

Wilson, W.C. (1960). Extrinsic religious values. *Journal of Abnormal and Social Psychology*, 60, 286-288

Wolf, S. & Deusinger, I.M. (1992). *Einstellung zur Religiosität und psychische Stabilität* (Arbeiten aus dem Institut für Psychologie 9/1992) Frankfurt am Main: Johann Wolfgang Goethe-Universität, Institut für Psychologie

Wundt, W. (1900-1920) *Völkerpsychologie. Eine Untersuchung der Entwicklungsgesetze von Sprache, Mythos und Sitte.*(10 Bde.) Leipzig: Engelmann

Zelin, M.L., Adler, G. & Meyerson, P.G. (1972). Anger-Self-Report. An objektive questionaire for the measurement of aggression. *Journal of Consulting and Clinical Psychology*, 39, 340.

Zwingmann, Ch. (1991) *Religiosität und Lebenszufriedenheit. Empirische Untersuchung unter besonderer Berücksichtigung der religiösen Orientierung.* Regensburg: Roderer

Zwingmann, Ch., Frank, D. & Moosbrugger (1996). Religionspsychologie in fachhistorischer Sicht. In: H. Moosbrugger, Ch. Zwingmann, & D. Frank, (Hrsg.). *Religiosität, Persönlichkeit und Verhalten: Beiträge zur Religionspsychologie*, 9-15 Münster, New York: Waxmann

9 Anhang

9.1 Der Verwendete Test zur Auswahl der Versuchspersonen

Justus-Liebig-Universität Gießen
Fachbereich 06

Sehr geehrte Damen und Herren,

im Rahmen einer wissenschaftlichen Untersuchung zu Erfahrungen, Einstellungen oder Gewohnheiten in verschiedenen Lebensbereichen (z.B. christliche Religiosität), bitte ich Sie um Ihre Mithilfe.

In dem folgenden Erhebungsbogen werden Sie Fragen finden, die Ihr persönliches Leben betreffen. Machen Sie sich keine Gedanken darüber, welche Antwort vielleicht den „besten Eindruck" machen könnte oder wie andere Leute die Fragen beantworten würden.
Es gibt keine richtigen oder falschen Antworten, weil jeder Mensch das Recht auf seine eigene persönliche Meinung hat. Antworten Sie deshalb bitte so, wie es für Sie persönlich zutrifft.

Ich versichere Ihnen, daß alle Ihre Angaben vertraulich behandelt werden und nur dem Untersucher zugänglich sind.
Die Auswertung der Daten dient ausschließlich wissenschaftlichen Zwecken.

Schon im voraus möchte ich Ihnen für Ihre Mitarbeit herzlich danken.
(Die Beantwortung des Fragebogens wird mit einer Versuchspersonenstunde belohnt)

Marco Thomas

Im Folgenden finden Sie eine Reihe von Aussagen über verschiedene Verhaltensweisen, Einstellungen und Gewohnheiten.

Sie können jede Aussage entweder mit stimmt (ja) oder mit stimmt (nein) beantworten. Machen Sie bitte Ihre Antwort durch „durchkreuzen" einer der beiden Möglichkeiten kenntlich.

Lassen Sie bitte keine Aussage aus. Kreuzen Sie im Zweifelsfall die Antwort an, zu der Sie gefühlsmäßig noch am ehesten neigen.

Bitte beantworten Sie auch die Angaben zur Person. Auch diese Angaben, welche natürlich vertraulich behandelt werden, sind wichtig für die Auswertung des Fragebogens.

Da im Rahmen dieser Untersuchung ein Experiment durchgeführt wird, an dem die Personen dieser Stichprobe teilnehmen werden, bitte ich Sie ein Kennwort an der dafür vorgesehenen Stelle anzugeben. Bitte merken Sie sich dieses Kennwort gut.

Kennwort:_____

Alter:_____

Geschlecht:_____

Beruf:_____

Schulabschluß:_____

Bei dem Experiment an dem Sie teilnehmen möchten handelt es sich um ein „Spielexperiment", in dem Sie eine kleine Aufgabe bewältigen sollen.
Außerdem werden Sie nochmals ein paar Fragen beantworten und es werden einfache physiologische Messungen vorgenommen. Keine Angst, es handelt sich um einfache Dinge z.B. Blutdruckmessungen.
Damit es für Sie auch einen kleinen Anreiz gibt, bei dem Experiment mitzumachen, haben wir eine Belohnung für Sie bereit:
Sie können bis zu **50 DM** bei diesem Spiel gewinnen.

Bitte machen Sie noch folgende Angaben, um eine die Vereinbarung eines geeigneten Termins zu ermöglichen:

Tel.:_____/_____

Vorname:_____

Nachname:_____(wird nur benötigt, wenn mehrere Personen in der Wohnung den identischen Vornamen haben)

		stimmt	
1/	Ich schlage selten zurück, wenn man mich schlägt	ja	nein
2/	Ich bin für meine Umsicht und meinen gesunden Menschenverstand bekannt	ja	nein
3/	Es bedrückt mich, daß ich nicht mehr für meine Eltern getan habe	ja	nein
4/	Ich glaube, es gibt eine Menge Leute, die auf mich neidisch sind	ja	nein
5/	Ich handle oft ganz spontan	ja	nein
6/	Wenn mich jemand an einem Vorhaben hindert oder eine wichtige Handlung unterbricht, versuche ich mich zusammenzureißen	ja	nein
7/	Ich lasse mir lieber Entscheidungsmöglichkeiten offen, anstatt alles im voraus zu planen	ja	nein
8/	Ich denke oft, daß ich in meinem Leben manches unterlassen habe	ja	nein
9/	Manchmal kommt es mir so vor, als ob die anderen Leute über mich lachten	ja	nein
10/	Wenn man mir beim Geldwechseln eine Mark zuviel zurückzahlt, und wenn ich dann die Mark einstecke, bekomme ich später große Gewissensbisse	ja	nein
11/	Ich versuche, alle mir übertragenen Aufgaben sehr gewissenhaft zu erledigen	ja	nein
12/	Wenn mich jemand provoziert, beleidigt oder seine Geringschätzung spüren läßt, beiße ich meine Zähne zusammen	ja	nein
13/	Ich sehe mir lieber einen guten Film an, als mit ein paar Freunden auszugehen	ja	nein
14/	Ich habe das Gefühl, daß ich mit nichts richtig Erfolg habe	ja	nein
15/	Ich glaube, daß man Böses mit Gutem vergelten soll, und handle auch dementsprechend	ja	nein
16/	Ich bin unbekümmert und gleichgültig	ja	nein
17/	Ich scheue mich, in einem Bistro/Restaurant zu fragen, ob ich mich an einen schon besetzten Tisch hinzusetzen darf	ja	nein
18/	Wenn jemand Schwächere angreift oder in ihrer Würde verletzt, versuche ich mein Gleichgewicht zu bewahren	ja	nein
19/	Ich denke nur selten, daß Leute versuchen mich zu ärgern oder zu beleidigen	ja	nein
20/	Ich glaube, die meisten bösen Handlungen finden einmal ihre Strafe	ja	nein
21/	Ich kann mir meine Zeit recht gut einteilen, so daß ich meine Angelegenheiten rechtzeitig beende	ja	nein
22/	Ich stehe nicht gern im Mittelpunkt der Aufmerksamkeit	ja	nein
23/	Mein Wahlspruch ist "Vertraue niemals einem Fremden"	ja	nein
24/	Wenn jemand in meinen persönlichen Sachen herumsucht, versuche ich ruhig zu bleiben	ja	nein
25/	Der Begriff "Sünde" ist notwendig, und ich glaube, daß Sünden bestraft werden	ja	nein
26/	Ich habe in meinem Leben schon so manche Dummheit gemacht	ja	nein
27/	Es macht mich nervös, wenn ich bemerke, daß viele Augen auf mich gerichtet sind	ja	nein

		stimmt	
28/	Ich glaube es gibt eine Reihe Leute, die mich nicht leiden können	ja	nein
29/	Ich kann mir keinen triftigen Grund dafür denken, daß man jemand schlagen muß	ja	nein
30/	Wenn jemand auf den ich mich verlasse, mir gegenüber ungerecht, unehrlich oder unzuverlässig ist, versuche ich meine Gefühle unter Kontrolle zu halten	ja	nein
31/	Staatsbürgerliche Pflichten, beispielsweise zur Wahl gehen, nehme ich nicht sehr ernst	ja	nein
32/	Ich vermeide es Aufgaben zu übernehmen, bei denen ich mit vielen unbekannten Personen zusammen treffe	ja	nein
33/	Ich habe keine Feinde, die mir wirklich übelwollen	ja	nein
34/	In den Fällen, in denen ich gemogelt habe, bekam ich unerträgliche Gewissensbisse	ja	nein
35/	Ich halte meine Sachen ordentlich und sauber	ja	nein
36/	Wenn ich müde bin und gehindert werde, schlafen zu gehen, versuche ich, meine Gefühle unter Kontrolle zu halten	ja	nein
37/	Wenn ich in einem Geschäft unfreundlich bedient werde, dann beschwere ich mich auch schon einmal	ja	nein
38/	Ich bin vorsichtig mit Leuten, die freundlicher sind, als ich erwartet habe	ja	nein
39/	Leute, die sich vor der Arbeit drücken, müßten eigentlich ein schlechtes Gewissen haben	ja	nein
40/	Wenn mich jemand an einem Vorhaben hindert oder eine wichtige Handlung unterbricht, reagiere ich mit Verständnis	ja	nein
41/	Manchmal bin ich nicht so verläßlich oder zuverlässig wie ich sein sollte	ja	nein
42/	Wenn ich etwas mit Behörden zu tun habe, versuche ich, dies möglichst in schriftlicher Form oder telefonisch zu erledigen, auch wenn dies länger dauert oder ineffektiv ist	ja	nein
43/	Wenn mich jemand tätlich angreift oder Sachen von mir mutwillig beschädigt, versuche ich mir den Ärger nicht anmerken zu lassen	ja	nein
44/	Ich habe früher immer gedacht, daß die meisten Leute die Wahrheit sagen, jetzt weiß ich es besser	ja	nein
45/	Wenn ich etwas unrechtes tue, straft mich mein Gewissen heftig	ja	nein
46/	Ich habe eine Reihe von klaren Zielen und arbeite systematisch auf sie zu	ja	nein
47/	Ich kenne keinen den ich wirklich hasse	ja	nein
48/	Lieber gebe ich mal in einem Punkt nach, als daß ich mich darüber streite	ja	nein
49/	Wenn jemand öffentliche Einrichtungen zerstört oder mißachtet, versuche ich die Wut zu verstecken	ja	nein
50/	Ich neige dazu, etwas zu anspruchsvoll oder genau zu sein	ja	nein
51/	Ich vertrödle meine Zeit, bevor ich mit meiner Arbeit beginne	ja	nein
52/	Wenn ich mich erinnere, was mir schon alles passiert ist, fühle ich mich vom Schicksal etwas vernachlässigt	ja	nein
53/	Ich habe fast immer eine schlagfertige Antwort bereit	ja	nein

		stimmt	
54/	Ich befolge strikt meine ethischen Prinzipien	ja	nein
55/	Wenn mich jemand an einem Vorhaben hindert oder eine wichtige Handlung unterbricht, setze ich ein Pokergesicht auf	ja	nein

56/	Ich überlege gewöhnlich, welche versteckten Gründe jemand haben kann, um etwas für mich zu tun	ja	nein
57/	Ich denke gründlich über etwas nach, bevor ich eine Entscheidung treffe	ja	nein
58/	Wenn jemand Schwächere angreift oder in ihrer Würde verletzt, versuche ich meine körperlichen Anzeichen von Erregung zu verbergen	ja	nein
59/	Ich glaube, daß andere Leute viel mehr Glück haben als ich	ja	nein
60/	Ich scheue mich, allein in einen Raum zu gehen in dem andere Leute bereits zusammen sitzen und sich unterhalten	ja	nein

61/	Ich strebe danach, alles mir Mögliche zu erreichen	ja	nein
62/	Ich halte mich auf dem laufenden und treffe gewöhnlich intelligente Entscheidungen	ja	nein
63/	Wenn mich jemand provoziert, beleidigt oder seine Geringschätzung spüren läßt, zeige ich meine Gefühle nicht	ja	nein
64/	Manchmal meine ich, daß mich das Leben hart anpackt	ja	nein
65/	Ich würde mich beim Kellner oder Geschäftsführer eines Restaurants beschweren, wenn ein schlechtes Essen serviert wird	ja	nein

66/	Wenn ein Vorhaben sich als zu schwierig erweist, neige ich dazu, etwas Neues anzufangen	ja	nein
67/	Wenn jemand auf den ich mich verlasse, mir gegenüber ungerecht, unehrlich oder unzuverlässig ist, sage ich mir, daß die betreffende Person das ja nicht böswillig getan hat	ja	nein
68/	Ich bin kein sehr systematisch vorgehender Mensch	ja	nein
69/	Ich glaube, ich bekomme eigentlich nie das, was mir zusteht	ja	nein
70/	Ich bin ungern mit Menschen zusammen, die ich noch nicht kenne	ja	nein

71/	Ich treffe nur selten voreilige Entscheidungen	ja	nein
72/	Ich begleiche meine finanziellen Verpflichtungen prompt und vollständig	ja	nein
73/	Ich bin manchmal ziemlich neidisch, aber ich zeige das nicht	ja	nein
74/	Wenn mich jemand tätlich angreift oder Sachen von mir mutwillig beschädigt, denke ich, daß die betreffende Person schon ihre Gründe hat	ja	nein
75/	Es fällt mir schwer, vor einer großen Gruppe von Menschen zu sprechen oder vorzutragen	ja	nein

76/	Wenn jemand in meinen persönlichen Sachen herumsucht, zeige ich meine Reaktionen nicht	ja	nein
77/	Ich bin eine in vielem kompetente Person	ja	nein
78/	Ich werde ziemlich leicht verlegen	ja	nein
79/	Anstrengungen, einen gesunden Lebenswandel zu führen, halte ich gewöhnlich nur ein paar Tage durch	ja	nein
80/	Wenn ich den Leuten zeigen würde, was ich fühle, würden sie mich für einen harten Menschen halten, mit dem man schwer auskommt	ja	nein

		stimmt	
81/	Ich bin im Grunde eher ein ängstlicher Mensch	ja	nein
82/	Wenn jemand auf den ich mich verlasse, mir gegenüber ungerecht, unehrlich oder unzuverlässig ist, stürze ich mich in die Arbeit	ja	nein
83/	Ich bin beim Putzen nicht pingelig	ja	nein
84/	Ich bin eine tüchtige Person, die ihre Arbeit immer erledigt	ja	nein
85/	Fast jede Woche treffe ich jemand, den ich nicht leiden kann	ja	nein
86/	Ich muß schon wirklich krank sein, bevor ich einen Tag bei der Arbeit fehle	ja	nein
87/	Ich versuche, Aufgaben sehr sorgfältig auszuführen, so daß sie nicht noch einmal erledigt werden müssen	ja	nein
88/	Gelegentlich handele ich zuerst und denke dann erst darüber nach	ja	nein
89/	Wenn ich müde bin und gehindert werde, schlafen zu gehen, passe ich auf, daß man mir nichts ansieht	ja	nein
90/	Ich habe manchmal schlecht Gedanken und schäme mich dann über mich selbst	ja	nein
91/	Ich erröte leicht	ja	nein
92/	Bei allem was ich tue strebe ich nach Perfektion	ja	nein
93/	Ich komme häufig in Situationen, auf die ich nur unzureichend vorbereitet bin	ja	nein
94/	Wenn ich etwas Falsches tue, quält mich mein Gewissen sehr	ja	nein
95/	Wenn jemand öffentliche Einrichtungen zerstört oder mißachtet, sage ich mir, daß jeder hin und wieder mal einen Fehler macht	ja	nein
96/	Bei Geselligkeiten und öffentlichen Veranstaltungen bleibe ich lieber im Hintergrund	ja	nein
97/	Es gibt so viele kleine Aufgaben zu erledigen, daß ich sie manchmal einfach alle liegen lasse	ja	nein
98/	Ich lasse gerne alles an seinem Platz, damit ich weiß wo es ist	ja	nein
99/	Die wenigen Mal, wenn ich betrogen habe, litt ich unter unerträglichen Gewissensbissen	ja	nein
100/	Wenn jemand in meinen persönlichen Sachen herumsucht, fange ich an aufzuräumen oder meine Wohnung zu putzen	ja	nein
101/	Wenn ich für mich alleine spiele, kann es schon vorkommen, daß ich etwas schwindele	ja	nein
102/	Man könnte mich in gewisser Weise als arbeitssüchtig bezeichnen	ja	nein
103/	Ich arbeite hart, um meine Ziele zu erreichen	ja	nein
104/	Es fällt mir schwer, den richtigen Gesprächsstoff zu finden, wenn ich jemanden kennenlernen will	ja	nein
105/	Reisen plane ich sehr sorgfältig im voraus	ja	nein
106/	Ich habe Schwierigkeiten, mich dazu zu bringen, das zu tun, was ich tun sollte	ja	nein
107/	Wenn mich jemand provoziert, beleidigt oder seine Geringschätzung spüren läßt, stürze ich mich in eine körperliche Tätigkeit, z.B. Sport, Gartenarbeit, o.ä.	ja	nein

		stimmt	
108/	Leute die sich vor ihrer Arbeit drücken, müssen starke Schuldgefühle haben	ja	nein
109/	Ich weiß, daß Leute hinter meinem Rücken über mich reden	ja	nein
110/	Ich arbeite zielstrebig und effektiv	ja	nein
111/	Bevor ich handele, überdenke ich grundsätzlich die möglichen Konsequenzen	ja	nein
112/	Ich tue viele Dinge, die mir später Gewissensbisse verursachen	ja	nein
113/	Ich bin stolz auf mein gesundes Urteilsvermögen	ja	nein
114/	Wenn mich jemand tätlich angreift oder Sachen von mir mutwillig beschädigt, versuche ich, mich in die betreffende Person zu versetzen	ja	nein
115/	Ich verbringe viel Zeit damit, nach Dingen zu suchen, die ich verlegt habe	ja	nein
116/	Ich werde wohl niemals fähig sein, Ordnung in mein Leben zu bringen	ja	nein
117/	Wenn ich versage, habe ich anschließend Gewissensbisse	ja	nein
118/	Wenn ich eine Verpflichtung eingehe, so kann man sich auf mich bestimmt verlassen	ja	nein
119/	Ich mache mir Gedanken über die Vergebung meiner Sünden	ja	nein
120/	Ich besitze ein hohes Maß an Selbstdisziplin	ja	nein
121/	Ich fühle mich nicht dazu berufen, in meinem Leben etwas besonderes zu erreichen	ja	nein
122/	Beim Reisen schaue ich lieber auf die Landschaft als mich mit den Mitreisenden zu unterhalten	ja	nein
123/	Wenn jemand öffentliche Einrichtungen zerstört oder mißachtet, denke ich so etwas kommt schon mal vor	ja	nein
124/	Vorhaben, die ich einmal begonnen habe, bringe ich auch fast immer zu Ende	ja	nein
125/	Ich denke zweimal nach, bevor ich eine Frage beantworte	ja	nein
126/	Ich schließe nur langsam Freundschaften	ja	nein

			stimmt	
1/	Es macht mir offengestanden manchmal Spaß, andere zu quälen		ja	nein
2/	Wenn mir jemand Unrecht getan hat, wünsche ich ihm eine gerechte Strafe		ja	nein
3/	Wird einer aus meinem Freundeskreis angepöbelt, so besorgen wir gemeinsam die Strafe		ja	nein
4/	Ein Hund der nicht gehorcht verdient Schläge		ja	nein
5/	Bei Leuten, die etwas freundlicher sind, als ich es erwarte, bin ich auf der Hut		ja	nein
6/	Wenn ich Zuflucht zu körperlicher Gewalt nehmen muß, um meine Rechte zu verteidigen, so tue ich es		ja	nein
7/	Zwischen anderen und mir gibt es oft Meinungsverschiedenheiten		ja	nein
8/	Als Kind habe ich manchmal ganz gerne andere gequält, z.B. Arme umgedreht, an Haaren gezogen		ja	nein
9/	Ich male mir manchmal aus, wie übel es eigentlich denen ergehen müßte, die mir Unrecht tun		ja	nein
10/	Wenn mich eine Fliege ärgert, bin ich erst zufrieden, wenn ich sie gefangen habe		ja	nein
11/	Es gab Leute, die mich so ärgerten, daß es zu einer Schlägerei kam		ja	nein
12/	Mir hat es als Kind eigentlich Spaß gemacht, wenn andere von Eltern oder von Lehrern Prügel bezogen		ja	nein
13/	Ich hatte schon einmal solchen Zorn auf jemand, daß ich ihm den Tod wünschte		ja	nein
14/	Ein Pferd, das nicht gut zieht, soll die Peitsche spüren			ja nein
15/	Mein Motto ist: vertraue nie Fremden		ja	nein
16/	Ich habe offengestanden schon Tiere gequält		ja	nein
17/	Einem Menschen, der mich bösartig verlassen hat, wünsche ich eine gesalzene Strafe		ja	nein
18/	Wenn jemand meinem Freund was böses tut, bin ich dabei, wenn es heimgezahlt wird		ja	nein
19/	Es macht mir Spaß, anderen Fehler nachzuweisen		ja	nein
20/	Gelegentlich kann ich einen Drang, anderen weh zu tun, nicht beherrschen		ja	nein
21/	Ich stelle mir manchmal vor, daß meinen Widersachern etwas zustößt		ja	nein
22/	Sind wir zu mehreren, so überkommt mich oft eine unwiderstehliche Lust zu groben Streichen		ja	nein
23/	Wer mich ernsthaft beleidigt, handelt sich eine Ohrfeige ein		ja	nein
24/	Nach einer Party habe ich oft Lust, mit den anderen irgendwie Leute zu ärgern		ja	nein
25/	Ich glaube, ich könnte ein leidenschaftlicher Jäger sein		ja	nein
26/	Es macht mir Spaß, mit einem Stock Blumen zu köpfen		ja	nein
27/	Ich spreche oft Drohungen aus, die ich gar nicht ernst meine		ja	nein
28/	Lieber jemanden die Nase einschlagen, als feige zu sein		ja	nein
29/	Wenn ich mit einem Bierdeckel spiele, so passiert es leicht, daß ich ihn allmählich in Stücke zerreiße, oder ihn durchbohre		ja	nein
30/	Ich mache mich gerne über andere Leute lustig		ja	nein
31/	Ich verbreite manchmal Klatsch über Leute, die ich nicht leiden kann			ja nein
32/	Manchmal macht es mir Freude, Menschen zu verletzen, die ich liebe		ja	nein

Fragebogen-Itemschlüssel für alle erhobenen Fragebogenskalen (inklusiver derer, die nicht zur Entscheidung über die Hypothesen herangezogen wurden, also als Füllitems fu n-gierten):

Aggressionsfragebogen von Buss u. Durkee (BDHI) Seite 3-7 (Af 6, Af7, Af8)
Dimension 2 Aggressionshemmung mit den Skalen: 6 aggressives Mißtrauen, 7 aggressive Eifersucht und Ha, 8 Schuldgefühle

Skala 6 Item Nr. 19,33,(neg) 4,9,23,28,38,44,56,109,(pos) (10 Items)

Skala 7 Item Nr. 47,(neg) 52,59,64,69,73,80,85(pos) (8 Items)

Skala 8 Item Nr 90,94,99,119,108,112,117,3,8, (9 Items)

Fragen zur sozialen Hemmung (FSH) von M. Thomas Seite 3-7 (FSH)

Item Nr. 37,(neg) 22,42,13,17,27,32,(pos) (7 Items)

NEO-PI-R Seite 3-7 (N1-N6) Gewissenhaftigkeit
mit den Skalen NEOC1, NEOC2, NEOC3, NEOC4,NEOC5, NEOC6

N1 Item Nr.2,62,113,77,110,(pos) 31,93,14,(neg) (8 Items)

N2 Item Nr. 35,98,50,(pos) 7,68,116,83,115,(neg) (8 Items)

N3 Item Nr. 11,41,72,118,54,87,86,(pos) 101(neg) (8 Items)

N4 Item Nr. 46,103,61,92,102,(pos) 16,79,121,(neg) (8 Items)

N5 Item Nr. 21,84,124,120,(pos) 51,106,66,97,(neg) (8 Items)

N6 Item Nr. 57,111,71,105,125,(pos) 26,88,5,(neg) (8 Items)

SRI-AgR Seite 3-7 mit den Skalen (A41) Hemmung der Aggressions-Emotion
 (A42) Hemmung der Äußerung
 (B1a1) Ablenkung durch aktive Ersatzhandlungen
 (B3) Nachsichtiges Verhalten

A41 Item Nr. 6,12,18,24,30,36, (6 Items)

A42 Item Nr. 43,49,55,58,63,76,89 (7 Items)

B1a1 Item Nr. 100,107,82, (3 Items)

B3 Item Nr. 40,67,74,95,114,123, (6 Items)

STAXI: Seite 13
Skalen: Teil 3 Ärgerausdruck
AI: 22, 24, 25, 28, 20, 41, 42, 44
AO: 26, 27, 31, 35, 37, 38, 39, 43,
AC: 21, 23, 29, 32, 33, 34, 36, 40

FAF Seite 12
Skalen: 1spontane Aggression und 2 reaktive Aggression
1: Item Nr. 1,7,8,11,12,13,16,19,20,21,22,24,25,26,27,29,30,31,32 (19 Fragen).

2: Item Nr. 2,3,4,5,6,9,10,14,15,17,18,23,28 (13 Fragen)

ROS Seite 10 u. 11
Skala E und I
E: Item Nr. 3,4,6,8,910,11,12,14,15,17,19. (12 Items)

I: Item Nr. 1,2,5,7,13,16,18,20,21. (9 Items)

EPQ-Rk Seite 8 u. 9
Skalen P,E,N,L
P Item Nr. 16,26,47,(pos)   3,6,7,10,12,22,31,37,39,44,50(neg.) (14 Items)

E Item Nr. 2,5,8,11,24,27,30,36,46,49,(pos)   15,25,(neg) (12 Items)

N Item Nr. 1,9,13,17,19,20,21,32,34,38,41,42,(pos) (12 Items)

L Item Nr. 14,43,(pos)   4,18,23,28,29,33,35,40,45,48,(neg) (12 Items)

FAF Seite 3-7 (FAFAGH) Skala Aggressionshemmung

Item Nr. 1,10,15,20,25,,29,34,39,45,48, (10 Items)

FPI-R Seite 3-7 (FPI) Skala Gehemmtheit
Item-Nr. 53,65,(neg)   60,70,75,78,81,91,96,104,122, 126(pos)   (12 Items)

AggR retr. Seite 20

ungerichtete Aggression Item Nr.5,10,16

Aggression gegen Personen Item Nr. 2,7,13,17,23,25

Selbstaggression Item Nr. 20

Aggressionshemmung Item Nr. 8,22

Impunitivität Item Nr. 1,11,14,26

Untersuchungsprotokoll   Datum:

Hat die Vp das Spiel bereits einmal gespielt? Ja:__   Nein:__

Hat die Vp das Spiel oft gespielt: weniger oft __   oft__   sehr oft__

Kennt die Vp das Spiel: ja__   nein__

Vp-Nummer: _____

Gruppe/ wievielte Person der Gruppe: _____/_____

Kodename: _____
_____

Uhrzeit:

_____Beginn   (Beginn voll ausgeschrieben danach nur noch Minutenangaben

_____Einlegen der Watte aus der Salivette

_____Herausnahme der Watte

1.Messung: Zeit: ____ ____ ____

    Blutdruck: a) systolisch   ____ ____ ____

             b) diastolisch   ____ ____ ____

                  Puls: ____ ____ ____

_____Probedurchgang

_____Spielbeginn

    Anzahl der Züge nach 1,5 Minuten: _____

    Anzahl der Züge nach 1 Minute: _____

    Gesamtanzahl der Züge (nach 2,5 min): _____

2.Messung: Zeit: ____ ____ ____

    Blutdruck: a) systolisch   ____ ____ ____

             b) diastolisch   ____ ____ ____

                  Puls: ____ ____ ____

_____Einlegen der Watte aus der Salivette

_____Herausnehmen der Watte

_____Untersuchungsende

Bemerkungen:
_____
_____
_____
_____
_____
_____
_____

Mittelwerte und Standardabweichungen der Skalen, die zur Entscheidung über die Hypothesen 1-6 herangezogen wurden (N=98)

Skalenbezeichnung	Mittelwerte	Standardabweichung
Religiosität gesamt	59,34	14,84
intrinsische Religiosität	26,68	12,73
extrinsische Religiosität	32,65	6,96
reaktive Aggression (FAF)	3,04	1,98
spontane Aggression (FAF)	3,97	2,82
Psychotizismus (EPQ-Rk)	3,08	1,90
Anger Out (STAXI)	14.87	3,93
Anger-In (STAXI)	16,41	4,51
Anger-Control (STAXI)	20,82	4,67
Aggressionshemmung (FAF)	4,92	2,14
gehemmte Aggression (BDHI)	9,89	4,17
aggressives Mißtrauen (BDHI)	4,15	1,91
aggressive Eifersucht u. Haß (BDHI)	2,18	1,65
Schuldgefühle (BDHI)	3,55	2,23
Gehemmtheit (FPI)	5,07	2,99

Korrelationswerte der Religiosität mit den verschiedenen anderen Skalen, die zur Entscheidung über die Hypothesen 1-6 herangezogen wurden. (N=98)

Korrelierte Skalen	Religiosität (gesamt)	p-Werte
reaktive Aggression (FAF)	-0,147	0,150
spontane Aggression (FAF)	0,031	0,762
Psychotizismus (EPQ-Rk)	**-0,327**	**0,001**
Anger Out (STAXI)	0,051	0,619
Anger-In (STAXI)	0,052	0,615
Anger-Control (STAXI)	0,006	0,833
Aggressionshemmung (FAF)	**0,316**	**0,001**
gehemmte Aggression (BDHI)	**0,204**	**0,044**
aggressives Mißtrauen (BDHI)	0,040	0,696
aggressive Eifersucht u. Haß (BDHI)	0,169	0,097
Schuldgefühle (BDHI)	**0,223**	**0,028**
Gehemmtheit (FPI)	0,101	0,323

Korrelationswerte der extrinsischen Religiosität mit den verschiedenen anderen Skalen, die zur Entscheidung über die Hypothesen 1-6 herangezogen wurden. (N=98)

	extrinsische Religiosität	p-Werte
Korrelierte Skalen		
reaktive Aggression (FAF)	0,006	0,951
spontane Aggression (FAF)	-0,046	0,655
Psychotizismus (EPQ-Rk)	**-0,312**	**0,002**
Anger Out (STAXI)	0,132	0,198
Anger-In (STAXI)	0, 070	0,494
Anger-Control (STAXI)	0, 022	0,833
Aggressionshemmung (FAF)	0,087	0,392
gehemmte Aggression (BDHI)	0,081	0,429
aggressives Mißtrauen (BDHI)	0,037	0,715
aggressive Eifersucht u. Haß (BDHI)	0,085	0,408
Schuldgefühle (BDHI)	0,056	0,581
Gehemmtheit (FPI)	0,120	0,240

Korrelationswerte der intrinsischen Religiosität mit den verschiedenen anderen Skalen, die zur Entscheidung über die Hypothesen 1-6 herangezogen wurden. (N=98)

	intrinsische Religiosität	p-Werte
Korrelierte Skalen		
reaktive Aggression (FAF)	-0,174	0,086
spontane Aggression (FAF)	0,061	0,550
Psychotizismus (EPQ-Rk)	**-0,211**	**0,037**
Anger Out (STAXI)	-0,012	0,904
Anger-In (STAXI)	0,022	0,834
Anger-Control (STAXI)	-0,005	0,959
Aggressionshemmung (FAF)	**0,321**	**0,001**
gehemmte Aggression (BDHI)	**0,193**	**0,056**
aggressives Mißtrauen (BDHI)	0,026	0,798
aggressive Eifersucht u. Haß (BDHI)	0,150	0,139
Schuldgefühle (BDHI)	**0,229**	**0,024**
Gehemmtheit (FPI)	0,052	0,611

Ergebnisse der t-Tests für unabhängige Stichproben zur Überprüfung der Mittelwertsunterschiede (prä-Werte), der abhängigen Variablen im Experiment, zwischen der Gruppe der religiösen Personen, die eine Ärgerinduktion erhalten haben (rel(+),hemm(+/-) (E)) und der Kontrollgruppe

Abhängige Variablen	Gruppe	Mittelwert	Standard-abweichung	df	t-Wert	p-Wert
systolischer Blutdruck	rel(+),hemm(+/-)(E) (N=20)	111,05	10,57	28	1,45	0,158
	Kontrollgruppe (N=10)	105,67	7,10			
diastolischer Blutdruck	rel(+),hemm(+/-)(E) (N=20)	65,88	7,71	28	2,34	0,026
	Kontrollgruppe (N=10)	59,23	6,44			
Herzrate	rel(+),hemm(+/-)(E) (N=20)	73,87	10,32	28	-0,61	0,548
	Kontrollgruppe (N=10)	76,23	9,45			
State-Änger (STAXI)	rel(+),hemm(+/-)(E) (N=20)	11,50	3,30	28	-0,57	0,571
	Kontrollgruppe (N=10)	12,40	5,30			
Item 1 (BSKE) innere Erregtheit	rel(+),hemm(+/-)(E) (N=20)	2,20	1,11	28	0,46	0,649
	Kontrollgruppe (N=10)	2,00	1,15			
Item 2 (BSKE) seelisches Wohlbefinden	rel(+),hemm(+/-)(E) (N=20)	4,10	2,40	28	0,99	0,331
	Kontrollgruppe (N=10)	3,30	1,16			
Item 3 (BSKE) Energielosigkeit	rel(+),hemm(+/-)(E) (N=20)	2,15	1,35	28	-0,41	0,684
	Kontrollgruppe (N=10)	2,40	1,96			
Item 4 (BSKE) Kontaktfreudigkeit	rel(+),hemm(+/-)(E) (N=20)	3,25	1,16	28	-1,26	0,217
	Kontrollgruppe (N=10)	3,80	1,03			
Item 5 (BSKE) Ängstlichkeit	rel(+),hemm(+/-)(E) (N=20)	0,95	1,05	28	-0,13	0,900
	Kontrollgruppe (N=10)	1,00	0,94			
Item 6 (BSKE) körperliche Erregtheit	rel(+),hemm(+/-)(E) (N=20)	2,40	1,14	28	0,00	1,000
	Kontrollgruppe (N=10)	2,40	1,17			
Item 7 (BSKE) Aggressivität	rel(+),hemm(+/-)(E) (N=20)	0,70	1,03	28	0,00	1,000
	Kontrollgruppe (N=10)	0,70	1,25			
Item 8 (BSKE) Aktivität	rel(+),hemm(+/-)(E) (N=20)	2,90	1,12	28	-0,41	0,686
	Kontrollgruppe (N=10)	3,10	1,52			
Item 9 (BSKE) Empfindlichkeit	rel(+),hemm(+/-)(E) (N=20)	2,20	1,28	28	0,62	0,542
	Kontrollgruppe	1,90	1,20			
Item 10 (BSKE) innere Entspannung	rel(+),hemm(+/-)(E) (N=20)	2,80	1,11	28	-0,23	0,817
	Kontrollgruppe (N=10)	2,90	1,10			
Item 11 (BSKE) Mißstimmung	rel(+),hemm(+/-)(E) (N=20)	1,40	1,47	28	0,53	0,600
	Kontrollgruppe (N=10)	1,10	1,45			
Item 12 (BSKE) Wachheit	rel(+),hemm(+/-)(E) (N=20)	3,50	1,40	28	-0,37	0,716
	Kontrollgruppe (N=10)	3,70	1,42			
Item 13 (BSKE) Freude	rel(+),hemm(+/-)(E) (N=20)	2,40	1,35	28	-0,18	0,858
	Kontrollgruppe (N=10)	2,50	1,58			
Item 14 (BSKE) Traurigkeit	rel(+),hemm(+/-)(E) (N=20)	1,15	1,53	28	0,83	0,413
	Kontrollgruppe (N=10)	0,70	1,06			
Item 15 (BSKE) Selbstsicherheit	rel(+),hemm(+/-)(E) (N=20)	3,95	0,89	28	0,43	0,669
	Kontrollgruppe (N=10)	3,80	0,92			
Item 16 (BSKE) Feindseligkeit	rel(+),hemm(+/-)(E) (N=20)	0,80	1,20	28	0,92	0,368
	Kontrollgruppe (N=10)	0,40	0,97			
Item 17 (BSKE) Benommenheit	rel(+),hemm(+/-)(E) (N=20)	1,95	1,79	28	0,35	0,731
	Kontrollgruppe (N=10)	1,70	2,00			
Item 18 (BSKE) Ärger	rel(+),hemm(+/-)(E) (N=20)	0,75	1,02	28	0,34	0,736
	Kontrollgruppe (N=10)	0,60	1,35			
Item 19 (BSKE) Müdigkeit	rel(+),hemm(+/-)(E) (N=20)	2,70	1,69	28	0,15	0,883
	Kontrollgruppe (N=10)	2,60	1,84			
Item 20 (BSKE) gehobene Stimmung	rel(+),hemm(+/-)(E) (N=20)	2,85	1,35	28	-0,09	0,931
	Kontrollgruppe (N=10)	2,90	1,73			
Item 21 (BSKE) Konzentriertheit	rel(+),hemm(+/-)(E) (N=20)	3,35	0,93	28	-0,61	0,544
	Kontrollgruppe (N=10)	3,60	1,26			
Item 22 (BSKE) Nach-Innen-Gekehrt-Sein	rel(+),hemm(+/-)(E) (N=20)	1,80	1,82	28	0,72	0,476
	Kontrollgruppe (N=10)	1,30	1,70			
Item 23 (BSKE) körperliches Unwohlsein	rel(+),hemm(+/-)(E) (N=20)	0,95	1,19	28	0,10	0,924
	Kontrollgruppe (N=10)	0,90	1,60			
Item 24 (BSKE) Verträumtheit	rel(+),hemm(+/-)(E) (N=20)	2,10	1,52	28	0,66	0,513
	Kontrollgruppe (N=10)	1,70	1,64			

Ergebnisse der zweifaktoriellen Varianzanalyse für unabhängige Stichproben zur Überprüfung der Mittelwertsunterschiede (post-Werte), der abhängigen Variablen im Experiment, zwischen der Gruppe der religiösen Personen, die eine Ärgerinduktion erhalten haben (rel(+),hemm(+/-) (E)) und der Kontrollgruppe

Variable	Effekt	Mittelwerte	F	df	p
systolischer Blutdruck	Ärgerinduktion ja nein	112,72 108,37	1,04	1	0,316
	Hemmung hoch niedrig	113,16 109,78	2,09	1	0,161
	Interaktion Ärgerinduktion (ja) Hemmung hoch/niedrig	112,23/113,20	2,79	1	0,107
	Ärgerinduktion (nein) Hemmung hoch/niedrig	115,00/101,73			

Variable	Effekt	Mittelwerte	F	df	p
Herzrate	Ärgerinduktion ja nein	73,03 72,80	0,00	1	0,950
	Hemmung hoch niedrig	74,02 71,89	0.20	1	0,660
	Interaktion Ärgerinduktion (ja) Hemmung hoch/niedrig	74,60/71,47	0,17	1	0,687
	Ärgerinduktion (nein) Hemmung hoch/niedrig	72,87/72,73			

Variable	Effekt	Mittelwerte	F	df	p
State-Anger	Ärgerinduktion ja nein	12,45 11,70	0,96	1	0,336
	Hemmung hoch niedrig	12,2 12,2	0,11	1	0,746
	Interaktion Ärgerinduktion (ja) Hemmung hoch/niedrig	12,20/12,70	0,96	1	0,336
	Ärgerinduktion (nein) Hemmung hoch/niedrig	12,20/11,20			

Variable	Effekt	Mittelwerte	F	df	p
Item 1 (BSKE) innere Erregtheit	Ärgerinduktion ja nein	2,75 3,10	0,54	1	0,469
	Hemmung hoch niedrig	3,07 2,67	0,89	1	0,353
	Interaktion Ärgerinduktion (ja) Hemmung hoch/niedrig Ärgerinduktion (nein) Hemmung hoch/niedrig	2,90/2,60 3,40/2,80	0,10	1	0,755

Variable	Effekt	Mittelwerte	F	df	p
Item 2 (BSKE) seelisches Wohlbefinden	Ärgerinduktion ja nein	3,20 3,00	0,31	1	0,583
	Hemmung hoch niedrig	3,27 3,00	0,31	1	0,583
	Interaktion Ärgerinduktion (ja) Hemmung hoch/niedrig Ärgerinduktion (nein) Hemmung hoch/niedrig	3,40/3,00 3,00/3,00	0,31	1	0,583

Variable	Effekt	Mittelwerte	F	df	p
Item 3 (BSKE) Energielosigkeit	Ärgerinduktion ja nein	1,90 1,70	0,11	1	0,747
	Hemmung hoch niedrig	1,73 1,93	0,24	1	0,628
	Interaktion Ärgerinduktion (ja) Hemmung hoch/niedrig Ärgerinduktion (nein) Hemmung hoch/niedrig	1,90/1,90 1,40/2,00	0,24	1	0,628

Variable	Effekt	Mittelwerte	F	df	p
Item 4 (BSKE) Kontaktfreudigkeit	Ärgerinduktion ja nein	3,05 3,30	0,36	1	0,556
	Hemmung hoch niedrig	3,20 3,07	0,10	1	0,906
	Interaktion Ärgerinduktion (ja) Hemmung hoch/niedrig Ärgerinduktion (nein) Hemmung hoch/niedrig	3,20/2,90 3,20/3,40	0,36	1	0,556

Variable	Effekt	Mittelwerte	F	df	p
Item 5 (BSKE) Ängstlichkeit	Ärgerinduktion ja nein	0,85 0,50	1,04	1	0,318
	Hemmung hoch niedrig	0,87 0,60	1,71	1	0,202
	Interaktion Ärgerinduktion (ja) Hemmung hoch/niedrig Ärgerinduktion (nein) Hemmung hoch/niedrig	0,80/0,90 1,00/0,00	2,56	1	0,122

Variable	Effekt	Mittelwerte	F	df	p
Item 6 (BSKE) körperliche Erregtheit	Ärgerinduktion ja nein	2,40 2,60	0,14	1	0,709
	Hemmung hoch niedrig	2,80 2,13	2,27	1	0,144
	Interaktion Ärgerinduktion (ja) Hemmung hoch/niedrig Ärgerinduktion (nein) Hemmung hoch/niedrig	2,60/2,20 3,20/2,00	0,57	1	0,458

Variable	Effekt	Mittelwerte	F	df	p
Item 7 (BSKE) Aggressivität	Ärgerinduktion ja nein	1,00 1,30	0,36	1	0,552
	Hemmung hoch niedrig	1,47 0,73	5,80	1	0,023
	Interaktion Ärgerinduktion (ja) Hemmung hoch/niedrig Ärgerinduktion (nein) Hemmung hoch/niedrig	0,90/1,10 2,60/0,00	7,90	1	0,009

Variable	Effekt	Mittelwerte	F	df	p
Item 8 (BSKE) Aktivität	Ärgerinduktion ja nein	3,70 3,20	1,44	1	0,240
	Hemmung hoch niedrig	3,73 3,33	1,44	1	0,240
	Interaktion Ärgerinduktion (ja) Hemmung hoch/niedrig Ärgerinduktion (nein) Hemmung hoch/niedrig	3,80/3,60 3,60/2,80	0,52	1	0,477

Variable	Effekt	Mittelwerte	F	df	p
Item 9 (BSKE) Empfindlichkeit	Ärgerinduktion ja nein	1,90 1,60	0,46	1	0,540
	Hemmung hoch niedrig	1,73 1,87	0,05	1	0,823
	Interaktion Ärgerinduktion (ja) Hemmung hoch/niedrig Ärgerinduktion (nein) Hemmung hoch/niedrig	1,80/2,00 1,60/1,60	0,05	1	0,823

Variable	Effekt	Mittelwerte	F	df	p
Item 10 (BSKE) innere Entspannung	Ärgerinduktion ja nein	2,55 2,90	0,78	1	0,386
	Hemmung hoch niedrig	2,47 2,87	1,92	1	0,178
	Interaktion Ärgerinduktion (ja) Hemmung hoch/niedrig Ärgerinduktion (nein) Hemmung hoch/niedrig	2,50/2,60 2,40/3,40	1,29	1	0,267

Variable	Effekt	Mittelwerte	F	df	p
Item 11 (BSKE) Mißstimmung	Ärgerinduktion ja nein	1,55 1,00	1,02	1	0,321
	Hemmung hoch niedrig	1,47 1,27	0,41	1	0,526
	Interaktion Ärgerinduktion (ja) Hemmung hoch/niedrig Ärgerinduktion (nein) Hemmung hoch/niedrig	1,50/1,60 1,40/0,60	0,68	1	0,416

Variable	Effekt	Mittelwerte	F	df	p
Item 12 (BSKE) Wachheit	Ärgerinduktion ja nein	3,90 3,50	0,61	1	0,441
	Hemmung hoch niedrig	3,93 3,60	0,61	1	0,441
	Interaktion Ärgerinduktion (ja) Hemmung hoch/niedrig Ärgerinduktion (nein) Hemmung hoch/niedrig	4,00/3,80 3,80/3,20	0,15	1	0,699

Variable	Effekt	Mittelwerte	F	df	p
Item 13 (BSKE) Freude	Ärgerinduktion ja nein	2,85 2,50	0,41	1	0,527
	Hemmung hoch niedrig	3,20 2,27	3,70	1	0,066
	Interaktion Ärgerinduktion (ja) Hemmung hoch/niedrig Ärgerinduktion (nein) Hemmung hoch/niedrig	3,20/2,50 3,20/1,80	0,41	1	0,527

Variable	Effekt	Mittelwerte	F	df	p
Item 14 (BSKE) Traurigkeit	Ärgerinduktion ja nein	1,00 0,60	0,70	1	0,411
	Hemmung hoch niedrig	0,73 1,00	0,39	1	0,537
	Interaktion Ärgerinduktion (ja) Hemmung hoch/niedrig Ärgerinduktion (nein) Hemmung hoch/niedrig	0,90/1,10 0,40/0,80	0,04	1	0,836

Variable	Effekt	Mittelwerte	F	df	p
Item 15 (BSKE) Selbstsicherheit	Ärgerinduktion ja nein	3,45 3,20	0,36	1	0,556
	Hemmung hoch niedrig	3,33 3,40	0,01	1	0,906
	Interaktion Ärgerinduktion (ja) Hemmung hoch/niedrig Ärgerinduktion (nein) Hemmung hoch/niedrig	3,40/3,50 3,20/3,20	0,01	1	0,906

Variable	Effekt	Mittelwerte	F	df	p
Item 16 (BSKE) Feindseligkeit	Ärgerinduktion ja nein	1,10 0,90	0,16	1	0,691
	Hemmung hoch niedrig	1,13 0,93	1,46	1	0,238
	Interaktion Ärgerinduktion (ja) Hemmung hoch/niedrig Ärgerinduktion (nein) Hemmung hoch/niedrig	0,80/1,40 1,80/0,00	5,83	1	0,023

Variable	Effekt	Mittelwerte	F	df	p
Item 17 (BSKE) Benommenheit	Ärgerinduktion ja nein	1,40 1,80	0,52	1	0,478
	Hemmung hoch niedrig	1,40 1,67	0,13	1	0,722
	Interaktion Ärgerinduktion (ja) Hemmung hoch/niedrig Ärgerinduktion (nein) Hemmung hoch/niedrig	1,20/1,60 1,80/1,80	0,13	1	0,722

Variable	Effekt	Mittelwerte	F	df	p
Item 18 (BSKE) Ärger	Ärgerinduktion ja nein	1,15 1,10	0,01	1	0,911
	Hemmung hoch niedrig	1,27 1,00	1,45	1	0,226
	Interaktion Ärgerinduktion (ja) Hemmung hoch/niedrig Ärgerinduktion (nein) Hemmung hoch/niedrig	1,00/1,30 1,80/0,40	3,67	1	0,066

Variable	Effekt	Mittelwerte	F	df	p
Item 19 (BSKE) Müdigkeit	Ärgerinduktion ja nein	2,10 2,60	0,75	1	0,394
	Hemmung hoch niedrig	2,27 2,27	0,12	1	0,732
	Interaktion Ärgerinduktion (ja) Hemmung hoch/niedrig Ärgerinduktion (nein) Hemmung hoch/niedrig	2,30/1,90 2,20/3,00	1,08	1	0,308

Variable	Effekt	Mittelwerte	F	df	p
Item 20 (BSKE) gehobene Stimmung	Ärgerinduktion ja nein	2,75 2,60	0,09	1	0,772
	Hemmung hoch niedrig	3,20 2,20	5,06	1	0,033
	Interaktion Ärgerinduktion (ja) Hemmung hoch/niedrig Ärgerinduktion (nein) Hemmung hoch/niedrig	3,10/2,40 3,40/1,80	0,77	1	0,387

Variable	Effekt	Mittelwerte	F	df	p
Item 21 (BSKE) Konzentriertheit	Ärgerinduktion ja nein	3,60 3,50	0,03	1	0,865
	Hemmung hoch niedrig	3,87 3,27	1,06	1	0,312
	Interaktion Ärgerinduktion (ja) Hemmung hoch/niedrig Ärgerinduktion (nein) Hemmung hoch/niedrig	3,90/3,30 3,80/3,20	0,00	1	1,000

Variable	Effekt	Mittelwerte	F	df	p
Item 22 (BSKE) Nach-Innen-Gekehrt-Sein	Ärgerinduktion ja nein	1,35 1,70	0,31	1	0,581
	Hemmung hoch niedrig	1,53 1,40	0,01	1	0,937
	Interaktion Ärgerinduktion (ja) Hemmung hoch/niedrig Ärgerinduktion (nein) Hemmung hoch/niedrig	1,50/1,20 1,60/1,80	0,16	1	0,693

Variable	Effekt	Mittelwerte	F	df	p
Item 23 (BSKE) körperliches Unwohlsein	Ärgerinduktion ja nein	0,65 0,80	0,15	1	0,704
	Hemmung hoch niedrig	0,80 0,60	0,02	1	0,899
	Interaktion Ärgerinduktion (ja) Hemmung hoch/niedrig Ärgerinduktion (nein) Hemmung hoch/niedrig	0,90/0,40 0,60/1,00	1,32	1	0,260

Variable	Effekt	Mittelwerte	F	df	p
Item 24 (BSKE)	Ärgerinduktion ja nein	1,20 1,30	0,03	1	0,858
	Hemmung hoch niedrig	1,07 1,40	0,82	1	0,373
	Interaktion Ärgerinduktion (ja) Hemmung hoch/niedrig Ärgerinduktion (nein) Hemmung hoch/niedrig	1,20/1,20 0,80/1,80	0,82	1	0,373

Ergebnis der zweifaktoriellen Covarianzanalyse für unabhängige Stichproben zur Überprüfung des Mittelwertsunterschiedes (post-Werte), des diastolischen Blutdrucks im Experiment, zwischen der Gruppe der religiösen Personen, die eine Ärgerinduktion erhalten haben (rel(+),hemm(+/-) (E)) und der Kontrollguppe

Variable	Effekt	adjustierte Mittel-werte	F	df	p
	Ärgerinduktion ja nein	65,40 62,50	1.21	1	n.s.
	Hemmung hoch niedrig	65,05 62,85	0,82	1	n.s.
	Interaktion Ärgerinduktion (ja) Hemmung hoch/niedrig Ärgerinduktion (nein) Hemmung hoch/niedrig	65,47/65,34 64,64/60,36	0,73	1	n.s.

Ergebnisse der t-Tests für unabhängige Stichproben zur Überprüfung der Mittelwertsunter-schiede (prä-Werte), der abhängigen Variablen im Experiment, zwischen der Gruppe der religiösen und hoch gehemmten Personen (rel(+),hemm(+)) und der Gruppe der religiösen und niedrig gehemmten Personen (rel(+),hemm(-))

Abhängige Variablen	Gruppe	Mittelwert	Standardabweichung	df	t-Wert	p-Wert
systolischer Blutdruck	rel(+),hemm(+)(N=10)	113,77	11,17	18	1,16	0,500
	rel(+),hemm(-)(N=10)	108,33	9,73			
diastolischer Blutdruck	rel(+),hemm(+)(N=10)	68,00	6,01	18	1,25	0,229
	rel(+),hemm(-)(N=10)	63,77	8,91			
Herzrate	rel(+),hemm(+)(N=10)	74,23	11,13	18	0,16	0,879
	rel(+),hemm(-)(N=10)	73,50	10,04			
State-Änger (STAXI)	rel(+),hemm(+)(N=10)	10,90	0,99	18	-0,81	0,431
	rel(+),hemm(-)(N=10)	12,10	4,61			
Item 1 (BSKE) innere Erregtheit	rel(+),hemm(+)(N=10)	2,30	1,25	18	0,40	0,697
	rel(+),hemm(-)(N=10)	2,10	0,99			
Item 2 (BSKE) seelisches Wohlbefinden	rel(+),hemm(+)(N=10)	3,80	0,42	18	-0,55	0,591
	rel(+),hemm(-)(N=10)	4,40	3,44			
Item 3 (BSKE) Energielosigkeit	rel(+),hemm(+)(N=10)	2,20	1,14	18	0,16	0,873
	rel(+),hemm(-)(N=10)	2,10	1,60			
Item 4 (BSKE) Kontaktfreudigkeit	rel(+),hemm(+)(N=10)	3,30	1,25	18	0,19	0,854
	rel(+),hemm(-)(N=10)	3,20	1,14			
Item 5 (BSKE) Ängstlichkeit	rel(+),hemm(+)(N=10)	0,90	1,10	18	-0,21	0,838
	rel(+),hemm(-)(N=10)	1,00	1,05			
Item 6 (BSKE) körperliche Erregtheit	rel(+),hemm(+)(N=10)	2,80	0,79	18	1,63	0,120
	rel(+),hemm(-)(N=10)	2,00	1,33			
Item 7 (BSKE) Aggressivität	rel(+),hemm(+)(N=10)	0,50	0,71	18	-0,86	0,400
	rel(+),hemm(-)(N=10)	0,90	1,29			
Item 8 (BSKE) Aktivität	rel(+),hemm(+)(N=10)	3,10	0,74	18	0,79	0,439
	rel(+),hemm(-)(N=10)	2,70	1,42			
Item 9 (BSKE) Empfindlichkeit	rel(+),hemm(+)(N=10)	2,40	0,97	18	0,69	0,500
	rel(+),hemm(-)(N=10)	2,00	1,56			
Item 10 (BSKE) innere Entspannung	rel(+),hemm(+)(N=10)	2,80	0,92	18	0,00	1,000
	rel(+),hemm(-)(N=10)	2,80	1,32			
Item 11 (BSKE) Mißstimmung	rel(+),hemm(+)(N=10)	1,20	1,23	18	-0,60	0,556
	rel(+),hemm(-)(N=10)	1,60	1,71			
Item 12 (BSKE) Wachheit	rel(+),hemm(+)(N=10)	3,70	0,95	18	0,63	0,536
	rel(+),hemm(-)(N=10)	3,30	1,77			
Item 13 (BSKE) Freude	rel(+),hemm(+)(N=10)	2,70	1,49	18	0,99	0,335
	rel(+),hemm(-)(N=10)	2,10	1,20			
Item 14 (BSKE) Traurigkeit	rel(+),hemm(+)(N=10)	0,90	1,20	18	-0,72	0,480
	rel(+),hemm(-)(N=10)	1,40	1,84			
Item 15 (BSKE) Selbstsicherheit	rel(+),hemm(+)(N=10)	4,10	0,88	18	0,75	0,464
	rel(+),hemm(-)(N=10)	3,80	0,92			
Item 16 (BSKE) Feindseligkeit	rel(+),hemm(+)(N=10)	0,50	1,80	18	-1,13	0,274
	rel(+),hemm(-)(N=10)	1,10	1,45			
Item 17 (BSKE) Benommenheit	rel(+),hemm(+)(N=10)	1,50	1,78	18	-1,13	0,273
	rel(+),hemm(-)(N=10)	2,40	1,78			
Item 18 (BSKE) Ärger	rel(+),hemm(+)(N=10)	0,70	1,06	18	-0,21	0,833
	rel(+),hemm(-)(N=10)	0,80	1,03			
Item 19 (BSKE) Müdigkeit	rel(+),hemm(+)(N=10)	2,30	1,57	18	-1,06	0,302
	rel(+),hemm(-)(N=10)	3,10	1,79			
Item 20 (BSKE) gehobene Stimmung	rel(+),hemm(+)(N=10)	2,80	1,38	18	-0,16	0,873
	rel(+),hemm(-)(N=10)	2,90	1,45			
Item 21 (BSKE) Konzentriertheit	rel(+),hemm(+)(N=10)	3,40	0,70	18	0,23	0,818
	rel(+),hemm(-)(N=10)	3,30	1,16			
Item 22 (BSKE) Nach-Innen-Gekehrt-Sein	rel(+),hemm(+)(N=10)	1,70	1,57	18	-0,24	0,814
	rel(+),hemm(-)(N=10)	1,90	2,13			
Item 23 (BSKE) körperliches Unwohlsein	rel(+),hemm(+)(N=10)	1,20	1,48	18	0,94	0,362
	rel(+),hemm(-)(N=10)	0,70	0,82			
Item 24 (BSKE) Verträumtheit	rel(+),hemm(+)(N=10)	1,80	1,48	18	-0,88	0,391
	rel(+),hemm(-)(N=10)	2,40	1,58			

Ergebnisse der t-Tests für unabhängige Stichproben zur Überprüfung der Mittelwertsunter-schiede (post-Werte), der abhängigen Variablen im Experiment, zwischen der Gruppe der religiösen und hoch gehemmten Personen (rel(+),hemm(+)) und der Gruppe der religiösen und niedrig gehemmten Personen (rel(+),hemm(-))

Abhängige Variablen	Gruppe	Mittelwert	Standard-abweichung	df	t-Wert	p-Wert
systolischer Blutdruck	rel(+),hemm(+) (N=10)	112,23	9,26	18	-0,18	0,861
	rel(+),hemm(-)(N=10)	113,20	14,55			
diastolischer Blutdruck	rel(+),hemm(+)(N=10)	69,93	5,53	18	0,97	0,347
	rel(+),hemm(-)(N=10)	66,33	10,42			
Herzrate	rel(+),hemm(+)(N=10)	74,60	8,20	18	0,79	0,442
	rel(+),hemm(-)(N=10)	71,47	9,57			
State-Änger (STAXI)	rel(+),hemm(+)(N=10)	12,20	1,69	18	-0,50	0,626
	rel(+),hemm(-)(N=10)	12,70	2,71			
Item 1 (BSKE) innere Erregtheit	rel(+),hemm(+)(N=10)	2,90	0,85	18	0,49	0,628
	rel(+),hemm(-)(N=10)	2,60	1,26			
Item 2 (BSKE) seelisches Wohlbefinden	rel(+),hemm(+)(N=10)	3,40	0,97	18	1,00	0,331
	rel(+),hemm(-)(N=10)	3,00	0,82			
Item 3 (BSKE) Energielosigkeit	rel(+),hemm(+)(N=10)	1,90	1,52	18	0,00	1,000
	rel(+),hemm(-)(N=10)	1,90	1,45			
Item 4 (BSKE) Kontaktfreudigkeit	rel(+),hemm(+)(N=10)	3,20	1,14	18	0,66	0,517
	rel(+),hemm(-)(N=10)	2,90	0,88			
Item 5 (BSKE) Ängstlichkeit	rel(+),hemm(+)(N=10)	0,80	1,14	18	-0,22	0,828
	rel(+),hemm(-)(N=10)	0,90	0,88			
Item 6 (BSKE) körperliche Erregtheit	rel(+),hemm(+)(N=10)	2,60	1,35	18	0,62	0,546
	rel(+),hemm(-)(N=10)	2,20	1,55			
Item 7 (BSKE) Aggressivität	rel(+),hemm(+)(N=10)	0,90	1,29	18	-0,35	0,732
	rel(+),hemm(-)(N=10)	1,10	1,29			
Item 8 (BSKE) Aktivität	rel(+),hemm(+)(N=10)	3,80	1,14	18	0,41	0,691
	rel(+),hemm(-)(N=10)	3,60	1,07			
Item 9 (BSKE) Empfindlichkeit	rel(+),hemm(+)(N=10)	1,80	1,14	18	-0,45	0,656
	rel(+),hemm(-)(N=10)	2,00	0,82			
Item 10 (BSKE) innere Entspannung	rel(+),hemm(+)(N=10)	2,50	0,85	18	-0,21	0,838
	rel(+),hemm(-)(N=10)	2,60	1,26			
Item 11 (BSKE) Mißstimmung	rel(+),hemm(+)(N=10)	1,50	1,27	18	-0,15	0,884
	rel(+),hemm(-)(N=10)	1,60	1,71			
Item 12 (BSKE) Wachheit	rel(+),hemm(+)(N=10)	4,00	1,41	18	0,35	0,731
	rel(+),hemm(-)(N=10)	3,80	1,14			
Item 13 (BSKE) Freude	rel(+),hemm(+)(N=10)	3,20	1,48	18	1,17	0,256
	rel(+),hemm(-)(N=10)	2,50	1,18			
Item 14 (BSKE) Traurigkeit	rel(+),hemm(+)(N=10)	0,90	1,29	18	-0,39	0,702
	rel(+),hemm(-)(N=10)	1,10	0,99			
Item 15 (BSKE) Selbstsicherheit	rel(+),hemm(+)(N=10)	3,40	1,26	18	-0,22	0,830
	rel(+),hemm(-)(N=10)	3,50	0,71			
Item 16 (BSKE) Feindseligkeit	rel(+),hemm(+)(N=10)	0,80	1,03	18	-0,95	0,335
	rel(+),hemm(-)(N=10)	1,40	1,71			
Item 17 (BSKE) Benommenheit	rel(+),hemm(+)(N=10)	1,20	1,32	18	-0,74	0,446
	rel(+),hemm(-)(N=10)	1,60	1,07			
Item 18 (BSKE) Ärger	rel(+),hemm(+)(N=10)	1,00	1,15	18	-0,64	0,534
	rel(+),hemm(-)(N=10)	1,30	0,95			
Item 19 (BSKE) Müdigkeit	rel(+),hemm(+)(N=10)	2,30	1,57	18	0,62	0,541
	rel(+),hemm(-)(N=10)	1,90	1,29			
Item 20 (BSKE) gehobene Stimmung	rel(+),hemm(+)(N=10)	3,10	1,10	18	1,27	0,220
	rel(+),hemm(-)(N=10)	2,40	1,35			
Item 21 (BSKE) Konzentriertheit	rel(+),hemm(+)(N=10)	3,90	1,37	18	0,85	0,407
	rel(+),hemm(-)(N=10)	3,30	1,77			
Item 22 (BSKE) Nach-Innen-Gekehrt-Sein	rel(+),hemm(+)(N=10)	1,50	1,58	18	0,44	0,666
	rel(+),hemm(-)(N=10)	1,20	1,48			
Item 23 (BSKE) körperliches Unwohlsein	rel(+),hemm(+)(N=10)	0,90	1,29	18	1,14	0,269
	rel(+),hemm(-)(N=10)	0,40	0,52			
Item 24 (BSKE) Verträumtheit	rel(+),hemm(+)(N=10)	1,20	1,32	18	0,00	1,000
	rel(+),hemm(-)(N=10)	1,20	1,32			

Ergebnisse der t-Tests für unabhängige Stichproben zur Überprüfung der Mittelwertsunter-schiede (prä-Werte), der abhängigen Variablen im Experiment, zwischen der Gruppe der religiösen und hoch gehemmten Personen (rel(+),hemm(+)) und der Gruppe der nicht-religiösen und hoch gehemmten Personen (rel(-),hemm(+))

Abhängige Variablen	Gruppe	Mittelwert	Standardabweichung	df	t-Wert	p-Wert
systolischer Blutdruck	rel(+),hemm(+) (N=10)	113,77	11,17	18	0,41	0,690
	rel(-),hemm(+)(N=10)	111,80	10,52			
diastolischer Blutdruck	rel(+),hemm(+)(N=10)	68,00	6,01	18	0,30	0,765
	rel(-),hemm(+)(N=10)	66,83	10,57			
Herzrate	rel(+),hemm(+)(N=10)	74,23	11,13	18	0,29	0,775
	rel(-),hemm(+)(N=10)	72,87	9,93			
State-Änger (STAXI)	rel(+),hemm(+)(N=10)	10,90	0,99	18	-0,84	0,410
	rel(-),hemm(+)(N=10)	11,80	3,22			
Item 1 (BSKE) innere Erregtheit	rel(+),hemm(+)(N=10)	2,30	1,25	18	1,29	0,213
	rel(-),hemm(+)(N=10)	1,60	1,17			
Item 2 (BSKE) seelisches Wohlbefinden	rel(+),hemm(+)(N=10)	3,80	0,42	18	0,000	1,000
	rel(-),hemm(+)(N=10)	3,80	1,03			
Item 3 (BSKE) Energielosigkeit	rel(+),hemm(+)(N=10)	2,20	1,14	18	0,58	0,572
	rel(-),hemm(+)(N=10)	1,90	1,20			
Item 4 (BSKE) Kontaktfreudigkeit	rel(+),hemm(+)(N=10)	3,30	1,25	18	-0,38	0,707
	rel(-),hemm(+)(N=10)	3,50	1,08			
Item 5 (BSKE) Ängstlichkeit	rel(+),hemm(+)(N=10)	0,90	1,10	18	0,41	0,684
	rel(-),hemm(+)(N=10)	0,70	1,06			
Item 6 (BSKE) körperliche Erregtheit	rel(+),hemm(+)(N=10)	2,80	0,79	18	1,09	0,289
	rel(-),hemm(+)(N=10)	2,20	1,55			
Item 7 (BSKE) Aggressivität	rel(+),hemm(+)(N=10)	0,50	0,71	18	0,32	0,754
	rel(-),hemm(+)(N=10)	0,40	0,70			
Item 8 (BSKE) Aktivität	rel(+),hemm(+)(N=10)	3,10	0,74	18	-0,29	0,773
	rel(-),hemm(+)(N=10)	3,20	0,79			
Item 9 (BSKE) Empfindklichkeit	rel(+),hemm(+)(N=10)	2,40	0,97	18	1,16	0,260
	rel(-),hemm(+)(N=10)	1,80	1,32			
Item 10 (BSKE) innere Entspannung	rel(+),hemm(+)(N=10)	2,80	0,92	18	-3,34	0,004
	rel(-),hemm(+)(N=10)	4,00	0,62			
Item 11 (BSKE) Mißstimmung	rel(+),hemm(+)(N=10)	1,20	1,23	18	1,16	0,260
	rel(-),hemm(+)(N=10)	0,60	1,07			
Item 12 (BSKE) Wachheit	rel(+),hemm(+)(N=10)	3,70	0,95	18	0,22	0,828
	rel(-),hemm(+)(N=10)	3,60	1,07			
Item 13 (BSKE) Freude	rel(+),hemm(+)(N=10)	2,70	1,49	18	-0,35	0,729
	rel(-),hemm(+)(N=10)	2,90	0,99			
Item 14 (BSKE) Traurigkeit	rel(+),hemm(+)(N=10)	0,90	1,20	18	0,97	0,346
	rel(-),hemm(+)(N=10)	0,50	0,53			
Item 15 (BSKE) Selbstsicherheit	rel(+),hemm(+)(N=10)	4,10	0,88	18	0,32	0,754
	rel(-),hemm(+)(N=10)	4,00	0,47			
Item 16 (BSKE) Feindseligkeit	rel(+),hemm(+)(N=10)	0,50	1,80	18	0,90	0,382
	rel(-),hemm(+)(N=10)	0,20	0,63			
Item 17 (BSKE) Benommenheit	rel(+),hemm(+)(N=10)	1,50	1,78	18	-0,61	0,550
	rel(-),hemm(+)(N=10)	2,00	1,89			
Item 18 (BSKE) Ärger	rel(+),hemm(+)(N=10)	0,70	1,06	18	0,75	0,464
	rel(-),hemm(+)(N=10)	0,40	0,70			
Item 19 (BSKE) Müdigkeit	rel(+),hemm(+)(N=10)	2,30	1,57	18	-0,89	0,387
	rel(-),hemm(+)(N=10)	3,00	1,94			
Item 20 (BSKE) gehobene Stimmung	rel(+),hemm(+)(N=10)	2,80	1,38	18	-0,38	0,712
	rel(-),hemm(+)(N=10)	3,00	1,05			
Item 21 (BSKE) Konzentriertheit	rel(+),hemm(+)(N=10)	3,40	0,70	18	0,00	1,000
	rel(-),hemm(+)(N=10)	3,40	0,52			
Item 22 (BSKE) Nach-Innen-Gekehrt-Sein	rel(+),hemm(+)(N=10)	1,70	1,57	18	1,02	0,320
	rel(-),hemm(+)(N=10)	1,10	0,99			
Item 23 (BSKE) körperliches Unwohlsein	rel(+),hemm(+)(N=10)	1,20	1,48	18	1,62	0,122
	rel(-),hemm(+)(N=10)	0,30	0,95			
Item 24 (BSKE) Verträumtheit	rel(+),hemm(+)(N=10)	1,80	1,48	18	-0,14	0,888
	rel(-),hemm(+)(N=10)	1,90	1,66			

Ergebnisse der t-Tests für unabhängige Stichproben zur Überprüfung der Mittelwertsunterschiede (post-Werte), der abhängigen Variablen im Experiment, zwischen der Gruppe der religiösen und hoch gehemmten Personen (rel(+),hemm(+)) und der Gruppe der nichtreligiösen und hoch gehemmten Personen (rel(-),hemm(+))

Abhängige Variablen	Gruppe	Mittelwert	Standardabweichung	df	t-Wert	p-Wert
systolischer Blutdruck	rel(+),hemm(+) (N=10)	112,23	9,26	18	-0,035	0,728
	rel(-),hemm(+)(N=10)	113,90	11,70			
diastolischer Blutdruck	rel(+),hemm(+)(N=10)	69,93	5,53	18	0,39	0,700
	rel(-),hemm(+)(N=10)	68,33	11,69			
Herzrate	rel(+),hemm(+)(N=10)	74,60	8,20	18	-0,11	0,911
	rel(-),hemm(+)(N=10)	75,07	10,14			
State-Änger (STAXI)	rel(+),hemm(+)(N=10)	12,20	1,69	18	-0,49	0,634
	rel(-),hemm(+)(N=10)	12,70	2,79			
Item 1 (BSKE) innere Erregtheit	rel(+),hemm(+)(N=10)	2,90	1,10	18	0,20	0,844
	rel(-),hemm(+)(N=10)	2,80	1,14			
Item 2 (BSKE) seelisches Wohlbefinden	rel(+),hemm(+)(N=10)	3,40	0,97	18	0,71	0,486
	rel(-),hemm(+)(N=10)	3,00	1,49			
Item 3 (BSKE) Energielosigkeit	rel(+),hemm(+)(N=10)	1,90	1,52	18	0,44	0,663
	rel(-),hemm(+)(N=10)	1,60	1,51			
Item 4 (BSKE) Kontaktfreudigkeit	rel(+),hemm(+)(N=10)	3,10	1,14	18	1,62	0,122
	rel(-),hemm(+)(N=10)	2,30	1,34			
Item 5 (BSKE) Ängstlichkeit	rel(+),hemm(+)(N=10)	0,80	1,14	18	-0,18	0,856
	rel(-),hemm(+)(N=10)	0,90	1,29			
Item 6 (BSKE) körperliche Erregtheit	rel(+),hemm(+)(N=10)	2,60	1,35	18	-0,82	0,422
	rel(-),hemm(+)(N=10)	3,10	1,37			
Item 7 (BSKE) Aggressivität	rel(+),hemm(+)(N=10)	0,90	1,29	18	1,01	0,326
	rel(-),hemm(+)(N=10)	1,60	1,78			
Item 8 (BSKE) Aktivität	rel(+),hemm(+)(N=10)	3,80	1,14	18	1,01	0,422
	rel(-),hemm(+)(N=10)	3,30	1,06			
Item 9 (BSKE) Empfindlichkeit	rel(+),hemm(+)(N=10)	1,80	1,14	18	0,00	1,000
	rel(-),hemm(+)(N=10)	1,80	1,40			
Item 10 (BSKE) innere Entspannung	rel(+),hemm(+)(N=10)	2,50	0,85	18	-0,19	0,851
	rel(-),hemm(+)(N=10)	2,60	1,43			
Item 11 (BSKE) Mißstimmung	rel(+),hemm(+)(N=10)	1,50	1,27	18	0,31	0,757
	rel(-),hemm(+)(N=10)	1,30	1,57			
Item 12 (BSKE) Wachheit	rel(+),hemm(+)(N=10)	4,00	1,41	18	1,30	0,2,10
	rel(-),hemm(+)(N=10)	3,30	0,95			
Item 13 (BSKE) Freude	rel(+),hemm(+)(N=10)	3,20	1,48	18	2,31	0,033
	rel(-),hemm(+)(N=10)	1,90	0,99			
Item 14 (BSKE) Traurigkeit	rel(+),hemm(+)(N=10)	0,90	1,29	18	-0,17	0,870
	rel(-),hemm(+)(N=10)	1,00	1,41			
Item 15 (BSKE) Selbstsicherheit	rel(+),hemm(+)(N=10)	3,40	1,26	18	0,39	0,703
	rel(-),hemm(+)(N=10)	3,20	1,03			
Item 16 (BSKE) Feindseligkeit	rel(+),hemm(+)(N=10)	0,80	1,03	18	-0,60	0,556
	rel(-),hemm(+)(N=10)	1,10	1,20			
Item 17 (BSKE) Benommenheit	rel(+),hemm(+)(N=10)	1,20	1,32	18	-0,63	0,535
	rel(-),hemm(+)(N=10)	1,60	1,51			
Item 18 (BSKE) Ärger	rel(+),hemm(+)(N=10)	1,00	1,15	18	-0,67	0,513
	rel(-),hemm(+)(N=10)	1,40	1,51			
Item 19 (BSKE) Müdigkeit	rel(+),hemm(+)(N=10)	2,30	1,57	18	0,54	0,594
	rel(-),hemm(+)(N=10)	1,90	1,73			
Item 20 (BSKE) gehobene Stimmung	rel(+),hemm(+)(N=10)	3,10	1,10	18	1,60	0,127
	rel(-),hemm(+)(N=10)	2,20	1,40			
Item 21 (BSKE) Konzentriertheit	rel(+),hemm(+)(N=10)	3,90	1,37	18	0,34	0,737
	rel(-),hemm(+)(N=10)	3,70	1,25			
Item 22 (BSKE) Nach-Innen-Gekehrt-Sein	rel(+),hemm(+)(N=10)	1,50	1,58	18	0,45	0,658
	rel(-),hemm(+)(N=10)	1,20	1,40			
Item 23 (BSKE) körperliches Unwohlsein	rel(+),hemm(+)(N=10)	0,90	1,29	18	0,17	0,866
	rel(-),hemm(+)(N=10)	0,80	1,32			
Item 24 (BSKE) Verträumtheit	rel(+),hemm(+)(N=10)	1,20	1,32	18	-0,31	0,762
	rel(-),hemm(+)(N=10)	1,40	1,58			

Ergebnisse der t-Tests für unabhängige Stichproben zur Überprüfung der Mittelwertsunterschiede, der abhängigen Variablen im Experiment, die nur einmal erhoben wurden, zwischen der Gruppe der religiösen und hoch gehemmten Personen (rel(+),hemm(+)) und der Gruppe der religiösen und niedrig gehemmten Personen (rel(+),hemm(-))

Abhängige Variablen	Gruppe	Mittelwert	Standardabweichung	df	t-Wert	p-Wert
Trait-Anger (STAXI)	rel(+),hemm(+)(N=10)	22,20	3,71	18	0,83	0,415
	rel(+),hemm(-)(N=10)	20,50	5,28			
ungerichtete Aggression (AggR retr.)	rel(+),hemm(+)(N=10)	0,60	1,08	18	0,75	0,464
	rel(+),hemm(-)(N=10)	0,30	0,67			
Aggression gegen Personen (AggR retr.)	rel(+),hemm(+)(N=10)	0,60	0,70	18	-1,52	0,145
	rel(+),hemm(-)(N=10)	1,40	1,51			
Selbstaggression (AggR retr.)	rel(+),hemm(+)(N=10)	0,20	0,63	18	0,45	0,660
	rel(+),hemm(-)(N=10)	0,10	0,32			
Aggressionshemmung (AggR retr.)	rel(+),hemm(+)(N=10)	1,80	1,69	18	-0,26	0,798
	rel(+),hemm(-)(N=10)	2,00	1,76			
Impunitivität (AggR retr.)	rel(+),hemm(+)(N=10)	4,80	1,69	18	0,18	0,862
	rel(+),hemm(-)(N=10)	4,60	3,17			

Ergebnisse der t-Tests für unabhängige Stichproben zur Überprüfung der Mittelwertsunterschiede, der abhängigen Variablen im Experiment, die nur einmal erhoben wurden, zwischen der Gruppe der religiösen und hoch gehemmten Personen (rel(+),hemm(+)) und der Gruppe der nicht-religiösen und hoch gehemmten Personen (rel(-),hemm(+))

Abhängige Variablen	Gruppe	Mittelwert	Standardabweichung	df	t-Wert	p-Wert
Trait-Anger (STAXI)	rel(+),hemm(+)(N=10)	22,20	3,71	18	1,58	0,196
	rel(-),hemm(+)(N=10)	20,70	2,16			
ungerichtete Aggression (AggR retr.)	rel(+),hemm(+)(N=10)	0,60	1,08	18	-0,41	0,691
	rel(-),hemm(+)(N=10)	0,80	1,14			
Aggression gegen Personen (AggR retr.)	rel(+),hemm(+)(N=10)	0,60	0,70	18	-1,20	0,245
	rel(-),hemm(+)(N=10)	1,30	1,70			
Selbstaggression (AggR retr.)	rel(+),hemm(+)(N=10)	0,20	0,63	18	-1,15	0,264
	rel(-),hemm(+)(N=10)	0,50	0,53			
Aggressionshemmung (AggR retr.)	rel(+),hemm(+)(N=10)	1,80	1,69	18	0,67	0,510
	rel(-),hemm(+)(N=10)	1,30	1,64			
Impunitivität (AggR retr.)	rel(+),hemm(+)(N=10)	4,80	1,69	18	-0,43	0,671
	rel(-),hemm(+)(N=10)	5,20	2,39			

Ergebnisse der t-Tests für abhängige Stichproben zur Überprüfung der Mittelwertsunterschiede (prä vs. post), der abhängigen Variablen im Experiment in der Gruppe der religiösen und hoch gehemmten Personen (rel(+),hemm(+))

Gr1	Mittelwerte				
Abhängige Variablen	prä	post	df	t-Werte	p-Werte
systolischer Blutdruck	113,77	112,23	9	0,70	0,501
diastolischer Blutdruck	68,00	69,93	9	-0,86	0,414
Herzrate	74,23	74,60	9	-0,16	0,874
State-Änger (STAXI)	10,90	12,20	9	-2,05	0,070
Item 1 (BSKE) innere Erregtheit	2,30	2,90	9	-1,03	0,329
Item 2 (BSKE) seelisches Wohlbefinden	3,80	3,40	9	1,31	0,223
Item 3 (BSKE) Energielosigkeit	2,20	1,90	9	0,82	0,434
Item 4 (BSKE) Kontaktfreudigkeit	3,30	3,20	9	0,43	0,678
Item 5 (BSKE) Ängstlichkeit	0,90	0,80	9	0,56	0,591
Item 6 (BSKE) körperliche Erregtheit	2,80	2,60	9	0,48	0,642
Item 7 (BSKE) Aggressivität	0,50	0,90	9	-0,94	0,373
Item 8 (BSKE) Aktivität	3,10	3,80	9	-2,09	0,066
Item 9 (BSKE) Empfindlichkeit	2,40	1,80	9	2,25	0,051
Item 10 (BSKE) innere Entspannung	2,80	2,50	9	0,71	0,496
Item 11 (BSKE) Mißstimmung	1,20	1,50	9	-0,71	0,496
Item 12 (BSKE) Wachheit	3,70	4,00	9	-0,82	0,434
Item 13 (BSKE) Freude	2,70	3,20	9	-0,86	0,413
Item 14 (BSKE) Traurigkeit	0,90	0,90	9	0,00	1,000
Item 15 (BSKE) Selbstsicherheit	4,10	3,40	9	3,28	0,010
Item 16 (BSKE) Feindseligkeit	0,50	0,80	9	-0,82	0,434
Item 17 (BSKE) Benommenheit	1,50	1,20	9	0,61	0,560
Item 18 (BSKE) Ärger	0,70	1,00	9	-1,15	0,279
Item 19 (BSKE) Müdigkeit	2,30	2,30	9	0,00	1,000
Item 20 (BSKE) gehobene Stimmung	2,80	3,10	9	-0,82	0,434
Item 21 (BSKE) Konzentriertheit	3,40	3,90	9	-1,63	0,138
Item 22 (BSKE) Nach-Innen-Gekehrt-Sein	1,70	1,50	9	0,80	0,443
Item 23 (BSKE) körperliches Unwohlsein	1,20	0,90	9	1,41	0,193
Item 24 (BSKE) Verträumtheit	1,80	1,20	9	1,62	0,140

Ergebnisse der t-Tests für abhängige Stichproben zur Überprüfung der Mittelwertsunterschiede (prä vs. post), der abhängigen Variablen im Experiment in der Gruppe der religiösen und niedrig gehemmten Personen (rel(+),hemm(-))

Gr 2	Mittelwerte				
Abhängige Variablen	prä	post	df	t-Werte	p-Werte
systolischer Blutdruck	108,33	113,20	9	-1,93	0,085
diastolischer Blutdruck	63,77	66,33	9	-1,80	0,105
Herzrate	73,50	71,47	9	1,34	0,214
State-Änger (STAXI)	12,10	12,70	9	-0,69	0,509
Item 1 (BSKE) innere Erregtheit	2,10	2,60	9	-1,25	0,244
Item 2 (BSKE) seelisches Wohlbefinden	4,40	3,00	9	1,43	0,187
Item 3 (BSKE) Energielosigkeit	2,10	1,90	9	0,80	0,443
Item 4 (BSKE) Kontaktfreudigkeit	3,20	2,90	9	1,15	0,279
Item 5 (BSKE) Ängstlichkeit	1,00	0,90	9	0,36	0,726
Item 6 (BSKE) körperliche Erregtheit	2,00	2,20	9	-0,80	0,443
Item 7 (BSKE) Aggressivität	0,90	1,10	9	-0,80	0,443
Item 8 (BSKE) Aktivität	2,70	3,60	9	-2,21	0,054
Item 9 (BSKE) Empfindlichkeit	2,00	2,00	9	0,00	1,000
Item 10 (BSKE) innere Entspannung	2,80	2,60	9	0,688	0,509
Item 11 (BSKE) Mißstimmung	1,60	1,60	9	0.00	1,000
Item 12 (BSKE) Wachheit	3,30	3,80	9	-1,10	0,299
Item 13 (BSKE) Freude	2,10	2,50	9	-1,18	0,269
Item 14 (BSKE) Traurigkeit	1,40	1,10	9	0,82	0,434
Item 15 (BSKE) Selbstsicherheit	3,80	3,50	9	1,15	0,279
Item 16 (BSKE) Feindseligkeit	1,10	1,40	9	-0,82	0,434
Item 17 (BSKE) Benommenheit	2,40	1,60	9	2,23	0,053
Item 18 (BSKE) Ärger	0,80	1,30	9	-1,86	0,096
Item 19 (BSKE) Müdigkeit	3,10	1,90	9	3,67	0,005
Item 20 (BSKE) gehobene Stimmung	2,90	2,40	9	1,05	0,322
Item 21 (BSKE) Konzentriertheit	3,30	3,30	9	0,00	1,000
Item 22 (BSKE) Nach-Innen-Gekehrt-Sein	1,90	1,20	9	2,09	0,066
Item 23 (BSKE) körperliches Unwohlsein	0,70	0,40	9	1,41	0,193
Item 24 (BSKE) Verträumtheit	2,40	1,20	9	4,81	0,001

Ergebnisse der t-Tests für abhängige Stichproben zur Überprüfung der Mittelwertsunterschiede (prä vs. post), der abhängigen Variablen im Experiment in der Gruppe der nicht-religiösen und hoch gehemmten Personen (rel(-),hemm(+))

Gr 3 Abhängige Variablen	Mittelwerte prä	post	df	t-Werte	p-Werte
systolischer Blutdruck	111,80	113,90	9	-1,24	0,246
diastolischer Blutdruck	66,83	68,33	9	-1,20	0,260
Herzrate	72,87	75,07	9	-2,46	0,036
State-Änger (STAXI)	11,80	12,70	9	-0,99	0,350
Item 1 (BSKE) innere Erregtheit	1,60	2,80	9	-3,09	0,013
Item 2 (BSKE) seelisches Wohlbefinden	3,80	3,00	9	1,92	0,087
Item 3 (BSKE) Energielosigkeit	1,90	1,60	9	1,00	0,343
Item 4 (BSKE) Kontaktfreudigkeit	3,50	2,30	9	4,13	0,003
Item 5 (BSKE) Ängstlichkeit	0,70	0,90	9	-0,80	0,443
Item 6 (BSKE) körperliche Erregtheit	2,20	3,10	9	-1,87	0,095
Item 7 (BSKE) Aggressivität	0,40	1,60	9	-2,34	0,044
Item 8 (BSKE) Aktivität	3,20	3,30	9	-0,36	0,726
Item 9 (BSKE) Empfindklichkeit	1,80	1,80	9	0,00	1,000
Item 10 (BSKE) innere Entspannung	4,00	2,60	9	3,10	0,013
Item 11 (BSKE) Mißstimmung	0,60	1,30	9	-2,33	0,045
Item 12 (BSKE) Wachheit	3,60	3,30	9	0,90	0,394
Item 13 (BSKE) Freude	2,90	1,90	9	3,35	0,008
Item 14 (BSKE) Traurigkeit	0,50	1,00	9	-1,34	0,213
Item 15 (BSKE) Selbstsicherheit	4,00	3,20	9	2,75	0,022
Item 16 (BSKE) Feindseligkeit	0,20	1,10	9	-2,38	0,041
Item 17 (BSKE) Benommenheit	2,00	1,60	9	1,31	0,223
Item 18 (BSKE) Ärger	0,40	1,40	9	-1,86	0,096
Item 19 (BSKE) Müdigkeit	3,00	1,90	9	2,91	0,017
Item 20 (BSKE) gehobene Stimmung	3,00	2,20	9	2,75	0,022
Item 21 (BSKE) Konzentriertheit	3,40	3,70	9	-0,90	0,394
Item 22 (BSKE) Nach-Innen-Gekehrt-Sein	1,10	1,20	9	-0,26	0,798
Item 23 (BSKE) körperliches Unwohlsein	0,30	0,80	9	-1,46	0,177
Item 24 (BSKE) Verträumtheit	1,90	1,40	9	1,34	0,213

Ergebnisse der t-Tests für abhängige Stichproben zur Überprüfung der Mittelwertsunterschiede (prä vs. post), der abhängigen Variablen im Experiment in der Kontrollgruppe

Gr 4 Abhängige Variablen	Mittelwerte prä	post	df	t-Werte	p-Werte
systolischer Blutdruck	105,67	108,37	9	-1,13	0,228
diastolischer Blutdruck	59,23	59,77	9	-0,25	0,809
Herzrate	76,23	72,80	9	2,83	0,020
State-Änger (STAXI)	12,40	11,70	9	0,48	0,640
Item 1 (BSKE) innere Erregtheit	2,00	3,10	9	-2,70	0,024
Item 2 (BSKE) seelisches Wohlbefinden	3,30	3,00	9	1,41	0,193
Item 3 (BSKE) Energielosigkeit	2,40	1,70	9	2,33	0,045
Item 4 (BSKE) Kontaktfreudigkeit	3,80	3,30	9	1,63	0,138
Item 5 (BSKE) Ängstlichkeit	1,00	0,50	9	1,25	0,244
Item 6 (BSKE) körperliche Erregtheit	2,40	2,60	9	-0,45	0,662
Item 7 (BSKE) Aggressivität	0,70	1,30	9	-1,77	0,111
Item 8 (BSKE) Aktivität	3,10	3,20	9	-0,29	0,780
Item 9 (BSKE) Empfindlichkeit	1,90	1,60	9	1,41	0,193
Item 10 (BSKE) innere Entspannung	2,90	2,90	9	0,00	1,000
Item 11 (BSKE) Mißstimmung	1,10	1,00	9	0,36	0,726
Item 12 (BSKE) Wachheit	3,70	3,50	9	0,56	0,591
Item 13 (BSKE) Freude	2,50	2,50	9	0,00	1,000
Item 14 (BSKE) Traurigkeit	0,70	0,60	9	0,36	0,726
Item 15 (BSKE) Selbstsicherheit	3,80	3,20	9	1,26	0,239
Item 16 (BSKE) Feindseligkeit	0,40	0,90	9	-1,46	0,177
Item 17 (BSKE) Benommenheit	1,70	1,80	9	-0,20	0,847
Item 18 (BSKE) Ärger	0,60	1,10	9	-1,17	0,273
Item 19 (BSKE) Müdigkeit	2,60	2,60	9	0,00	1,000
Item 20 (BSKE) gehobene Stimmung	2,90	2,60	9	1,96	0,081
Item 21 (BSKE) Konzentriertheit	3,60	3,50	9	0,25	0,811
Item 22 (BSKE) Nach-Innen-Gekehrt-Sein	1,30	1,70	9	-1,50	0,168
Item 23 (BSKE) körperliches Unwohlsein	0,90	0,80	9	0,43	0,678
Item 24 (BSKE) Verträumtheit	1,70	1,30	9	0,80	0,443

Ergebnisse der t-Tests für abhängige Stichproben zur Überprüfung der Mittelwertsunterschiede (prä vs. post), der abhängigen Variablen im Experiment in der Gruppe der religiösen und hoch/niedrig gehemmten Personen (rel(+),hemm(+/-)(E))

Gr 12	Mittelwerte				
Abhängige Variablen	prä	post	df	t-Werte	p-Werte
systolischer Blutdruck	111,05	112,72	9	-094	0,361
diastolischer Blutdruck	65,88	68,13	9	-1,73	0,100
Herzrate	73,87	73,03	9	0,62	0,545
State-Änger (STAXI)	11,50	12,45	9	-1,79	0,089
Item 1 (BSKE) innere Erregtheit	2,20	2,75	9	-1,60	0,126
Item 2 (BSKE) seelisches Wohlbefinden	4,10	3,20	9	1,76	0,095
Item 3 (BSKE) Energielosigkeit	2,15	1,90	9	1,16	0,262
Item 4 (BSKE) Kontaktfreudigkeit	3,25	3,05	9	1,17	0,258
Item 5 (BSKE) Ängstlichkeit	0,95	0,85	9	0,623	0,541
Item 6 (BSKE) körperliche Erregtheit	2,40	2,40	9	0,00	1,000
Item 7 (BSKE) Aggressivität	0,70	1,00	9	-1,24	0,230
Item 8 (BSKE) Aktivität	2,90	3,70	9	-3,11	0,006
Item 9 (BSKE) Empfindklichkeit	2,20	1,90	9	1,37	0,186
Item 10 (BSKE) innere Entspannung	2,80	2,55	9	1,00	0,330
Item 11 (BSKE) Mißstimmung	1,40	1,55	9	-0,53	0,603
Item 12 (BSKE) Wachheit	3,50	3,90	9	-1,41	0,176
Item 13 (BSKE) Freude	2,40	2,85	9	-1,37	0,186
Item 14 (BSKE) Traurigkeit	1,15	1,00	9	0,55	0,591
Item 15 (BSKE) Selbstsicherheit	3,95	3,45	9	2,94	0,008
Item 16 (BSKE) Feindseligkeit	0,80	1,10	9	-1,19	0,249
Item 17 (BSKE) Benommenheit	1,95	1,40	9	1,81	0,086
Item 18 (BSKE) Ärger	0,75	1,15	9	-2,18	0,042
Item 19 (BSKE) Müdigkeit	2,70	2,10	9	2,26	0,036
Item 20 (BSKE) gehobene Stimmung	2,85	2,75	9	0,33	0,748
Item 21 (BSKE) Konzentriertheit	3,35	3,60	9	-0,96	0,349
Item 22 (BSKE) Nach-Innen-Gekehrt-Sein	1,80	1,35	9	2,13	0,046
Item 23 (BSKE) körperliches Unwohlsein	0,95	0,65	9	2,04	0,055
Item 24 (BSKE) Verträumtheit	2,10	1,20	9	3,94	0,001

www.ingramcontent.com/pod-product-compliance
Lightning Source LLC
Chambersburg PA
CBHW020119010526
44115CB00008B/892